新闻阅评：
地方主流媒体
如何讲好中国故事

强月新　王敏　编著

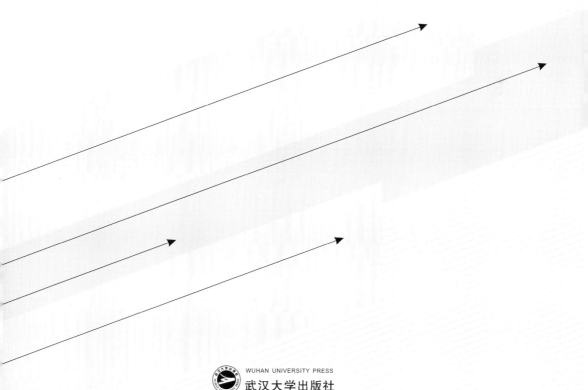

WUHAN UNIVERSITY PRESS
武汉大学出版社

图书在版编目(CIP)数据

新闻阅评:地方主流媒体如何讲好中国故事/强月新,王敏编著.—
武汉:武汉大学出版社,2023.10
ISBN 978-7-307-23850-3

Ⅰ.新… Ⅱ.①强… ②王… Ⅲ.新闻工作—研究—中国
Ⅳ.G219.2

中国国家版本馆 CIP 数据核字(2023)第 116884 号

责任编辑:张 欣 喻 叶 责任校对:汪欣怡 版式设计:马 佳

出版发行:**武汉大学出版社** (430072 武昌 珞珈山)
 (电子邮箱:cbs22@whu.edu.cn 网址:www.wdp.com.cn)
印刷:武汉中科兴业印务有限公司
开本:720×1000 1/16 印张:16.75 字数:272 千字 插页:1
版次:2023 年 10 月第 1 版 2023 年 10 月第 1 次印刷
ISBN 978-7-307-23850-3 定价:68.00 元

本研究为国家社科基金重大项目"社会转型期新型主流媒体公信力研究"（20&ZD316）、国家社科基金后期资助项目"国际传播视域下文化形象建构研究"（22FXB021）、湖北省高等学校马克思主义中青年理论家培养计划（第九批）（省社科基金前期资助项目）（22ZD201）的阶段性成果。

参编：钟焯、张坤然、李芷欣、姚芷娟、崔畅、李秋水、刘鑫、黄文斌、何嘉豪、李雨、陈裕华、游佳颖

自　序

2016 年 2 月 19 日，习近平总书记在党的新闻舆论工作座谈会上的讲话中，首先肯定了党的新闻舆论工作所取得的成绩，同时也指出尚存的短板和问题，包括：

"面对媒体格局、舆论生态的深刻变化，新闻舆论工作适应步伐还不够快，一些主流媒体受众规模缩小、影响力下降。面对新媒体带来的深刻变化，新闻舆论工作理念、方式、手段还没有跟上，管好用好新媒体能力还不够强。面对受众阅读习惯和信息需求的深刻变化，一些媒体还是按老办法、老调调、老习惯写报道、讲故事，表达方式单一、传播对象过窄、回应能力不足，存在着受众不爱看、不爱听的问题，时效性、针对性、可读性有待增强。面对'西强我弱'的国际舆论格局，我国新闻媒体国际传播能力还不够强，声音总体偏小偏弱。面对火热的社会生活，一些同志深入实际不够，习惯于跑机关、泡会议、抄材料，或借助网络摘抄拼凑，有的甚至为一己私利搞虚假新闻、有偿新闻，严重损害新闻媒体公信力。"①

"五个面对"的问题，总结鞭辟入里，发人深省，为新时代加强和改进党的新闻舆论工作指明方向。从短期看，这些问题的解决有赖于深化媒介批评传统，推动媒体融合、舆论引导、文风表达、国际传播、新闻伦理等方面持续改进；从长远看，培养造就一大批适应媒体深度融合和行业创新发展、具有国际视野和家国情怀的优秀新闻传播后备人才，方为固本之举。无论对短期改进举措还是长期人才培养而言，高校新闻院系参与常态化的新闻阅评和媒介批评，并将其融入新闻传播人才的培养体系，都是锦上添花、相得益彰的重要一环。

---

① 习近平. 在党的新闻舆论工作座谈会上的讲话［M］//习近平总书记重要讲话文章选编. 北京：人民出版社，2016：416-440.

1

新闻阅评：改进新闻舆论工作的法宝

早在 2004 年，时任中宣部常务副部长吉炳轩就在新闻阅评 10 周年座谈会上指出："新闻阅评是新闻学的一个重要补充，是对马克思主义新闻学的一个贡献。"这一论断是基于我国最初 10 年的新闻阅评实践所作出的学理性判断，明确将新闻阅评归入马克思主义新闻学的范畴。此处，新闻阅评主要是指新闻管理部门和新闻单位组织的对新闻报道的评议，是对新闻传播行为的有力监督，其意见更客观、更权威，其反馈更直接、及时①。从更广泛的意义上说，新闻阅评是一种特殊的媒介批评②，而媒介批评在新闻业中至今仍属于未竟的发展领域。譬如，美国明尼苏达大学学者马特·卡尔森（Matt Carlson）用"日常媒介批评"（mundane media criticism）③ 指代当前流行的公众参与式媒介批评，即在社交媒体中分享新闻报道链接并作评述。但这种无处不在的去中心化、去专业化的大众媒介批评，往往包含不信任情绪和冒犯性评价，且由于公众媒介素养的局限、地方政府及平台的控制、商业力量的渗透等原因④，对于改进新闻舆论工作几无帮助。相较之下，中宣部指导下的新闻阅评工作因坚持政治导向、实事求是、对症下药、全面公正、服务为本等原则而成为当下我国主流的媒介批评形式，对于化解"五个面向"的问题极具现实针对性。作为一种建设中的中国特色媒介批评制度，新闻阅评工作更需深入到省级、市级等地方主流媒体，才能彰显其系统性、适用性以及全面改进新闻舆论工作的实践意义。

针对地方主流媒体的新闻报道开展常态化新闻阅评，可在政治方向、舆论引导、文风表达、媒体融合等方面改进新闻舆论工作。申言之：

第一，政治方向：如何理解"围绕中心，服务大局"？党的新闻舆论工作的基本职责是"围绕中心，服务大局"，地方主流媒体虽身处地方，但只有围绕党和国家的工作中心才能找准报道方向，服务国家经济社会发展的大局才能彰显主流媒体价值，因势而谋占先机，应势而动抓效率，顺势而为赢主动。一方面，地

---

① 苏进跃. 新闻阅评定义、规律、原则初探 [J]. 湖南社会科学，2005（6）：187.

② 熊燕舞. 新闻阅评是特殊的媒介批评 [J]. 今传媒，2007（12）：43.

③ Carlson, M.（2016）. Embedded links, embedded meanings：Social media commentary and news sharing as mundane media criticism. Journalism Studies, 17（7），915-924.

④ 李艳红. 公众批评与记者抗争：社交媒体时代新闻业的问责与自主之辩 [J]. 传播与社会学刊，50，27-58.

方主流媒体不是为地方政府、党组织及其领导的政绩服务的，新闻媒体党性中的"党"是指全党，即要始终站在党中央的理论和路线方针政策的立场上；另一方面，媒体的传播力、引导力、影响力、公信力建设非一日之功，如果因过度迎合市场法则而罔顾职业操守，媒体终将深陷"塔西佗陷阱"。再者，"围绕中心，服务大局"还需要在"落细、落小、落地、落实"以及效果上做文章。例如，地方主流媒体近年惯常开展的"扶贫攻坚""乡村振兴"报道，不能一味地"喊口号""画大饼"和"露悲情"，不做临时"安慰剂"和"麻痹药"，而要做观念转变的"催化剂"和思维拓宽的"助燃剂"，时刻把"帮忙"和"增强群众脱贫的内生动力"作为落脚点，凝聚脱贫攻坚的团结之力、帮扶之力和持久之力。再如，"大众创业、万众创新"相关报道，既要呈现创业创新成功的成果，也要分享失败的教训，营造开放包容、容忍失败的舆论氛围；既要分享专业知识和创业经验，也要琢磨如何将专业内容以普通读者喜闻乐见的方式传达出来。

第二，舆论引导：如何做到"团结稳定鼓劲、正面宣传为主"？党的新闻舆论工作的基本方针是"团结稳定鼓劲、正面宣传为主"。如何理解"正面宣传"，却存在不同意见和有待澄清的误区：其一，"正面宣传为主"，并非报喜不报忧，关键在于处理好主流和支流、成绩和问题、全局和局部的关系；其二，"正面宣传"要直面复杂现实中的问题，尤其是群众关心的、涉及重大原则的问题，积极关注报道、解惑释疑、监督批评；其三，不论是正面宣传还是舆论监督，都要确保报道的真实性，做到实事求是，不以偏概全；其四，正面宣传也需要增强吸引力和感染力，避免形式主义的政治套话，甚至是庸俗的"低级红""高级黑"。随着时代背景的变迁和新闻实践的发展，基于"效果论"的"正面宣传"获得更多认同，其要义是，"正面宣传为主"实际上是以"正面效果"为主，新闻报道产生的社会效果的好坏是检验报道是否为正面宣传的标准。正因如此，地方主流媒体既需要正面宣传，也需要舆论监督，只要产生的效果是正面的、有益于社会发展的，二者就是一致的、统一的。

第三，文风表达：如何践行"转作风、改文风"？毛泽东曾在《反对党八股》中历数党八股"害人不浅"的罪状："空话连篇，言之无物；装腔作势，借以吓人；无的放矢，不看对象；语言无味，像个瘪三；甲乙丙丁，开中药铺；不负责任，到处害人；流毒全党，妨害革命；传播出去，祸国殃民。"因此，他指出"洋八股必须废止，空洞抽象的调头必须少唱，教条主义必须休息，而代之以新鲜活泼的、为中国老百姓所喜闻乐见的中国作风和中国气派。"① 习近平总书记在"2·19"讲话中也明确提出"转作风、改文风"的要求："要少一些结论和概念，多一些事实和分析；少一些空泛说教，多一些真情实感；少一些抽象道理，多一些鲜活事例""报道老百姓的事情，要说老百姓听得懂的话，多一些'沾泥土''带露珠''冒热气'的文章""要倡导有个性、有特色的语言风格，力戒千人一面、千文一面"。地方主流媒体的报道面向、服务的是普通百姓，尤其要注重易读性、悦读性。西方学者罗伯特·刚宁（Robert Gunning）的"迷雾指数"、尼尔·波兹曼（Neil Postman）的新闻内容吸引力提升法则、鲁道夫·弗莱西（*Rudolf Flesch*）的可读性公式，以及美联社的用词十军规等，都是可资借鉴的实用方法。但另一方面，如果刻板地追求易读性，则会让落入机械表达的窠臼，甚至因为过分讲究文字雕琢、形式变换等外在形式而忽视新闻报道的内涵，落入"法国式虚荣"② 的形式主义文风。此外，地方主流媒体的新闻报道化用网络"热词"、套用"流行语"时存在不规范之处，在新语境下，尤其需要避免媚俗、庸俗、"标题党"、刻意迎合、追逐"噱头"等问题。

第四，地方主流媒体如何推动媒体融合向纵深发展？地方主流媒体目前正在发力的媒体融合领域包括：其一，运用新闻可视化手段，提升用户心流体验。可视化报道的信息传播效率强于传统文字报道，其"悦读"体验更易满足受众需求，还让受众在浩繁的数据海洋中发现与现实社会相关联的逻辑和规律。其二，"中央厨房"已如雨后春笋般在各地方媒体中涌现。但如何让"中央厨房"端出一桌好菜，仍需从分众理念、产品理念、用户理念的实践方面下功夫。有些地方媒体不一定需要建设"中央厨房"，但其"新旧融合、一次采集、多种生成、多元发布"的模式值得推广。其三，元宇宙技术的发展和用户沉浸式体念需求使得"互动新闻"成为地方主流媒体追逐的一大热点。互动新闻依据互动方式的不同，分化出三种不同的类型——即数据控制型互动、场景控制型互动以及内容控制型互动。这三种类型分别是互动新闻与数据新闻、沉浸式新闻、媒介融合的交叉，

① 中共中央文献研究室，中央档案馆. 建党以来重要文献选编 1921—1949（第 19 册）[M]. 北京：中央文献出版社，2011：68.

② 中共中央马克思恩格斯列宁斯大林著作编译局（编译）. 马克思恩格斯全集（第 27 卷）[M]. 北京：人民出版社：1972：436.

可为业界发展互动新闻提供路径和方向上的启示①。归根到底，互动新闻是提供一种开放式的"新闻想象力"，其核心要义是赋予用户尽可能多的自主性，让其沉浸式讲述个性化的故事②。

质言之，政治方向的把握以及舆论引导、文风表达、媒体融合等方面的改进，刚好切中习近平总书记提出的"五个面对的问题"，这对于地方主流媒体加强和改进新闻舆论工作大有裨益。因而，新时代地方主流媒体的新闻阅评工作，要以习近平总书记关于新闻舆论工作的重要论述为指导，遵循党的新闻舆论工作的方针、政策、规律，遵循马克思主义新闻观，坚持正确的政治方向，把握好新闻阅评的时、度、效，为解决"五个面对的问题"提供有力保障。

新闻阅评：新闻传播后备人才的练兵场

2020 年 11 月 1 日至今，武汉大学新闻与传播学院新闻阅评团队坚持以饱满热情和制度化方式，参与湖北省委宣传部的新闻阅评项目，共提交 250 余份、超50 万字的阅评报告。阅评团队由最初的 7 名师生扩容至 30 余人，吸纳了武汉大学新闻学专业近三年来最优秀的学生。三年的实践育人经验表明，新闻阅评与人才培养可有机结合、相得益彰：一方面通过学生广泛参与的新闻阅评工作来锻造新闻传播后备人才，另一方面推动优秀的新闻传播人才持续创新和改进新闻阅评工作。

在此过程中，新闻专业学生不断锤炼了新闻采、写、编、评能力，还深刻认识到新闻报道的专业性、严谨性与鲜活性：只有不断增强"脚力、眼力、脑力、笔力"，直面错综复杂的现实，深入火热的社会生活，不满于"跑机关、泡会议、抄材料"，才能胜任新时代的新闻舆论工作。同时，学生先锋、灵活的思维方式也不断丰富着新闻阅评工作的评价视角。这种良性互动经由以下四个方面的制度化保障得以赓续：

第一，推动新闻阅评理论化。新时代的阅评工作要求阅评人员具有较强的政治意识，牢固树立马克思主义新闻观，兼具理论水平、专业素养和综合素质。为

---

① 王妍，李霞.互动新闻的前世、今生与未来：媒介变迁与互动新闻演进研究 [J]. 现代传播（中国传媒大学学报），2019，41（09）：65-69.

② 陈昌凤，胡曙光.让用户自主讲故事的互动新闻——从尼基·厄舍《互动新闻：黑客、数据与代码》一书谈起 [J]. 新闻记者，2018（10）：37-42.

此，团队的阅评工作，着力评析地方主流媒体讲好中国故事的原则、方式、方法，总结新闻报道践行习近平新闻舆论观的业务经验，并运用马克思主义的立场、观点、方法深化理论阐释。团队阅评意见多次被省委宣传部主要领导批示，包括《仔细推敲之我省主流媒体近期报道阅评》《建党百年之我省主流媒体报道阅评》《务求严谨之我省主流媒体近期报道阅评》《于细微处之我省主流媒体近期报道阅评》《开局细究之我省主流媒体近期报道阅评》等，理论与实践相结合，在一定程度上推动湖北省主流媒体报道质量的提升。

第二，推动阅评探讨常态化。团队坚持开展常态化的新闻阅评业务探讨，除了总结经验教训，还将马克思主义新闻观前沿理论融入阅评实践：以习近平新闻舆论观为统领，恪守党性原则、力求实事求是、做到对症下药、树立服务意识，形成了"表扬不溢美拔高，批评不上纲上线，业务原则拿来可用，理论阐释启迪思考"的阅评方针，力争做到站得高、评得准、挖得深、选得好、出得快。2022年疫情肆虐期间，为进一步学习新闻阅评理论与实践，阅评团队邀请湖北省委宣传部新闻阅评组组长曾祥惠先生作客马克思主义新闻观大讲堂，主讲"新闻阅评的历史、原则、规律与创新"，40余名师生参与线上学习和对话，包括学院全体阅评员及后备阅评员。团队系统学习了"新闻阅评"的理论基础、原则、方法以及"从何而来"的哲学命题，并从实践上厘清新闻阅评为何评、评什么、怎么评。日常化的业务探讨为阅评工作常做常新提供了方法论、分析框架和经验教训。

第三，推动阅评实践制度化。阅评团队规模不断扩容，正是基于实践制度的确立，才保证阅评人才持续更新换代，不至青黄不接。团队确立的实践制度包括"实践学分制""工作实习制""三审终审制""团队合作制""小组轮班制"。其中，"实践学分制""工作实习制"是将新闻阅评工作与学生实习实践、党报工作经历挂钩，将阅评实际表现与专业实践成绩、学分挂钩，最大限度地奖励、激励学生为阅评工作实践贡献自己的专业智慧；"三审终审制"，即阅评报告的撰写与定稿须经过学生阅评员初审、责任阅评员复审和指导老师终审三道程序，"三审"中各环节的审稿工作由不同的人负责，严格把好导向关、业务关、文字关等；"团队合作制""小组轮班制"是阅评员的选拔、合作、排班、轮休制度，确保日常阅评工作持之以恒、长久运转。

第四，推动阅评范围扩大化。除了日常阅评《湖北日报》《农村新报》，阅评团队中的 7 名成员还大力支援西藏山南市的新闻阅评工作，目前已向山南市委宣传部提交多篇高质量的阅评报告，覆盖山南报（汉文版）、微山南官方发布的山南电视台《山南新闻》中的原创稿件，包括《立足本土，服务大局，激发思想文化力量》《深入基层，结合实际，关切民生燃眉之急》《深入群众，深挖细节，树典型激发振兴力量》《主旨鲜明，播报流畅，抗疫抢收报道两不误》《主动担当，善于作为——评<山南报>"改进作风狠抓落实"系列重要评论》等获得批示的阅评报告。阅评报告坚持建设与批评相结合、导向与规律相结合、原则与细节相结合，受到山南市委宣传部的肯定。

这四个方面的制度化举措，既能推动新闻阅评融入新闻传播人才的培养体系，也能检验新闻传播人才的培养效果及目标达成度。学生参与新闻阅评工作，是新闻院系实践育人的有效举措，也是加强马克思主义新闻观教育的现实路径，最终归旨是通过一线实践培育优秀新闻传播后备人才。

综言之，武汉大学新闻与传播学院的师生阅评员始终坚持以习近平的新闻舆论观为指导，力争将新闻报道阅"大"、阅"强"、阅"活"。这本《新闻阅评：地方主流媒体如何讲好中国故事》正是展现新时代新闻评阅特征、总结和反思长期阅评实践的理论成果，旨在通过一线实践培育优秀新闻传播后备人才。钟焯、张坤然、李芷欣、姚芷娟、崔畅、李秋水、刘鑫、黄文斌、何嘉豪、李雨、陈裕华、游佳颖等（排名不分先后）新闻学专业的优秀研究生参与了初稿的编撰与修订工作。该书在编撰过程中还得到中共湖北省委宣传部新闻阅评组的大力支持，尤其是组长曾祥惠先生提出了系统全面而又细致深入的修改、指导意见，使该书具有全国性的推广价值。作者在此一并致以最诚挚的感谢！

全书分为八篇，以习近平总书记关于新闻舆论工作的重要论述为统领，力求理论与实践相结合、导向与规律相结合、整体与局部相结合、原则与细节相结合、阐释与探索相结合、表扬与批评相结合。前七篇以新闻报道的主题、题材为界，从 2020 年至 2022 年共 250 余期、50 多万字的阅评报告中萃取 120 个报道案例，着力评析地方主流媒体讲好中国故事的原则、方式、方法。最后一篇本着"澄清谬误、提质增效"的原则，依照《中国新闻奖评选办法》中列举的差错类型，指出并修正新闻阅评实践中发现的差错，直面问题，对症下药。总体而言，本书兼具实用性、可读性和前瞻性，适合地方主流媒体的青年记者编辑、县级融媒体中心从业人员以及新闻院系学生阅读参考。

目　　录

第一章　地　方　时　政

　　地方时政报道作为地方级乃至国家级主流媒体报道的重要内容，是各级新闻媒体"围绕中心、服务大局"的主阵地，也是正面宣传地方时政动态和治理成果的主窗口，更是地方故事的主要"讲述者"和地方舆论的重要"风向标"。

　　"舆论生态、媒体格局、传播方式发生深刻变化"的新形势下，如何在大局下思考、在大局下行动，如何有效开展正面宣传、优化传播效果，如何提高舆论引导能力、营造良好舆论环境，以及如何富有温度地反映政事民情、传达人民呼声，是地方主流媒体面临的新的时代命题与使命。

　　本章从精选案例中，总结出优秀地方时政报道的四个主要特征和实践要求，为地方主流媒体精进业务能力、提升时政报道水平提供参考。

一、传播党的政策主张，服务大局应势而动

（一）案例概述

　　本主题从《中国青年报》《湖北日报》、浙江之声、黑龙江新闻广播等媒体的地方时政报道中选取 6 个有关"服务大局、政策宣传"的新闻案例，其中有宣传会议精神、习近平总书记重要讲话精神的报道，也有反映地方政策、政务、法规的报道。

【案例一】

《降低干部舒适度 提升群众满意度

盐城：政府机关用电要为中小学教室"让路"》①

这是中国青年报社全媒记者采编的消息。该报道获第三十一届中国新闻奖二等奖。该消息采用"先网后报"的刊发形式，最先在中国青年报客户端"抢先"发布，次日在中国青年报头版见报。记者捕捉到盐城市中小学教室空调配电容量可能不够的问题，深入挖掘、细致采访，从政府机关用电为中小学教室"让路"这个角度着手，深入盐城市着力补齐民生短板的"大行动"中。

【案例二】

《深入学习贯彻十九届五中全会精神·荆楚反响、湖北机遇》②

这是《湖北日报》全媒记者采写的十九届五中全会专栏的两组子专题报道，时间范围从 2020 年 10 月 30 日至 11 月 8 日，包含 8 篇通讯、3 篇评论和 3 篇访谈。该系列报道囊括党政干部、基层群众、经济专家、高校院所专家学者、本报评论员等对十九届五中全会精神的理解和体会，涵盖党建、基层治理、科技创新、经济建设等多个领域，同时基于全会精神为湖北各项工作的建设谋篇布局。本主题仅选取其中的《湖北加快建设内陆开放高地适逢其时》《早日迈上共同富裕之路》《集中力量攻克"卡脖子"关键技术》和《撸起袖子干出好光景——湖北基层群众热议党的十九届五中全会精神》四篇报道，进行详细评析。

---

① 作者：李超，刊发平台：中国青年报客户端、《中国青年报》。
② 作者：集体，刊发平台：《湖北日报》。

【案例三】

《拆掉数据"围墙"
浙江率先实现省市县三级医院检查检验结果互认共享》①

这是浙江卫视《浙江新闻联播》记者采编的电视消息。该消息围绕浙江省实现省、市、县三级医院检查检验结果互认共享的主题，内容从医院为患者带来的实际便利出发，到省医保局、卫健委和财政厅联合为拆掉医院数据"围墙"作出谋划和设计，再到医院医生为信息共享制定详细严密的规则，最后由专家学者解读浙江建设紧密型医共体的重要意义。该消息翔实报道了浙江省这一具有示范意义的惠民改革。

【案例四】

《守住农业"芯片"，端牢中国饭碗》②

这是黑龙江广播电视台《这里是黑龙江》栏目记者创作的广播评论。该报道获第三十一届中国新闻奖一等奖。2020年末，中央经济工作会议把"解决好种子和耕地问题"列为经济工作八大重点之一，提出"要开展种源'卡脖子'技术攻关，立志打一场种业翻身仗"。记者敏锐意识到会议精神的重要意义，第一时间采访权威专家、种业企业负责人、农技人员，并深入探讨确保重要农产品种源自主可控的具体路径。

【案例五】

《全国首个！浙江为数字经济立法》③

这是浙江之声《浙广早新闻》记者采编的广播消息。该报道获第三十一届中国新闻奖一等奖。在2020年11月浙江省十三届人大常委会第二十五次

---

① 作者：集体，刊发平台：浙江卫视《浙江新闻联播》。
② 作者：王静雅、丛志成、牟维宁、王伟，刊播平台：黑龙江广播电视台"黑龙江新闻广播"《这里是黑龙江》。
③ 作者：王娴、涂希冀、叶澍蔚，刊播平台：浙江之声《浙广早新闻》。

会议召开时，浙江之声记者敏感捕捉到当时正在审议的《浙江省数字经济促进条例（草案）》的新闻价值。通过进一步的采访，记者了解到，此次审议的内容首次在地方法规层面明确了"数字经济"的概念，首次对"数字产业化""产业数字化"作出法律界定，成为我国省级层面首部关于数字经济的法规。报道对此作了清晰的阐释与分析。

【案例六】

《行走沪浙粤看营商环境》①

这是《湖北日报》全媒记者采写的系列报道，时间为 2020 年 11 月 24 日至 26 日。该系列报道分为 3 期，每期都以"采访通讯+企业案例+专家点评"的形式呈现。记者实地考察沪浙粤优化营商环境具体举措的设计逻辑、运作方式和实施情况，再以企业案例说明举措实施后为企业带来的切实利好，最后请专家解读其中的理论依据，并指出湖北省该如何借鉴经验。

（二）案例评析

1. 紧扣大势，量体裁衣，当好政策"风向标"

首先，地方时政报道一方面需要"围绕中心、服务大局"，另一方面需要沟通地方、量体裁衣。

报道案例显示出记者较高的政治敏感，能及时传达、积极响应 2021 年中央一号文件、十九届五中全会、"十四五"规划、2020 年中央经济工作会议等重要决策部署和会议精神，精准把握乡村振兴、农业科技创新、加强和创新基层社会治理、发展数字经济、建设更高水平开放型经济新体制等政策大势。地方主流媒体应势而动，精心策划形式多样、视角丰富的政策解读和学习贯彻系列报道。

《深入学习贯彻十九届五中全会精神》专栏，从 2020 年 10 月 30 日五中全会闭幕之后起，到 12 月 2 日湖北省委十一届八次全会召开之前（除 11 月 6 日、7

---

① 作者：集体，刊发平台：《湖北日报》。

日），时间跨度一个多月，持续开展全会精神解读、宣讲，并跟进一线落实情况。

其次，地方主流媒体还要擅长从大势大局中发掘地方的机遇。地方媒体熟谙本地政策环境，能充分考虑地缘因素、地方情势，使政策宣传具有地方针对性。

在《深入学习贯彻十九届五中全会精神·湖北机遇》专题报道中，《湖北加快建设内陆开放高地适逢其时》《早日迈上共同富裕之路》和《集中力量攻克"卡脖子"关键技术》三篇访谈，将全会精神与湖北发展战略有机结合：第一重结合是，在国家推动建设更高水平开放型经济新体制的大势下，湖北加快建设内陆开放高地的政策"正逢其时"；第二重结合是，面对加强和创新社会治理的要求，湖北有丰富的抗疫经验和顽强无私的抗疫精神，将其化为善治举措大有可为；第三重结合是，要提升科技创新能力、攻克"卡脖子"关键技术，湖北作为科教大省，具有雄厚的教育和人才优势。

在报道本省时政新闻时，地方主流媒体始终秉持大局意识，尽力发掘地方特色与优势。浙江之声的《全国首个！浙江为数字经济立法》广播消息，紧扣"数字经济"这一时代热潮，并结合杭州数字经济发展一枝独秀的地方优势，报道层层递进，通俗易懂地梳理与分析，让地方法规变得更接地气、更具针对性和操作性。

2. 高站位、小切口，宏大主题亲切关情

时政报道不仅要有立意高远的宏观视角，还需要群众视角的细琐叙事，以小切口撬动大主题，以人情味软化硬宣传。

其一，做时政宣传报道，需要深入一线群众，采撷人民群众的所思所想、所需所求，才能增强群众对政策的了解和认同。

在《深入学习贯彻十九届五中全会精神·荆楚反响》专题《撸起袖子干出好光景——湖北基层群众热议党的十九届五中全会精神》一文中，记者深入"机器轰鸣的工厂""生机勃勃的田野""宁静祥和的社区、村湾"和"施工正酣的项目工地"，倾听基层群众对刚刚落幕的十九届五中全会精神的反响。一头是国家顶层设计，一头是普通基层百姓；一头是庄严辉煌的大会堂，一头是人们再熟悉不过的生活场景，报道从空间和心理上将这两头紧密联系在一起。农村创业者议共同富裕、护林员谈绿色发展、社区居民话基层治理，报道抓住这一个个具体且鲜活的人、一句句朴素而真挚的话，让国家政策接上地气、沾上人情味，"飞

入寻常百姓家"。

《守住农业"芯片"，端牢中国饭碗》一文，将我国粮食育种技术落后于发达国家，玉米、大豆等作物不得不依赖进口的农情，与黑龙江农民听说一种进口玉米种子高产而想要引进的农户心声联系在一起，把我国农业建设的宏观态势与每个农户的日常生计相关联、中央农村工作会议精神与黑龙江这一农业大省的农业发展相关联，宏大主题变得富有生气，也易于读者理解中央政策。

其二，做好时政宣传报道，需要关注人民群众的具体实践活动，落细、落小、落地、落实，才能入木三分。

《降低干部舒适度　提升群众满意度　盐城：政府机关用电要为中小学教室"让路"》一文，抓住盐城在落实"为民办实事项目"中出现的问题——在去年"为民办实事项目"中，为解决中小学生暑期在校高温学习的问题，政府为学校安装了空调；今年发现，"有些学校装了空调不开，说配电容量不够"。通过描述这一贴近生活的小事、真事，报道引起众多读者的共鸣，同时也加深读者对政府机关关停空调为中小学教室空调"让路"这一政策的了解。通过具体小事体现"降低干部舒适度　提升群众满意度"的政府工作宗旨，生动展现当地政府向着群众最期盼、最需要处发力的工作作风。

3. 多维度解读政策，消弭"理解赤字"

国家政策统揽大局、高度凝练。地方主流媒体在报道国家政策时，如果只是照单全收而不加解读，时政宣传就会"悬在半空、浮于表面"，结果只能是"雁过无痕"①。

首先，解读政策要确保政策宣传的准确性和全面性。

《行走沪浙粤看营商环境》的 3 期系列报道，结合政府部门工作人员、企业主和员工、专家和记者等多方信源，以政府解释、企业案例、专家评析和记者见闻架构起文章，多元视角既能确保政策解读的准确性，还能立体、深入地展示优化营商环境为企业带来的便利。

《全国首个！浙江为数字经济立法》报道采访扎实，所选的采访对象都是与

---

① 新华社记者. 超越"认知藩篱"消弭"理解赤字" [EB/OL]. https：//baijiahao. baidu. com/s？id＝1652424622360473420&wfr＝spider&for＝pc, 2019-12-09.

《浙江省数字经济促进条例》有着密切联系的核心人士，他们中有法规的起草者，也有专门研究数字经济的专家，还有深耕数字经济多年的企业负责人，使《条例》的信息突出、明晰，易于受众捕捉和理解。

《拆掉数据"围墙"浙江率先实现省市县三级医院检查检验结果互认共享》一则消息，包含来自省卫健委健康信息中心副主任、省临床放射质控中心常务副主任、浙江大学老龄和健康研究中心副主任、国务院医改专家咨询委员等信源的准确、官方和专业的信息，从多个角度、让多方主体直接解读"浙医互认"改革的设计目的、细节和意义，不仅充实了报道内容，而且增强信息的准确性和可信度。并且，报道充分利用电视的动态可视化优势，梳理并呈现浙江省医院数据互认共享改革的计划和实施过程，清晰直观。

其次，解读政策要消除误解、加深理解、增进认同。

《行走沪浙粤看营商环境》系列报道之二《深圳取消施工图审查后再创新 AI 审图"鱼"与"熊掌"兼得》，讲述深圳取消施工图，取而代之的是"告知承诺制"和"人工抽查＋AI 审图"这一核心事实，并用企业实际案例，将新制度为企业带来的便利具象化，最后以专家点评指出这是鱼和熊掌兼得的做法，避免了一般追求营商环境的改善而"顾此失彼"的结果，实现"帕累托最优"。报道全面完整地呈现深圳在成为试点后的探索性创新实践，先梳理施工图审查制度的历史和深圳获批试点的现象，随后逐步揭示现象的背后故事，包括决策、实施、完善的过程，并辅以企业案例，表明简化审批环节带来的实质性效果，符合一般读者的阅读期待和认知结构，逐步消解读者心中对"无审批＝无质量"的刻板印象。报道让人们看到政府在应用智能技术、适应时代变化，建设"服务型""智慧型"政府中的努力，具有良好的宣传意义。

《守住农业"芯片"，端牢中国饭碗》抓住"我国本土种质资源丰富，农业种源没有危险"的常见误解，通过专家解读和征引数据，清晰展示我国种业的发展弱势：①相较于跨国种业的发展仍有较大差距；②本土种质资源丰富而创新利用效率、产业转化效率不高；③一旦没有种源，自主创新将面临"卡脖子"困境，需要增强相关部门、科研人员和农户对种源安全和自主创新的重视。

（三）延伸思考

2013 年 8 月 19 日，习近平总书记在全国宣传思想工作会议上的讲话（下文

简称 "8.19" 重要讲话）中指出："宣传思想工作一定要把围绕中心、服务大局作为基本职责，胸怀大局、把握大势、着眼大事，找准工作切入点和着力点，做到因势而谋、应势而动、顺势而为。"① 所谓围绕中心、服务大局，就是围绕党和国家工作的中心、服务党和国家事业发展的大局。所谓因势而谋、应势而动、顺势而为，即根据发展的趋势预先筹划，针对情势的变化适时处置，依循形势的走向自然应对。②

首先，地方时政报道围绕党和国家的工作中心才能找准报道方向，服务国家经济社会发展的大局才能彰显主流媒体价值，因势而谋占先机，应势而动抓效率，顺势而为赢主动。中国《国民经济和社会发展第十四个五年规划和 2035 年远景目标纲要》指出，我国已经实现第一个百年奋斗目标，开启全面建设社会主义现代化国家新征程。③ 这是党和人民事业所处的历史方位和发展阶段，也是明确中心任务、制定大政方针的根本依据。中共十九届六中全会强调，全党必须立足新发展阶段、贯彻新发展理念、构建新发展格局、推动高质量发展。④ 所谓新发展阶段，即是"全面建设社会主义现代化国家"的阶段；所谓新发展理念，即是"创新、协调、绿色、开放、共享"的发展理念；所谓新发展格局，即是"以国内大循环为主体、国内国际双循环相互促进"的发展格局。地方主流媒体的时政宣传工作应当紧扣这一中心和大局，站稳意识形态立场，促进时事政策在中央与地方、党和政府与人民之间有效沟通。

其次，地方时政报道在把握政策大势的同时，也要重视新闻宣传生态与形势的变化。随着媒体融合朝纵深发展，全程媒体、全息媒体、全员媒体无处不在，"人人是记者，人人都有麦克风"的背景下，舆论环境也愈发错综复杂、变化万端，地方主流媒体必须做到"不失位"，即坚守主流舆论阵地，坚持发挥"宣传

---

① 倪光辉. 习近平：胸怀大局把握大势着眼大事 努力把宣传思想工作做得更好 刘云山出席会议并讲话［N］. 人民日报，2013-8-21（01）.

② 陈信凌. 紧贴时代脉动的新思维与新方略——对习近平总书记"因势而谋、应势而动、顺势而为"理念的认识［J］. 中国编辑，2013（06）：11-13.

③ 新华社. 中华人民共和国国民经济和社会发展第十四个五年规划和 2035 年远景目标纲要［EB/OL］. http：//www. gov. cn/xinwen/2021-03/13/content_5592681. htm？pc，2021-03-13.

④ 新华社. 中国共产党第十九届中央委员会第六次全体会议公报［EB/OL］. http：//www. news. cn/politics/2021-11/11/c_1128055386. htm，2021-11-11.

党和国家的方针政策，党的理论、思想、主张，培育主流价值观，弘扬正能量"的基本功能，① "不断提升传播力、引导力、影响力、公信力"②。

此外，在坚持这一基本原则的基础上，地方主流媒体需要创新理念、内容、体裁、形式、方法、手段、业态、体制、机制；③ 转变自上而下式宣传的老思路，贴近人民群众需求，将"我想说什么"与"群众想听什么"相结合——这不仅是政策宣传报道的要求，也是党和政府工作的基本要求。④ 新闻媒体在充当政策"风向标"的过程中，也在不断接受政策风向的牵引和驱动，转作风、正学风、改文风。在新媒体的语境下，时政新闻报道只有不断追求创新，才能让更多注意力资源转移到主流舆论场，才能以正确的政治导向监督社会运转，才能更好地讲好中国故事⑤。

同时，地方主流媒体开展地方公共政策报道，需练就过硬的"眼力"，即对大局大势的观察力和辨别力、对地方和基层新闻的观察力、发现力。⑥

其一，练就新闻眼力，一方面需要新闻工作者具有高度的政治敏感，看清政治环境，吃透方针政策。在做时政宣传报道时，如果缺乏必要的政策理论储备，做出的文章难免缺乏深度和准度。在撰写相关稿件之前，记者通常会采访相关领域的专家学者。事实上，这个采访的过程，也是记者自己学习、理解政策的过程。通过采访，记者可以把握会议精神和政策文件中的关键方面，可以从宏观规划中找到地方的、具体的实践路径，以此指导后续对贯彻落实情况的报道，从而起到前后呼应的效果。更进一步的是，记者练就扎实的理论水平与政策功底，还会内化于心，外化于行，体现在之后对其他主题的采写过程之中。

---

① 李良荣，袁鸣徽．锻造中国新型党媒［J］．新闻大学，2018（05）：1-6+145.

② 人民网．做好宣传思想工作，习近平提出要因势而谋应势而动顺势而为［EB/OL］. http：//cpc.people.cn/n1/2018/0821/c164113-30242126.html？from=singlemessage，2018-08-22.

③ 中国文明网．重温习近平总书记讲话 抓住党的新闻舆论工作要点［EB/OL］. http：//news.cnr.cn/zt2017/jn219/headine/20170217/t20170217_523607206.shtml，2017-02-17.

④ 本书编写组．实践中的马克思主义新闻观——新闻报道经典案例评析［M］．北京：高等教育出版社，2015：12.

⑤ 韩安东．新媒体语境下时政新闻传播创新研究［D］．广州：暨南大学，2018：11.

⑥ 人民日报社地方部，费伟伟．增强"四力"专题解读［M］．北京：人民日报出版社，2019：60-62.

其二，练就新闻眼力，还需要用脚步丈量基层，着眼政策的"落细、落小、落地、落实"上。时政宣传类重大主题的报道，"如果只是一味照搬既有政治语态，总是悬浮在高处，不仅无法起到统一思想、增进共识、宣传鼓劲的作用，还可能令受众滋生抵触情绪，产生反感"①。因此，地方主流媒体在采写此类稿件时，需要把眼光"放低"，要带着地方性框架去采写。落细、落小、落地、落实是马克思主义新闻观的实践要求，也是中国特色社会主义新闻事业"三贴近"原则的具体体现。② 落细，让宏大政策贴近生活，才能具体可感、易于接受；落小，独具地方眼光，才能发现机遇和道路；落地，变政策为具体举措，才能使之生根发芽、开花结果；落实，扎实采访、贴近实情，才能促进政策行之久远。

二、立足本土推广经验，正面宣传助力发展

（一）案例概述

本主题从《人民日报》《浙江日报》、新疆生产建设兵团综合广播、湖北广播传媒中心、《湖北日报》的地方时政报道中选取 6 个有关本土治理经验正面宣传的新闻案例，包括脱贫攻坚、疫后重振、优化营商环境、生态保护与建设和优化行政服务等方面的成功经验。

【案例一】

《推出"好差评"，所有实名差评均已回访整改
上海"一网通办"迈向"一网好办"》③

这是《人民日报》记者采写的消息。该报道获第三十一届中国新闻奖二

---

① 本书编写组. 实践中的马克思主义新闻观——新闻报道经典案例评析 [M]. 北京：高等教育出版社，2015：69.
② 本书编写组. 实践中的马克思主义新闻观——新闻报道经典案例评析 [M]. 北京：高等教育出版社，2015：40.
③ 作者：刘士安、谢卫群，刊发平台：《人民日报》。

等奖。报道关注"一网通办"在全国各地陆续实施的背景下，率先提出"一网通办"的上海市是如何进一步改进工作的。记者通过深入采访，敏锐地抓住上海"一网通办"推出的"好差评"这一新做法，通过有说服力的案例和数据，突出"群众评价要像网购用户评价一样管用"的要义，提炼出从"一网通办"迈向"一网好办"的主题。

【案例二】

《复苏之路》①

这是湖北广播电视台 FM104.6 湖北之声《万有引力》栏目的广播新闻。该报道获第三十一届中国新闻奖一等奖。2020 年 4 月武汉"解封"后，大批中小微企业的复苏之路艰险重重，疫后重振、复工复产成为湖北省经济发展的重中之重。记者精心选取武汉服务业里几个中小微企业为样本，进行三个多月的蹲点调查，真实记录中小微企业艰难复苏的过程，以创新的视角再度诠释"英雄的城市、英雄的人民"的内涵。

【案例三】

《从十八洞村到沙洲村》②

这是湖南广播电视台广播传媒中心《热点今日谈》栏目的广播新闻访谈节目。该报道获第三十一届中国新闻奖一等奖。十八洞村和沙洲村，一个是"精准扶贫"的首倡地，一个是红军长征"半条被子"的发生地。在中央农村工作会议提出全面推进乡村振兴之际，记者选择这两个具有典型意义的湖南小村庄的代表人物为新闻访谈对象，通过回望两个湖南小村庄脱贫巨变和探讨乡村振兴，折射两大战略的生动实践与奋斗历程。

---

① 作者：万敏、黄乐毅、洪燕，刊发平台：湖北广播电视台湖北之声《万有引力》。
② 作者：张乐克、袁平、张国荣，刊发平台：《湖北日报》。

【案例四】

《创新模式畅通"山门"，破解发展"首要制约"—— 两块国家级奖牌花落竹山》①

这是《湖北日报》全媒记者和通讯员采写的通讯。报道从多个角度讲述曾经的深度贫困县——竹山县近年来大兴交通建设，疏通发展命脉的事例。报道首先写竹山县交通改善后的便利，再写县政府如何全域规划畅通"山门"，最后写打开"山门"后，竹山县发展旅游、招企引资、农产品出口所获得的巨大红利，完整地介绍一个贫困县破局脱贫的奋斗征程。

【案例五】

《新疆第三条沙漠公路建设与环保"同行"》②

这是新疆生产建设兵团广播电视台兵团综合广播《兵团新闻联播》记者采编的消息。该报道获第三十一届中国新闻奖二等奖。报道挖掘新疆第三条沙漠公路建设背后的环保故事，介绍公路施工方为了保护沿线脆弱的生态环境，绕开胡杨林密集区，清运施工现场垃圾，在公路沿线种植草方格等环保举措，多层面、多维度反映新疆第三条沙漠公路建设与环保"同行"。

【案例六】

《浙江，全国首个生态省》③

这是《浙江日报》记者采写的消息。该报道获第三十一届中国新闻奖二等奖。在全国15个生态省试点创建中，浙江是全国首个和唯一一个通过国家验收的省份。报道紧跟浙江建设生态省的线索，梳理浙江自2003年至2019年间的绿色发展进程。报道在"绿水青山就是金山银山"理念提出15

---

① 作者：韩炜林、戴辉、潘庆芳，刊发平台：《湖北日报》。
② 作者：郭惠婷、李亚军、陈成、潘玉，刊发平台：新疆生产建设兵团广播电视台兵团综合广播《兵团新闻联播》。
③ 作者：陈文文、王世琪、郑亚丽，刊发平台：《浙江日报》。

周年之际推出，在全国范围内具有"窗口"意义。

（二）案例评析

1. 立足本土，深入基层，以鲜活场景话发展

好的正面宣传，一定是深入基层通过扎实的调查研究得来的。挖掘本土经验，不能只坐在电脑前翻阅二手材料，而要在第一现场细致、深入地采访，积累一手资料。

《推出"好差评"，所有实名差评均已回访整改 上海"一网通办"迈向"一网好办"》一文，《人民日报》记者深入杨浦区公安分局新江湾城派出所，从一个差评展开对上海"一网通办"的"好差评"制度的描述。报道聚焦上海"一网通办"的最新制度性成果，产生较大反响，对各地推行"一网通办"、创新改革举措起到积极作用，社会效果良好。

《复苏之路》专题报道中，湖北之声记者深入受疫情影响最直接的餐饮、服装、健身等多个行业，在 2020 年武汉封城时期记录疫情给各中小微企业带来的严重冲击。作品融合大量城市生产生活的现场声音，让武汉的现状通过真实生动的声音传达给听众，营造出"心连心、手牵手"的共情氛围。记者在长达数月的实地走访和记录过程中，更深入探讨武汉经济复苏的难点与出路，在疫后重建中发挥地方时政报道的正向引领作用。

《从十八洞村到沙洲村》访谈节目将访谈现场搬到郴州汝城沙洲村"半条被子"专题陈列馆，邀请湘西十八洞村党支部书记施金通、大学生村官隆建和回乡创业大学生施康，以及沙洲村党支部书记朱向群、党支部副书记陈娟娟和红色讲解员朱梦嘉交流脱贫经验。节目采取两村对话的访谈形式，既介绍十八洞村和沙洲村两地脱贫后的新气象，又在村与村之间、新一代与老一代之间、地方与全国之间互通脱贫致富、乡村振兴的成功经验。节目主题践行习近平总书记提出的"脱贫摘帽不是终点，而是新生活、新奋斗的起点"精神。

2. 以人为本，用心用情，激发事业建设力量

经验的宣传不是形式主义的政治套话堆积，也不是为地方领导歌功颂德。成

功经验的宣传推广要"以人为本"，从人民群众的角度思考，用心用情感受人民群众为了事业发展作出的努力，以动员更多人民群众积极投身社会主义事业建设浪潮中。

《复苏之路》专题报道中，记者走访与老百姓生活息息相关的服务业小微企业，用饱含深情的笔触在报道中展示一个个小微企业主在疫情期间面临的实际困难，以及他们迎难而上、因势而变、转型突破的探索实践，一个个小人物的故事折射出武汉市乃至湖北省疫后重振的重大任务和顽强毅力，传递乐观奋进的正能量。在湖北人民浴火重生、凤凰涅槃的关键时期，该作品成为少有的真实记录中小微企业艰难复苏过程的报道，被看腻了浮夸、碎片化文字的网友们视为上品，纷纷转发。

《浙江，全国首个生态省》一文，在浙江成为全国首个生态省这一大新闻背景下，以推进绿色发展进程中城镇居民人均可支配收入、农民年人均纯收入大大提高作为衡量成果的两项重要标准，印证"绿水青山就是金山银山"这一理念的正确性，而且将重大建设落脚于百姓生计，也充分体现出党中央、地方政府和新闻媒体"以人为本"的宗旨，更有利于激励广大人民群众共襄绿色发展。

《新疆第三条沙漠公路建设与环保"同行"》一则报道，抛开就工程进度报道工程的窠臼，独辟蹊径，从环保这一角度入手，使开发建设主题更富有人性色彩。新疆生态环境脆弱，新疆第三条沙漠公路建设施工方自公路开建以来始终坚持环保理念，全力保护公路沿线生态环境。记者通过跟踪采访，拍摄大量鲜活的素材，比如施工方没有砍掉一棵生长在规划路线附近的胡杨树，而是在它周围增加培土、围上沙袋，原本枯萎的胡杨树重新长出绿叶。这些富有温度的细节，生动演绎"绿水青山就是金山银山"的发展理念，也为其他地区处理生态环境与基础设施建设的关系提供参考。

3. 问题导向，注重分析，推广经验事半功倍

成功经验从人民群众的实际问题和解决问题的实践中来，又要为其他人民群众解决问题提供参考。因此，成功经验的正面宣传需要秉持建设性的原则，树立问题意识，以问题为导向分析成功的关键，由此才能提升地方经验的推广效果。

没有路，怎么富？《两块国家级奖牌花落竹山》直接指出："没有路，当地特产绿松石、竹山茶难以出山，外面的资金、技术、企业更难进来。"找到发展的命脉，紧接着指出新的问题："作为国家级深度贫困县，竹山年度财政收入仅6亿元左右，根本没钱修路。"

当地政府如何做？与社会资本合作修建绕城快速路和旅游公路、已有道路改扩建；引进专业企业，以市场化方式运营全县出租车及公路客运、城乡公交、公路养护。修好了路，如何闯出致富路？创建竹山绿松石小镇直播基地，年销售额突破50亿元；47家卫浴企业集体落户竹山，产能40亿元；蜂蜜、茶叶、中药材出山，年收入十数亿元；开发10多个风景区，游人如织。文章层层递进，条分缕析，论据翔实，论证充分，地方经验可资借鉴。同时，先抑后扬的写作手法也使得文章的可读性、说服力更强。

致富经验能否复制？《从十八洞村到沙洲村》分享了湖南省十八洞村和沙洲村的脱贫致富和乡村振兴经验。首先，主持人向两村党支书询问，两村何以发展得如此之快？十八洞村发展了猕猴桃、山泉水、苗绣和劳务输出等五大产业，沙洲村则发展了种果子、摆摊子、开店子"三子产业"。接着，十八洞村支书谈到他们村解决了过去的"三怕"，养猪怕肥、怕小孩子读书、怕老人小孩生病。主持人顺势提出，沙洲村能否借鉴经验？沙洲村支书也说出自己村里的"三怕"，怕停水、怕停电、怕下雨，由此两村形成具体问题之间的精准交流。之后两村又谈到发展旅游业怎么留住游客的共性问题，十八洞村支书提出"整合资源共同发展"的举措，为沙洲村提供宝贵借鉴。整体上，报道由主持人提出的一个个问题串联起来，所提出的治理难题和对策经验在全省乃至全国都富有极强的借鉴意义。

（三）延伸思考

习近平总书记在"8·19"重要讲话中指出，"坚持团结稳定鼓劲、正面宣传为主，是宣传思想工作必须遵循的重要方针"①。2016年2月19日，党的新闻舆论工作座谈会召开，总书记在讲话中（即"2·19"重要讲话）再次强

---

① 新华社．全国宣传思想工作会议在京召开［EB/OL］. http：//www.wenming.cn/xj_pd/ssrd/201308/t20130820_1422721.shtml，2013-08-20.

调："团结稳定鼓劲、正面宣传为主，是党的新闻舆论工作必须遵循的基本方针"①。

当前，我国已经实现第一个百年奋斗目标，在广袤的中华大地上全面建成小康社会。"总结党的百年奋斗重大成就和历史经验，是在建党百年历史条件下开启全面建设社会主义现代化国家新征程、在新时代坚持和发展中国特色社会主义的需要。"② 因此，深入挖掘地方基层的具体实践，总结并推广地方治理的成功经验，是地方主流媒体"团结稳定鼓劲、正面宣传为主"的具体举措，也是推动本地和全国高质量发展、迈进全面建设社会主义现代化国家新征程的需要。

1989 年，"坚持以正面宣传为主"作为我党的新闻宣传方针被正式提出。当时，其含义是"要准确、及时地宣传党的路线、方针、政策，实事求是地反映社会现实生活的主流，让人民群众用创造新生活的业绩教育自己，形成鼓舞人们前进的巨大精神力量，在当前就是要造成一个有利于稳定局面的舆论环境"③。三十多年来，我党的新闻宣传事业始终坚持"正面宣传为主"的基本方针，同时逐步增进和完善对"正面宣传为主"的理论阐释。

曾在我国新闻界占长期主导地位的"内容论"认为，"正面宣传就是好的、积极的一面的宣传。正面宣传讲的是宣传什么，讲的是内容，也就是说讲的是报道题材的规定"④。然而，这一观点中对事物价值的判断显然过于简单。随着时代主题的演进和新闻实践的不断发展，"效果论"逐渐得到更多的认同。这种理论观点认为：正面宣传为主，实际上应"以正面效果为主"，"社会效果的好坏是检验宣传是不是正面宣传的唯一标准"⑤。

例如，第三十一届中国新闻奖评选中，《东丽中学家属院唯一公厕为"迎检"被街道强拆，居民"内急"成难题》⑥《水漫河堤、防汛一级应急响应，秦

---

① 中国文明网．重温习近平总书记讲话 抓住党的新闻舆论工作要点 [EB/OL]．http：//news. cnr. cn/zt2017/jn219/headine/20170217/t20170217_523607206. shtml，2017-02-17.

② 新华社．中国共产党第十九届中央委员会第六次全体会议公报 [EB/OL]．http：//www. news. cn/politics/2021-11/11/c_1128055386. htm.

③ 李瑞环．坚持正面宣传为主的方针——在新闻工作研讨班上的讲话 [J]．新闻战线，1990（03）：7-14.

④ 徐胜．什么是正面报道 [J]．新闻实践，2005（05）：26-27.

⑤ 喻国明．正面宣传：判别标准与操作性定义 [J]．新闻记者，1990（04）：14-17.

⑥ 作者：马晓萌、刘倩，刊播平台：天津新闻广播 FM97. 2《新闻第一报》。

淮河大堤却被挖空建高档餐厅!》① 等多则舆论监督报道获奖，这些报道的刊播回应了群众关切，敦促有关部门迅速、妥善完成整改、问责处理，解决了影响甚至危及人民群众权益的问题，实际上形成正向的社会效果。

正因如此，主流媒体既需要正面宣传，也需要舆论监督，二者是统一的。

其一，正面宣传为主不是报喜不报忧，关键是要处理好主流和支流、成绩和问题、全局和局部的关系，在宣传的整体上呈现主流、成绩和全局的正能量，从宏观上把握和反映事物的全貌。②

其二，要直面复杂现实中的问题，尤其是人民群众关心的、涉及重大原则的问题，要积极关注报道、解惑释疑、监督批评，不能闪烁其辞甚至是为其辩护，通过新闻报道推动党和政府工作的改进，重视报道的正面效果。

其三，确保报道的真实性，不论是正面宣传还是舆论监督，都要做到实事求是、客观分析，只有揭示新闻事实与语境之间的复杂联系，才能引导群众理解事实，不会以偏概全。

其四，正面宣传需要增强吸引力和感染力，避免形式主义的政治套话，做人民群众喜闻乐见的、入脑入心的好报道。

只有这样，正面宣传才能进一步"激发全党全社会团结奋进、攻坚克难的强大力量"③，党的新闻宣传事业才能实现"动员广大人民群众积极、主动、创造性地参与社会主义现代化建设"④ 的目标和使命。

具体而言，做推广地方治理经验的报道，首先要锤炼"脚力"。只有走在路上、走到人民群众中间，才能捕捉到最真实、具体、鲜活的经验；才能了解到这些经验背后具体解决了什么问题，以及经验提出的契机和适用的环境是什么；才能写出超越条文和官话的好文章；才能让成功经验真正在其他地方落地生效。

其次，需要增强"脑力"。增强脑力，要以大局为前提，把握时代重大主题；

① 作者：任梦岩、景明，刊播平台：中国之声《新闻纵横》《全国新闻联播》。

② 陈力丹．"舆论监督和正面宣传是统一的"——学习习近平同志"2·19"讲话 [J]．新闻与写作，2017（01）：61-64.

③ 李斌，霍小光．习近平：坚持正确方向创新方法手段 提高新闻舆论传播力引导力 [N/OL]．新华网，2016-02-19.

④ 张治中．习近平"正面宣传为主"思想的源流与传播学解读 [J]．出版发行研究，2018（07）：19-23.

要"树立'问题意识',坚持问题导向,科学分析问题,深入研究问题,弄清问题本质,找到症结所在,用我们的报道去推动问题的解决"①。各地新闻媒体把握脱贫攻坚、乡村振兴、人才培养、优化营商环境等国家重大主题和本地重点工作,立足本土挖掘成功经验,借助地方主流媒体的传播力、引导力、公信力和影响力,在全省乃至全国范围内交流经验,推动问题的解决,促进事业的进步。

三、提高舆论引导能力,营造良好舆论环境

(一)案例概述

本主题从《湖北日报》《南国都市报》《山西日报》《广西日报》《福建日报》五家地方主流媒体的时政新闻报道中选取 5 个有关协同治理、营造良好舆论环境相关的地方时政报道,其中有对地方本地政策落实状况进行考察宣传的报道,也有对政策文件进行解读的文章,这些报道从政务出发,以新闻与宣传的方式协同治理,分别从不同的方向为地方主流媒体营造舆论环境提供有价值的参考。

【案例一】

《"鹰眼"出击——巡查秸秆焚烧蛛丝马迹》②

这是《湖北日报》全媒记者采写的一则消息。该消息以记者乘坐飞机巡查秸秆焚烧状况的时间线为顺序,记录巡查事实的同时还穿插着对汉江、江汉平原等大好河山的生动描写,同时还配以"从飞机舷窗看到荆州江陵大片收割后的农田整齐排列"的照片。通过时空交叠的生动记录,为读者营造出身临其境之感。

---

① 人民日报社地方部,费伟伟.增强"四力"专题解读 [M].北京:人民日报出版社,2019:130.

② 作者:胡弦,刊发平台:《湖北日报》。

【案例二】

《天角潭水利枢纽工程为鱼类修建
"生态通道" 让鱼儿有了回家路》①

　　这是《南国都市报》的一则消息，从工程所在地北门江的水系生态背景讲起，随后引用工程项目经理阐释的水利工程建设对水生态的影响，引出建设鱼道保护鱼类的措施，最终阐发鱼道建成后对自然环境保护的积极作用。

【案例三】

《"两江四岸" 描画新武汉》②

　　这是《湖北日报》为迎接省委十一届八次全会推出的政策解读性报道。报道从历史、现在、未来三个方面对《武汉市两江四岸规划》进行解读。历史上，产业重地蜕变宜居空间；现在，长江大保护夯实 "生态底色"；未来，七大功能区激荡产业活力，在三个时间阶段分别加以规划解读，系统回答了 "两江四岸" 规划是什么、为什么、怎么办的问题，契合加快推动城市治理体系和治理能力现代化与注重在科学化、精细化、智能化上下功夫的城市治理要求。

【案例四】

《16 年一以贯之走生态发展之路，率先通过国家试点验收
浙江，全国首个生态省》③

　　这是《浙江日报》的一则消息，获 2020 年度浙江新闻奖一等奖。从 2003 年至 2019 年，浙江用 16 年的时间建成全国首个生态省，记者把握住这一新闻选题，以总分总的结构清晰介绍浙江提出生态省建设战略的背景、建设过程与建设成果，将全国首个生态省的面貌展现出来。

---

① 作者：王子遥、胡诚勇，刊发平台：《南国都市报》。
② 作者：严运涛、成熔兴，刊发平台：《湖北日报》。
③ 作者：陈文文、王世琪、郑亚丽，刊发平台：《浙江日报》。

【案例五】

《人与自然和谐共生的生动实践——
跨海建大桥 不砍一棵树》①

这是《广西日报》的一则通讯，介绍"广西第一跨海大桥"建设过程中，政府面对生态保护与经济成本之间的矛盾，如何权衡的决策过程与实施措施。该通讯用多个数据和富有细节的描述，复现了工程修改设计后最大化保护红树的情况下，对红树进行乔迁生存的困难以及克服困难的过程。

【案例六】

《23年圆梦，福建晋江水流进金门》②

这篇通讯刊载于《福建日报》头版，获第二十九届中国新闻奖二等奖。该消息报道了福建向金门供水工程正式通水的历史性时刻，以现场新闻的形式从多个方面向读者呈现通水当日的情况，并通过整合采访资料与穿插恰当的直接引语，介绍福建向金门供水工程的意义、历程及民众反响。

（二）案例评析

1. 提升话语解释力，增强舆论影响力

内容永远是新闻报道的根本，优秀的内容是地方时政报道凝聚生命力的基石。"在当今透明化、围观化的信息传播环境下，传播力的重心正在实现由报道力向解释力的转移，即从一般意义上的信息输出转向证据、理由、背景、观点的全面建构，以期赢得社会与公众的深度共识。"③ 提升地方时政报道的话语解释力，需要地方主流媒体从单纯的"回应—发布"模式中超脱出来，在多元、多

---

① 作者：张雷、吴德星、袁琳，刊发平台：《广西日报》。
② 作者：刘益清、吴洪、刘深魁，刊发平台：《福建日报》。
③ 郑保卫. 传媒话语权与影响力——新时期舆论引导能力的提升［M］. 长沙：湖南人民出版社，2018：41.

样、多维的报道中提供丰富的、充分的、有价值的内容。深耕内容创作，牢牢把握内容根本，既注重新闻价值，又有效整合资源发挥宣传价值，才能将时政新闻深刻触达人民，为良好的舆论环境造势。

第一，过硬的新闻内容前提是要有新闻价值，把握舆论引导"时、度、效"的有机统一。《"鹰眼"出击——巡查秸秆焚烧蛛丝马迹》这篇报道牢牢把握新闻价值的要素，强化制作力，提升传播力，形成强大舆论场。首先，该报道时新性强。搜寻秸秆焚烧蛛丝马迹的事实仅发生在报道发出的前两天。其次，接近性强。荆州市利用飞机搜寻是否存在秸秆焚烧的事实与正值丰收季节的江汉平原人民具有极强的关联性和接近性，把握住舆论引导的有利时机。最后，重要性强。由于当年年底省环委会将对各市（州）秸秆焚烧工作开展考评和通报，因此，巡查秸秆焚烧这一行动对当地人民和地方政府而言都非常重要且值得关注。

第二，叙述详实、层次分明，严控质量的报道才能掷地有声、振聋发聩。

《天角潭水利枢纽工程为鱼类修建"生态通道"让鱼儿有了回家路》，将天角潭水利枢纽工程的建设介绍与当地因地制宜的生态保护理念有机结合，从背景介绍到问题解决再到最终影响，结构严谨，逻辑清晰。消息还合理利用鱼道设计数据增强报道的信息量和真实性，有点有面，张弛有度。搭配天角潭水利枢纽工程效果图的图示，清晰展现出工程设施的全貌与鱼道的位置，有利于读者更加直观地理解设计思路与生态发展理念。《"鹰眼"出击——巡查秸秆焚烧蛛丝马迹》一文恰当引用背景材料，向读者介绍 PC-6 飞机和焚烧秸秆巡查的相关情况，使得读者对该事实形成全盘充分的认知。同时，"定期发布卫星遥感监测简报和无人机巡查简报，每天交办发现问题，由当地进行核查，处理并上报"等相关政策措施的介绍都顺应"绿水青山就是金山银山"这一指导思想，在传递政策信息的同时也确立正确的舆论导向。

《"两江四岸"描画新武汉》在结构上用心雕琢，文章按照历史、现在、未来的时间顺序，为读者梳理武汉两江四岸功能历史的变迁，对应规划的功能定位；通过描写江岸线开阔干净的景象以及近年来对长江的环境治理保护，并将其一一对应治理规划，以"更安全""更生态""更活力"直观阐释治理方向的三个方面；以建筑簇群的实际情况，对应七大功能区结构的规划。得益于这样的框架结构，在编排上，读者在阅读时可以直接通过每一段的首短句知晓大概内容，能够对规划文件一目了然。而历史、现在、未来三个阶段的讲述搭配每个阶段的规划解读，让规划不再是刻板严肃的文书，而是与现实、与群众紧密结合，通过不悬浮的报道内容增强规划的解读效果。

2. 化抽象为具体，提升时政报道公信力

地方时政报道不能高悬于上，而是要贴近群众、贴近实际，把抽象的概念具体化，用事实打好时政报道的根基，提升权威性与公信力。媒体公信力和影响力的获得"要切实承担社会责任，促进新闻信息真实、准确、全面、客观传播"[①]。

用事实说话，用数字说话，增强新闻可信性。《浙江日报》这篇《16 年一以贯之走生态发展之路，率先通过国家试点验收 浙江，全国首个生态省》的消息，通过采用多组数据呈现出过去与现在的变化。用"2019 年，安吉实现地区生产总值 469.59 亿元，比 2005 年增长了 5 倍"的比较式数据展现生产总值的飞跃。在此基础上，消息利用 GDP 随年份增长而能耗水耗同期下降的比较数据，展现出建设生态省所带来的经济发展与环境保护双丰收——"这些年来，浙江绘出了两条获得感满满的发展曲线：一条是金线，浙江 GDP 从 2002 年的 8003.67 亿元增长到 2018 年的 56197.2 亿元，增长了 7 倍多；一条是绿线，同期，浙江万元 GDP 能耗、水耗分别下降 61.3%、88.1%"。由此，基于数据生发观点，即"绿色发展的路子是正确的，路子选对了就要坚持走下去"。数据的比较不仅呈现出真实的信息，还凸显了浙江省建设生态省以来的变化与成果，可谓一举两得。

《人与自然和谐共生的生动实践——跨海建大桥 不砍一棵树》围绕红树林森林资源的价值与跨海建大桥经济开发成本之间的矛盾展开叙述，采用多组数据进行论证。一方面，红树林森林资源具有丰富的生态价值：红树林生长区横跨"1200 米"，滩涂生长红树 12212 棵；而经济成本方面："按宽度 100 米、密度 100 棵/亩计算，修改设计让引桥绕行，保护红树林的代价接近 3 万元/

---

①　郑保卫. 传媒话语权与影响力——新时期舆论引导能力的提升 [M]. 长沙：湖南人民出版社，2018：48.

棵"，数字计算下的成本极高，但"绿水青山就是金山银山"，报道通过数据化的表达引导读者思考经济价值与生态价值的权衡问题，指出保留红树林跨海建大桥的意义。

用多方声音，聚合权威表达。《23年圆梦，福建晋江水流进金门》这篇消息有多个信源和详实数据作为支撑：台中市金门同乡会理事长蔡少雄、江龙湖镇党委副书记施纯玺、金门自来水厂厂长许正芳……多方信源佐证显示出福建向金门供水工程的意义与民众反响。"随着来自福建晋江、穿越约28公里陆海输水管道的碧水，在金门田埔水库喷涌而入，3000多名围观的当地民众欢呼雀跃"，"供水工程日设计流量3.4万立方米，远期可达到5.5万立方米"等数据的运用让读者切身体会到通水当天的盛况。

（三）延伸思考

习近平总书记在"8·19"重要讲话中，将舆论引导工作摆到"重中之重"的位置，他指出："做好舆论引导工作，关系道路和方向，关系人心和士气，关系中心和大局，是新闻宣传工作的重中之重，是意识形态工作的重要内容。"①在"2·19"重要讲话中，总书记强调了新闻舆论工作的重要地位和作用，他指出："党的新闻舆论工作是党的一项重要工作，是治国理政、定国安邦的大事……做好党的新闻舆论工作，事关旗帜和道路，事关贯彻落实党的理论和路线方针政策，事关顺利推进党和国家各项事业，事关全党全国各族人民凝聚力和向心力，事关党和国家前途命运。"②

在做好党的新闻舆论工作的过程中，主流媒体要发挥主流舆论引导作用。习近平总书记在"8·19"重要讲话中强调："我们正在进行具有许多新的历史特点的伟大斗争，面临的挑战和困难前所未有，必须坚持巩固壮大主流思想舆论，弘扬主旋律，传播正能量，激发全社会团结奋进的强大力量。"这便需要主流媒体针对一些重大的社会问题和复杂的热点问题，发挥主导性作用，积极引导社会舆论，壮大主流思想舆论。

---

① 郑保卫. 传媒话语权与影响力——新时期舆论引导能力的提升［M］. 长沙：湖南人民出版社，2018：2.

② 杜尚泽. 习近平在党的新闻舆论工作座谈会上强调：坚持正确方向创新方法手段 提高新闻舆论传播力引导力［N］. 人民日报，2016-02-20（01）.

地方主流媒体做好新闻舆论引导，首先要明白当前我国的舆论格局和舆论生态发生怎样的变化。"以互联网技术为基础的新媒体具有移动化、可视化、智能化、互动化、平台化、开放化的特点，使信息发布门槛降低，受众因此能广泛参与到信息生产中，成为信息发布和意见表达的一员。"① 因此，主流媒体引导舆论的难度大大增加，但同时，主流媒体舆论传播也面临新机遇。在舆论载体方面，新闻传播分众化、差异化的趋势明显，从社交媒体时代"两微一端"的交织传播扩展为全平台的多元化、矩阵化传播格局。从舆论主体上看，由于互联网的用户广泛性和传播即时性等特点，人人都有麦克风，人人都是记录者。网民与网络自媒体面对突发事件和社会热点舆情具有极高的话题参与热情，主流媒体如果没有及时跟进话题事件，便很难把握舆论方向。

对于如何做好新闻舆论引导工作，营造良好的舆论环境，习近平总书记在讲话中也给出方法论指导。他强调，党的新闻舆论工作要适应国内外形势发展，从党的工作全局出发把握定位，坚持党的领导，坚持正确政治方向，坚持以人民为中心的工作导向，尊重新闻传播规律，创新方法手段，切实提高党的新闻舆论传播力、引导力、影响力、公信力。要抓住时机、把握节奏、讲究策略，从"时、度、效"着力，体现"时、度、效"要求。②

首先，把握"时"。地方时政报道提升舆论引导能力，首先要提升事件反应力，要掌握时机，把握节奏。"事件反应力"，指的是"对重大议题、热点事件的反应能力"。③ 时政新闻，"时"是关键，时政报道要让群众尽可能在短时间内完整、全面地了解到全部的事实，因此，时政新闻要及时跟进事件发展，让地方主流媒体成为议题和事件的重要信源，第一时间为公众提供权威、正确、准确的信息，引导舆论。

其次，平衡"度"。适度，是保证新闻全面真实、准确客观的一个重要标准，也是一项把握报道平衡的艺术。适时适度的舆论引导，可以起到平衡矛盾、消除冲突的"制衡器"和"减压阀"的作用。反之，舆论引导失度，可能导致公众

---

① 谢彩雯. 融媒体时代舆论生态的变化与应对 [J]. 中国报业，2021 (22)：16-17.

② 杜尚泽. 习近平在党的新闻舆论工作座谈会上强调：坚持正确方向创新方法手段 提高新闻舆论传播力引导力 [N]. 人民日报，2016-02-20 (1).

③ 郑保卫. 传媒话语权与影响力——新时期舆论引导能力的提升 [M]. 长沙：湖南人民出版社，2018：36.

思想混乱，党和政府的公信力受损。① 地方时政报道既不能把大事说小，也不能把小事说大，要围绕普遍关心的热点问题，有针对性地正面引导、深度引导，增强正向舆论引导力，用事实击破繁杂虚无的谣言。

最后，优化"效"。尊重新闻传播规律，优化舆论引导效果。"在社会现象中寻找顺应时代趋势、反映民众现实问题和迫切需要的新闻选题，审时度势，在恰当的时间点开展引导，这是形成正确舆论场的关键"②。日常新闻报道中，新闻舆论工作者应该敏锐捕捉人民群众的普遍需求，深入调查实际情况，当好党和人民的沟通纽带，有针对性地将合理需求反映到报道中，促进党和政府及时解决，维护好人民的切身利益；在发生损害人民群众利益事件甚至突发大范围舆情时，主流媒体不能视而不见、充耳不闻，应该在舆情发酵之前适时干预，用权威正面的回应和客观事实及时引导舆论，尊重新闻传播的受众和舆论引导的目标对象，以平等姿态回应民众关切，满足公众的知情权、参与权、表达权和监督权。用详实的叙述、清晰的逻辑、专业的态度说服引导人们，找到地方主流媒体的坐标，找准协同治理的定位，凝聚人心，汇聚力量，发挥地方主流媒体"定海神针"的作用，廓清群众疑惑，引导正向舆论。

四、反映地市政事民情，时政报道富有温度

（一）案例概述

本主题从《南京日报》《湖南日报》《湖北日报》《西藏日报》《福建日报》《河北日报》与湖北广播电视台的报道中选取 7 篇富有温度的时政报道。这些报道包含基础设施建设类、脱贫致富类、宏观经济发展类、生态环境保护类、地方民生生活类、突发事件类等主题，从不同角度，展现出不同的时政报道表达技巧，为增强时政报道可读性提供很好的范例。

---

① 中国记协网. 如何把握舆论引导"时、度、效"的有机统一？［EB/OL］. http：//www.zgjx.cn/2020-04/08/c_138957188.htm. 2020-04-08.

② 实践中的马克思主义新闻观——新闻报道经典案例评析［M］. 北京：高等教育出版社，2015：132.

【案例一】

《生产"锈带"退、生态"绣带"进，五年来我市主江生产岸线占比从 36.9% 降至 25.3%——"进""退"之间绿正浓》①

这是《南京日报》的一则通讯，报道从"发展空间：治乱添绿盘活岸线资源""发展动力：新兴产业加快形成支撑""发展质量：还江于民、与江共生"三个方面，介绍了南京市对长江岸线生态治理与资源进行整合发展的措施和成果。报道沿着记者实地探访的脚步，通过大量的采访资料让读者对南京市"进退之间"的生态经济发展有了较为完整的认知。

【案例二】

《欧美黑杨砍掉之后——西洞庭湖湿地生态保护见闻》②

这是《湖南日报》的一则通讯，获第三十届中国新闻奖一等奖。文章围绕洞庭湖湿地生态环境问题，讲述了清理欧美黑杨政策落实后湿地生态恢复状况与发展转型的展望。记者实地考察，近距离观察欧美黑杨伐迹地和湿地生态环境，多方采访保护区管理负责人、当地居民、环保志愿者、相关专家、黑杨种植大户，信息量丰富，内容详实。

【案例三】

《黄冈百姓宣讲"飞入寻常百姓家"》③

这是《湖北日报》"黄冈观察"版面的一则通讯。文章介绍了罗田县骆驼坳镇燕窝湾村茶梅小镇开展的学习总书记"七一"重要讲话精神宣讲活动，以平实朴素的语言讲述了通过"红色传诵员"、革命文物遗存、红色剧目三种方式，让党史文化"飞入寻常百姓家"的故事。记者多次直接引用当

---

① 作者：王健，刊发平台：《南京日报》。
② 作者：曹娴、黄道兵，刊发平台：《湖南日报》。
③ 作者：金凌云、沈红星、瞿慧一，刊发平台：《湖北日报》。

地百姓、政府人员的表述，并穿插场景描述，让文章内容充实，层次丰富。

【案例四】

《"复兴号"在西藏通车引起各族群众欢呼和赞誉》①

这是《西藏日报》刊发的一则消息，从乘客、通车纪念歌曲创作团队、林芝市委宣传部新闻科负责人、西藏自治区社科院（联）巡视员多个角度，展现出人们对"复兴号"在西藏通车一事的反应。报道亮点在于，不是以政府公告宣传的角度政治化地表达通车的意义，而是引用不同民族身份的市民的表达，从群众视角侧面反映西藏通车的便民之处。

【案例五】

《从"一把手""一张纸"汇报中看到了什么》②

这是《福建日报》的一则政府工作汇报解读评论，将书面工作汇报比喻成"一张纸"，介绍汇报中的总结工作部署情况、研判当前存在的困难、量化下一步主要工作这三个方面内容，并对此展开评价，道出"一张纸"所蕴含的政府对群众的承诺与发展规划。

【案例六】

《我们在一起——直击武汉紧急关闭离汉通道》③

这是湖北广播电视台《湖北之声》频道的一则广播新闻现场直播，荣获第三十一届中国新闻奖一等奖。这场直播是唯一一档同步实时直播记录武汉"封城"这一历史时刻全过程的新闻作品。十多位记者前往武汉多个交通站点直击武汉"封城"全过程。尽管以广播的形式刊播，但记者第一时间前往

---

① 作者：集体，刊发平台：《西藏日报》。
② 作者：林宇熙，刊发平台：《福建日报》。
③ 作者：集体，刊播平台：湖北广播电视台《湖北之声 FM104.6》。

现场发回报道的责任和精神，以及表达方式与报道内容所发挥的凝聚人心的作用，值得地方主流媒体学习借鉴。

【案例七】

《让千年大运河只留下遗产不留下遗憾
沧州市区运河两岸2.8万亩土地不做商业开发》①

这是《河北日报》头版的一则消息，获第二十九届中国新闻奖二等奖。消息以河北沧州如何保护好、传承好、利用好大运河为主题，首先指出千年古运河流经沧州带来的经济价值。沧州运河两岸寸土寸金，2.8万亩土地相当于市区建成区面积的1/4，而沧州市委、市政府作出不做商业开发的决定，这一反差具有较高的新闻价值。消息深刻揭示新时代的沧州应该追求什么样的高质量发展，怎样高质量发展以及如何注重生态优先、绿色发展等问题。

（二）案例评析

习近平总书记在"8·19"重要讲话中提出："坚持团结稳定鼓劲、正面宣传为主，是宣传思想工作必须遵循的重要方针……关键是要提高质量和水平，把握好时、度、效，增强吸引力和感染力，让群众爱听爱看、产生共鸣，充分发挥正面宣传鼓舞人、激励人的作用。"时政新闻报道需要多维提升可读性，对"硬"新闻进行"软"处理，增强吸引力和感染力，让时政报道富有温度。

1. 喜闻乐见，讲政事道民情

第一，简化语言表达，提升文章可读性。

时政报道提升可读性要让文字平实易读。新闻内容的易读性是构成可读性的前提条件②。国内大多数时政新闻或多或少都会涉及一些专业名词或术语，有些

---

① 作者：王晓东、戴绍志、王雅楠，刊发平台：《河北日报》。
② 鲍旖婧. 全媒体视域下国内时政新闻可读性研究［D］. 南宁：广西大学，2017：13.

词语抽象、晦涩，这大大增加读者在阅读时政新闻时的理解难度，也会削减读者阅读时政新闻的兴趣，进而影响时政新闻的可读性①。

多用通俗易懂的语言，少用晦涩抽象的专业词语。《南京日报》的通讯《生产"锈带"退、生态"绣带"进，五年来我市主江生产岸线占比从 36.9% 降至 25.3%——"进""退"之间绿正浓》以丰富信源和独到角度，介绍了南京市主江生产岸线"进退"变化与此间的绿色发展。虽内容上涉及长江岸线生态与经济话题的专业知识，但记者善用生动语言，在描述整治前的江滩岸线时，提到"以前这片区域也是典型的生产岸线，废弃的矿物码头、棉麻仓库，破乱的江滩和荒地，把市民和长江'隔离'开来，生活在江边的市民'临江不见江'"。这段话生动描述了生产"锈带"将市民与长江分隔的状况，清晰可感，行文流畅、逻辑性强，易于读者接受、读懂。

第二，探索生动话语，强化报道趣味性。

以生动鲜活的表达拉近与读者的距离。"高高在上、严肃、刻板、乏味的报道形态往往会造成时政报道的距离感，从而降低触达力，影响传播力。因此，在进行时政报道时，如何严肃又不失活泼，让受众喜闻乐见，一直是主流媒体探索与研究的大课题"②。

许多媒体在改善新闻可读性，让时政新闻严肃而又不失活泼的问题上狠下功夫。《湖南日报》报道《欧美黑杨砍掉之后——西洞庭湖湿地生态保护见闻》，采用细致的环境描写，让读者在阅读时仿佛身临其境，感受西洞庭湖生态恢复后的美丽景象。同时，报道大量采用直接引语，通过朴实接地气的群众语言，将西洞庭湖的生态保护过程娓娓道来，鲜活表达让这一地方生态环境报道贴近群众，既具有知识性，又具有故事性。

第三，巧用名典，增强报道感染力。

时政报道往往是"硬新闻"，巧用名典可以稀释硬新闻的生硬刻板，让文章读起来朗朗上口。用典是一种修辞手法，其定义为："为了一定的修辞目的，在自己的言语作品中明引或暗引古代故事或有来历的现成话。"③ 用典可以丰富时

---

① 鲍旖婧. 全媒体视域下国内时政新闻可读性研究 [D]. 南宁：广西大学，2017：29.

② 柏伴雪. 全媒体时代地方党媒时政报道的"破圈"法则 [J]. 新闻文化建设，2021 (19)：9-11.

③ 罗积勇. 用典研究 [M]. 武汉：武汉大学出版社，2005：2.

政报道政治话语的层次感，并产生含蓄蕴藉的表达效果，引用中国古代典籍名句可以使得政治话语文风活泼，富有层次感，并以古典传达今意。除此之外，用典还可以增强报道的观点表达，以"代言"的方式表达观点、抒发情感。根据罗积勇在《用典研究》中的观点，所谓代言，就是"用直说典故、巧说典故或推衍典故等方法，借助典故语本身所带语境跟文中语境的比照，产生言外之意（蕴含），从而表达自己真正所欲表明的意思。"①

尤其是在标题中引用古诗词，可以吸引读者注意力，增强报道的传播效果。《黄冈百姓宣讲"飞入寻常百姓家"》一文的标题，便化用了刘禹锡《乌衣巷》的诗词——"旧时王谢堂前燕，飞入寻常百姓家"。诗的原意是指，曾经在豪门檐下的燕子，如今已经飞入寻常百姓家。通过借典言今，古"典"在新的语境下被赋予现实寓意，此题形象概括了习近平总书记"七一"重要讲话精神宣讲工作下沉黄冈市基层村镇、深入寻常百姓，打通最后一公里的事迹。古诗词的借用烘托出宣讲的火热气氛，使得政治话语变得活泼起来，让面向百姓宣讲的实际效果跃然纸上。

2. 群众视角，贴近实际生活

习近平总书记强调，新闻工作者要"多做一些有利于化解矛盾、解决问题、维护稳定的工作""多做一些有利于提供咨询、反映诉求、排忧解难的工作""多做一些有利于凝聚人心、提升士气、鼓舞干劲的工作""多做一些有利于因势利导、释疑解惑、理顺情绪的工作"②，从而真正做到"围绕中心、服务大局"。

时政报道应做到贴近群众，做接地气的分享者。高高在上的报道往往会造成时政报道的距离感。相反，围绕群众关切，讲述与人们生活息息相关的现实案例，有利于提高新闻触达率，更好地发挥新闻舆论影响力。在面对时政报道的重大题材时，要善于以小见大，从群众视角切入，体察宏大叙事落在个体身上的细致入微。

---

① 罗积勇. 用典研究［M］. 武汉：武汉大学出版社，2005：179.

② 习近平. 干在实处，走在前列——推进浙江新发展的思考与实践［M］. 北京：中共中央党校出版社，2006：311.

一是从影响人民群众生活的角度切入。《"复兴号"在西藏通车引起各族群众欢呼和赞誉》一文，多次引用群众表达，比如：通过藏族小伙子初次体验复兴号的赞叹——"水杯的水这么满都没洒出来"，表现车辆运行的平稳；通过群众的赞叹——"拉林铁路开通后，我回拉萨就方便了""动车……不仅速度快而且舒适度高"，呈现"复兴号"西藏通车为人民带来的便利。报道通过群众之口表达民意，让"复兴号"西藏通车这一事件"开进"寻常百姓家，从人们的体验出发，将其与现实生活联系起来，贴近实际，也贴近群众。

二是从群众关注的视角开展叙事。《我们在一起——直击武汉紧急关闭离汉通道》，从生活物资储备、交通状况、通行政策、防控产品供给、医疗状况等多个与人民群众生活息息相关的方面展开直播，实地考察"封城"过程中群众所关注、关心的各方面进展，忧人民之所忧，真实自然地呈现武汉市民基本正常的生活秩序，多平台直播让广大市民参与到节目互动中，同心抗疫，在群众焦虑恐慌之时及时疏导舆论，充分发挥主流媒体强信心、暖人心、聚民心的作用。

《"两江四岸"描画新武汉》虽是一则政策解读性报道，但文章并没有枯燥地对文件进行概述，而是将历史、现实和未来与政策规划紧密相连。这既是一种证明规划科学性的有力依据，又将宏大复杂的政策与人们的生活联系起来。人们行走穿梭在真实场景和规划间，能够最大程度地理解决策的缘由，也会对武汉的新风貌有更多美好的期待，从而廓清民众疑惑，获取公众支持，引导正向舆论。《福建日报》的报道《从"一把手""一张纸"汇报中看到了什么》，也没有一板一眼地输出省政府常务会议工作汇报的内容，而是将政务工作的三个方面内容比喻成"老黄牛的精气神""拓荒牛的好作风""孺子牛的为民心"，以老旧小区改造、城市内河整治、居家社区养老服务与医疗民生重点项目建设等群众关注、关心的"急揪难盼"事项为例子，展示政府工作致力于增强人民群众获得感、幸福感与安全感的决心。

《让千年大运河只留下遗产不留下遗憾 沧州市区运河两岸 2.8 万亩土地不做商业开发》以沧州市委、市政府的政策决定为引领，深入运河两岸，先后采访政府官员、市民等 20 多人，详细了解沧州市区运河两岸的具体情况以及沧州市作出这一决定的背景、决策过程和主要做法，对沧州市委、市政府"大运河是一笔宝贵遗产和财富，必须算好政治账、民生账、生态账、发展账，只能留下遗产，不能留下遗憾"的观点加以解释，并贴近群众视角，指出政策"把运河还给市民，更好地满足人民对美好生活的向往"之共识。

（三）延伸思考

习近平总书记在"2·19"重要讲话中指出："要转作风、改文风，俯下身、沉下心，察实情、说实话、动真情，努力推出有思想、有温度、有品质的作品。"如何能让群众爱听爱看？最基础的要求是，让群众看得下去、读得进去。用人民群众耳熟能详的语言和喜闻乐见的形式讲好地方时政故事。

一方面，地方时政报道要注重文章的易读性。

美国学者罗伯特·刚宁（Robert Gunning）提出"迷雾指数（Fog index）"，指从词数、难度、完整思维的数量和平均句长等方面考察一篇文章的阅读难度。他主张多用单句，减少使用抽象和晦涩难懂的词汇降低迷雾指数。① 在新闻领域，美国学者尼尔·波兹曼（Neil Postman）针对新闻内容吸引力的提升法则，指出："任何信息、故事或观点都要以最易懂的方式出现。"② 尤其在时政新闻领域，记者更需要注重对易读性的把握。时政新闻内容往往不可避免地涉及很多时政概念、专业名词。时政新闻因较强的政治性而给读者以距离感，时政概念的频繁出现更是会加深读者对时政报道的抵触心理。同时，如果对专业程度过高的专业名词不加以解释，会让读者陷入理解鸿沟，增加阅读障碍。

美国新闻学者鲁道夫·弗莱西（Rudolf Flesch）提出基于"真实性、传播力、字的平均长度、句的平均长度、含人情味词的百分比、含人情味句数的百分比"这六个标准的可读性公式。美联社根据这一公式制定了更加具体化与操作化的"语法和用词规则十条规定"：

（1）用短字，不用长字。

（2）说话要具体，不要抽象。

---

① Gunning Robert. The Technique of Clear Writing ［M］. New York：McGraw-Hill, 1952：36-37.

② ［美］尼尔·波兹曼. 娱乐至死 ［M］. 章艳，译. 北京：中信出版集团，2015：176.

（3）说话要直截了当，不要拐弯抹角。

（4）不惜一切代价避免盛气凌人。

（5）不用那些听起来不错、实际上无助于发展新闻主题的词和短语。

（6）牢记一个句子中至少应有一个实体动词，这个动词应当是句子中最重要的词。

（7）通常的规则是尽可能选用及物动词，并用主动语态。被动语态往往使句子软弱无力，累赘啰嗦，应尽量少用。

（8）选用形容词要小心谨慎，要尽量少用形容词。避免使用冷僻字。

（9）要写短句子，不要写长句子。

（10）要少用复合句，因为这类句子中的从句和修饰成分往往使句子读起来不连贯。①

但另一方面，如果刻板地追求易读性，则会让新闻报道落入机械表达的窠臼，忽视新闻语言的可达性。地方时政报道还需丰富表达的生动性。

生动形象的比喻可以将晦涩难懂的专业名词具象化，多用短句、配合图表也可以让枯燥的信息多样化地呈现，不仅能够减少读者因看到大段冗长复杂的文字而产生抗拒阅读的心理，还可以起到增加报道吸引力的作用，短句的使用也可以强化记者的态度，增强阅读的节奏感。报道对于"网感""文学化"的探索，也是增加时政报道可读性的有益尝试。恰当使用网络热词与古典诗词，能赋予地方主流媒体"年轻态"与"文艺感"，更加贴近读者阅读喜好，增强亲近感，有利于扩大报道传播范围，助力时政新闻"出圈""出彩"。

将新闻报道的易读性与可达性有机结合，可以有效把握新闻报道的可读性，让地方时政报道更好地抵达读者内心。

由表及里，地方主流媒体作为党的耳目喉舌，在内容上要坚持群众路线。习近平总书记强调："党的领导工作的正确方法就是将群众意见集中起来形成正确的决策，又到群众中宣传解释，将决策化为群众的行动，并在群众实践中检验这

---

① 刘九洲．新闻理论基础［M］．武汉：武汉大学出版社，2006：172.

些决策是否正确。"① 地方主流媒体在做时政报道时，要深入人民群众，要忧患人民的忧患，关切群众所需，以深切的人文关怀融入群众、体察民情。正如2016年11月7日，习近平总书记在会见中国记协第九届理事会全体代表和中国新闻奖、长江韬奋奖获奖者代表时强调："在革命建设改革各个历史时期，新闻舆论战线与党和人民同呼吸、与时代共进步，积极宣传党的主张、深入反映群众呼声、主动开展决策调研，发挥了十分重要的作用。"② 在社会主义建设新时期，地方主流媒体也要深入反映群众呼声，凝聚人心、提升士气、鼓舞干劲。

---

① 求是网. 始终以百姓心为心——学习习近平总书记关于人民的重要思想 ［N/OL］. http：//www. qstheory. cn/dukan/qs/2021-07/03/c_1127618932. htm, 2021-07-03.

② 海外网. 做好宣传思想工作，习近平提出要因势而谋应势而动顺势而为 ［N/OL］. 海外网, 2018-08-22. https：//baijiahao. baidu. com/s？id = 1609457632593037685&wfr = spider&for = pc.

第二章　人民中心

"大国之大，也有大国之重。千头万绪的事，说到底是千家万户的事。"在2022年的新年贺词中，习近平总书记指出，让大家过上更好生活，我们不能满足于眼前的成绩，还有很长的路要走。

党的十八大以来，以习近平同志为核心的党中央坚持执政为民的理念，创造性提出"坚持以人民为中心的发展思想"，党的十九大报告又把"坚持以人民为中心"上升为新时代坚持和发展中国特色社会主义的基本方略。"永远把人民对美好生活的向往作为奋斗目标"，在这一目标的指引下，各级政府坚持以人民为中心，为群众"办实事""解难题"，回应"槽点"、纾解"痛点"、打通"堵点"、补齐"断点"，用心用情用力解决好就业、教育、医疗、养老等方面的民生问题，让群众有更多、更直接、更实在的获得感、幸福感、安全感。① 在我国，主流媒体接受党的领导，天然具有宣传党的意志主张的喉舌功能。党的利益与人民利益高度统一，主流媒体既是党的媒体，也是人民的媒体，"以人民为中心"亦为党的新闻宣传事业的思想指南和价值取向。

一、党性与人民性统一，聚焦政府民生实事

（一）案例概述

本主题选取《光明日报》《陕西日报》《浙江日报》《湖北日报》和《农村新报》中5个聚焦党和政府民生实事的新闻案例，其中有对干群协力"决战决胜

---

① 切实为群众办实事解难题——三论扎实推进党史学习教育［N］. 人民日报，2021-04-08（04）.

脱贫攻坚"故事的生动讲述;也有对基层政府坚持以人民为中心的工作导向,加强和创新社会治理、扶持群众再就业、全力守护人民财产安全等多项民生举措的反映。

【案例一】

《一线调查:长江禁捕进展如何? 渔民的生活怎么样了》①

这是《光明日报》对长江流域重点水域实行十年禁捕决策落实情况及渔民安置情况的一线调查。长江禁捕,关键在渔民,难点也在渔民。记者深入安徽和江西两省多地采访调查,理性清晰地回答了群众最为关心的三个问题:"退捕如何退""转产怎样转""监管如何管"。在问与答之间,巧妙地呈现各地主动担当作为,灵活解决、持续保障退捕渔民生活就业问题的多项举措。

【案例二】

《杨叔的脱贫日记》②

这是《陕西日报》刊发的一条深度报道,荣获第三十一届中国新闻奖一等奖。报道以73岁的贫困户"杨叔"杨思笃的日记为切口,通过深入扎实采访,记者在日记素材的基础上挖掘出杨叔近5年战胜贫困的鲜活经过,将日记内容与脱贫关键刻度融会贯通,一一呈现杨叔家里每一件难事的解决,生活变化跃然纸上。报道再现了杨叔"接受帮扶"—"申请退出"—"勉励子孙"的脱贫过程,在一组组对日常帮扶镜头的描摹中,刻画出扶贫干部朱继宏等人与杨叔之间的干群关系,映照出杨叔的质朴善良和脱贫干部的不变初心。

---

① 作者:李慧、杨心悦,刊发平台:《光明日报》。
② 作者:张辰、刁江岭,刊发平台:《陕西日报》。

【案例三】

《龙港探索扁平化社会治理新模式
浙江最年轻城市闯新路》①

　　这是《浙江日报》2022年5月刊发的通讯报道，对温州龙港的社会治理探索创新作了剖析。龙港作为全国首个"镇改市"、浙江最年轻的县级市，是改革的试验田。报道专访龙港市委基层治理委员会常务副主任，充分联系背景材料，细致梳理扁平化治理从"1.0版"到"2.0版"的转变，突出龙港不断打破惯例，持续迭代社会治理体系，推动基层治理水平和能力跃升，闯出一条独一无二的社会治理发展路径。

【案例四】

《全力守护群众钱袋子　湖北警方拦截止付2494万元》②

　　这是《农村新报》刊发的一篇通讯报道。文章实际上是一篇总结报告，但能将一篇工作汇报处理成像这样一篇可读性较强、信息含量较大的稿子，也是记者的功力体现。文章围绕两组数据，即"全省共开展劝阻34万余人次，拦截金额2494万元""今年以来，全省共开展紧急止付12.8万余次，冻结嫌疑账户3万余个，返还被骗资金149人次1978万元"展开报道，用数据和案例结合的方式，呈现了湖北公安机关如何针对预防、劝阻、止付三个重要环节发力，全力守护群众钱袋子。

【案例五】

《疲劳驾驶拿命挣钱太不应该　交警罚款又"罚睡"》③

　　这是《湖北日报》全媒记者和通讯员共同采写的报道，主要叙述了三起

---

① 作者：沈晶晶、甘凌峰、林传帅、薛毓训，刊发平台：《浙江日报》。
② 作者：董园园、李宗吾，刊发平台：《农村新报》。
③ 作者：曾雅青、李文宣、梅中意，刊发平台：《湖北日报》。

高速公路上的交通违法案件，但与普通的交警治理交通违法的报道不同，这篇报道突出"对你'罚睡'1小时"这样的执法措施的温情和人性化，注重描述交警在执法过程中对违法司机的关心和劝诫，有利于倡导温情执法、彰显执法为民的宗旨。

（二）案例评析

1. 胸怀大局，寻落点，发掘"人民中心"典型

2020年是我国决胜全面建成小康社会、决战脱贫攻坚之年。脱贫攻坚是最大的民生实事，扶贫事迹也最能体现党的初心使命。热火朝天的脱贫攻坚战为主流媒体提供取之不尽、用之不竭的生动素材，媒体的报道也为打赢脱贫攻坚战鼓足干劲。如何把如此宏大的重大民生主题报道得既高屋建瓴，又贴近群众，关键是要心中有大局，眼中有落点，脚下有泥土。即是从具体的事例出发，通过扎实采访调查，把鲜活事例这个"点"与党中央决策部署、地方全面落实这个"面"交叉结合，由点及面，富有逻辑地串联点和面，用事实案例表达"人民中心"的工作导向。

《杨叔的脱贫日记》，敏锐地抓住脱贫户"杨叔"杨思笃所写的生活日记，用日记体作形式，但内容又不止于日记原文，而是与杨叔家里发生的一系列脱贫故事巧妙连接，相得益彰。杨叔14本日记的内容跨越几十年的家庭生活，尤其记录了近5年战胜贫困的经过。如作者所述，"它映射出脱贫户'我要脱贫'的发愤图强，映射出帮扶干部勇于作为的真抓实干，更映射出共产党人增进人民福祉、实现人民幸福，坚守初心使命的不懈追求"，日记的新闻价值在于用以"大白话"质朴真实地表达杨叔的心声。文章以"帮扶干部来了，也重燃了希望""请结束对我家的帮扶，改扶别人""希望子孙能记住历史，律己向上，感恩社会"三个部分组成，结构清晰，层层递进，完整再现杨叔在扶贫干部的帮扶下艰苦奋斗、追求美好生活，最终战胜贫困，并且不忘贫困、感恩社会的过程。

从这篇佳作的创作过程来看，日记是记者在跟随扶贫人员走访脱贫户过程中

偶然发现的，从这个小切口出发，记者通过多次实地采访，与杨叔、扶贫干部深入交谈，从而深刻地把握了杨叔家里的前后变化，也将故事的细节场景描摹得生动传神，完美交融了杨叔勤劳坚毅、朴实善良的品质以及扶贫干部真诚奉献的精神，深刻反映时代主题以及党和人民的血肉联系。

报道有政策、有故事、有群众，从群众获得感、幸福感出发，充分做到党性和人民性的统一，以人民为中心的发展思想自然流露。对于党和政府的助力脱贫、全面小康的民生实事，以及在日后的重大民生主题报道中，记者要善于抓住变化，抓住具体案例中的亮点和可贵之处，站在人民立场、读者视角，用丰富的事实和鲜活的案例说话，不盲目歌功颂德、虚浮做作，不片面宣扬政府政绩。应通过深入扎实的调查研究再现生动的细节，细节与全局结合，着重突出如何克服困难、怎样解民忧、党群如何心连心，才能使读者认可、人民满意，同时也能增强典型个案被推广的可行性。

"权为民所用、情为民所系、利为民所谋"。习近平总书记在2019年全国公安工作会议上强调，公安机关要围绕影响群众安全感的突出问题，履行好打击犯罪、保护人民的职责。近年来电信诈骗等经济犯罪，严重威胁着老百姓的"钱袋子"，不仅需要公安机关的全力守护，也需要主流媒体春风化雨般的宣传引导。《全力守护群众钱袋子 湖北警方拦截止付2494万元》，给我们处理与政府民生实事总结相关的报道提供范例参考。

这篇文章的可贵之处是，记者并没有按照惯例直接上"通稿"，而是依照《农村新报》一贯的风格，开头先上一个案例。考虑到《农村新报》的读者群主要是"广大的农村干部和农民群体"，采用这一写法尤其有吸引读者眼球的效果，通过案例引入，也有利于农民和农村干部快速代入语境，对随后的新闻内容有更好的吸收与理解。案例过后引入实际导语，随后对案例进行呼应，指出湖北公安机关做了哪些实实在在的事情，让读者体会到踏踏实实的保障——原来有这样多的人在湖北公安的保护下免受如此之多金额的电信诈骗。倒数第二段作为背景材料选取一个农民最关心的问题进行回答，不是怎么防护，因为这个问题太复杂，而是转出去了发现受骗了应该怎么办："警情第一时间录入相关平台，实现同步冻结、同步推送、同步追踪，尽可能减少群众损失。"

不论是治安还是医疗卫生、教育等方面的民生实事总结，除了起到树立党和政府为民服务良好形象的作用外，还应发挥引导群众积极防范的宣传教育作用。对此，记者切不可生硬地摆数据、讲道理，而应在字里行间体现对群众生命财产利益的关心重视，用故事，以小见大、以点带面，建议在今后涉及电信诈骗等经济犯罪的报道中可以多增加受害人如何被骗的经过，供其他群众参考学习。讲道理可能不太让人能够记住，但是讲故事一定是让人印象尤深的。

2. 群众视角，找共鸣，捕捉暖心细节

细节见人心，敏锐地抓住非同寻常又符合正确趋势的细节加以表现，不必刻意渲染此番用心的意义，往往就能被读者所感知、所共鸣，故事的感染力也将不邀自至。地方主流媒体在强大通讯员系统的支持下，往往比较容易获得最新的现场一手素材，但能否捕捉到具有较好新闻价值、社会效益的细节，考验着通讯员和记者的新闻敏感性。

《疲劳驾驶拿命挣钱太不应该 交警罚款又"罚睡"》，这则报道抓住三个执法案例中的温情细节，如"对你'罚睡'1小时"；交警给在匝道倒车的司机查看监控，让不以为意的他认识到自己刚才行为的危险性；以及交警与张某的对话——"开车4小时休息20分钟，一年要'浪费'好多时间，影响收入""安全才能赚钱，如果疲劳驾驶出了车祸，要赔多少钱"……这些现场细节描述往往不曾见于一般报道中，但这篇报道把它们写了出来，让读者能够看到相对完整的执法过程，体会到交警不是为了罚款而执法，而是为道路交通安全、生命安全着想，这样更能让读者接受，更好达到警示教育的目的。

如何抓住"好"细节、"暖心"细节，不是去无故放大某些"罕见"的细节，以至于陷进"标新立异""人咬狗才是新闻"的泥淖中，需要的是记者心中时刻装有党性和人民性，锻炼透过现象看本质的眼力，认清主流和支流，从党的意志和群众视角，把握社会进步的前进方向，在新闻宣传实践中不断培养自己的新闻敏感，练就发现美的慧眼。

正如上述案例，记者把握"执法有尺度，服务有温度"的大方向，维护法的精神和人文关怀，让人们感受到"处罚不是目的，保障人民群众生命安全才是目的"的初衷，更利于社会和谐秩序的建设与维护。如果记者和通讯员没有强烈而正确的新闻敏感，绝不可能意识到这些可能经常发生的现象具有较强的新闻价值和宣传价值，就会错过这些细节，新闻作品的感染力和警示教育意义将会大大削弱。维护法律的尊严，又在法的尊严背后体现人性的温暖，一直是人民群众所期盼的，对普罗大众平等的人文关怀往往引发受众的强烈共鸣。记者只有和执法者一样体悟到人民群众的美好愿望和现代文明的要求，从人民群众的期盼出发，才会在工作中寻找和倡导这样的暖心细节。这样的报道多了，导向正确了，生硬粗暴的执法将会普遍降低，人民群众对执法者的不满和刻板印象也会逐渐消解。

3. 扎实采访，指方向，个案赋能增值

没有扎实的采访调查，对民生实事的报道很可能就浮于表面，"轻描淡写""蜻蜓点水"式的报道应用在呈现政府民生实事上，不但起不到预期的宣传效果，而且还可能因为没有过程没有细节，引来读者的质疑甚至是负面舆情，遑论发挥何种借鉴价值。

扎实采访让个案更具现实价值。《龙港探索扁平化社会治理新模式 浙江最年轻城市闯新路》，这篇报道正是贵在采访扎实。报道精准抓住最恰当的采访对象——1991 年就到龙港工作、一路从科员成长为镇党委副书记，到如今市委基治委副主任的金珍敏，他"亲历一次次变革，见证一个个创举"。亲历者了解城市的发展历程，更知晓大刀阔斧改革的困难和不易。报道一开始就巧设一个矛盾场景——两份改革方案摆在案上。改革是"彻底"还是"温和"，永远是摆在治理者面前绕不开的选择难题，这样的矛盾纠结也贯穿在报道始终。如何选择，困难是什么，如何收获更优的治理效果？

记者通过采访展现龙港改革从"1.0 版"到"2.0 版"的转变，即在设市之初"将 199 个村社缩减成 102 个社区，划分九大片区"的基础上，再进一步"撤销片区"、重建社区治理体系。报道结构紧凑，但不失细节和借鉴价值——"26 个基层治理单元"的划分标准、治理单元的内部架构，以及实实在在的效果"90% 的个人事务都能在家门口办理。办不了的事由社区'打包'到市里，1 小时响应，2 个工作日反馈，办结率达 98% 以上"。有纲领性的目标、战略举措，又有细致的工作方案，这三者的结合让这篇报道充分释放出龙港改革探路的样本

意义，为其他地区"探索扁平化社会治理新模式"提供创新思路。

扎实采访为拓展文章深度提供空间。《一线调查：长江禁捕进展如何？渔民的生活怎么样了》一文，用事实和举措对群众关心的问题作了回应，问题意识强，具有强烈而深刻的启示意义。这得益于记者提出选题时的清晰思路和执行选题过程中的扎实采访。

"目前禁捕的进展如何？渔民的生活是如何安置的？"这是文章要回答的核心问题，进一步，记者按事件的发展时序，将问题拆解为"退捕如何退""转产怎样转""监管如何管"三个问题，再而深入一线，通过采访多位地方主管部门以及退捕渔民，全面回答这三个问题："收船网，兜社保，解隐忧""让渔民上岸后，稳得住，能致富""健全'专管+群管''人防+技防'长效机制"。这样的手法，不仅能让群众一目了然，也能让其他基层决策者看到"他山之石"。报道没有单方面地引用地方主管部门的说法，或生硬地堆砌成效数据、具体举措，而是穿插了渔民的个体故事，让文章变得有血有肉，丰满起来。

具有启发性的是，对于这种政策落实情况的调查，报道重点在于兼顾全面性和故事性，记者要有比较强的问题意识和解决问题的能力，准确把握核心问题和问题的不同方面，在实践中倾注自己的思考，用扎实的采访还原事实，用最清晰的结构回应和解决问题。

以上案例坚持了正确的政治方向，把握眼下党和政府工作的大局和重心，大处着眼、小处落笔，通过扎实采访将宏观的党的方针、政策、路线落脚到一个个发生在群众身边的微观故事，镌刻党的初心。报道以通讯的形式、故事化的叙述方式展开，麻雀虽小，但"五脏俱全"，有细节、有过程，将一件件民生实事从起兴到落地实施娓娓道来，让群众在报道中的身影更多出现，用群众真正"办成事""有获得"的事实作论据，远比于空洞的群众好评、政府负责人单方介绍成绩来得更真切、更有说服力，这种报道方式的转变也将日益推动政府向服务型、实干型转变。

（三）延伸思考

作为党的整体事业重要组成部分的新闻宣传事业，是联系党和人民的纽带。

中国特色社会主义新闻事业在处理党和人民的关系方面形成一个传统："党报是党的喉舌，同时也是人民的喉舌；党报是党的报纸同时也是人民的报纸。"① 也即党性和人民性从来都是一致的、统一的。关于报刊的党性原则可以追溯到列宁，他第一个提出"出版物的党性"的概念，并对其作了全面而系统的论述。② 总结来看，列宁关于出版物的党性，包括一个基本认识：党的出版物是党的事业的一部分，不能游离于党之外；一个组织原则："写作者一定要参加到各个党组织中去"③。报刊的人民性原则，则来源于马克思列宁主义关于人民群众在历史中的决定作用的著名论断。④

早在 1947 年，作为我党机关报之一的《新华日报》发表编辑部文章《检讨与勉励》，明确提到："新华日报的党性，也就是它的人民性。新华日报的最高度的党性，就是它应该最大限度地反映人民的生活斗争，最大限度地反映人民的呼吸和感情、思想和行动。"这是我党权威媒体首次公开申明党性就是人民性，从而成功地将党性这条线同人民性这条线焊接在一起，把马克思主义新闻学理论提升到新阶段和新水平。⑤

在"8·19"重要讲话中，习近平总书记重提"党性和人民性从来都是一致的、统一的"。在"2·19"重要讲话中，再次提出"坚持党性和人民性相统一"的要求。总书记指出，坚持党性，核心就是坚持正确政治方向，站稳政治立场，坚定宣传党的理论和路线方针政策，坚定宣传中央重大工作部署，坚定宣传中央关于形势的重大分析判断，坚决同党中央保持高度一致，坚决维护中央权威。坚持人民性，就是要把实现好、维护好、发展好最广大人民根本利益作为出发点和落脚点，坚持以民为本、以人为本。由是，在新闻宣传实践中，如何做到党性和人民性相统一。

思想上，要求新闻舆论工作者具备过硬的政治素质，旗帜鲜明讲政治，坚持

① 童兵. 童兵自选集：新闻科学：观察与思考［M］. 上海：复旦大学出版社，2004：55.

② 郑保卫. 论列宁新闻思想的历史贡献及当代价值——写在列宁诞辰 150 周年之际［J］. 国际新闻界，2020（4）：17.

③ 陈力丹. 列宁"党的出版物党性"的普遍意义和历史局限——纪念列宁诞生 150 周年［J］. 国际新闻界，2020，42（4）：27.

④ 陈力丹. 党性和人民性的提出、争论和归结——习近平重新并提"党性"和"人民性"的思想溯源与现实意义［J］. 安徽大学学报（哲学社会科学版），2016（06）：71-88.

⑤ 尹韵公. 一个经典观念的逻辑起点和历史起点［N］. 北京日报，2013-09-30（17）.

学习并掌握党的最新理论和路线方针政策，以人民为中心，树立大局意识，紧跟党中央的决策部署，应势而动，积极把党和政府的声音用喜闻乐见的形式传递到人民的心坎里。

业务上，有学者指出，在一段较长的时期内，我国媒体新闻的官本位倾向突出，为政绩服务的思路阻碍了党性和人民性的统一，应该明确党性的"党"是指全党，要站在党中央方针政策的立场，不是维护某级党组织和领导人的政绩，才是党性的真正表现。① 毋庸置疑，宣传党和政府的工作成效是沟通党和人民血肉联系的重要方式，但一些地方主流媒体关于政府为民办实事的报道之所以引起群众的反感情绪，症结正在于报道的立场完全站在传者本位，趋向自满和浮夸，甚至脱离实事求是的路线，更没有"这本就是'为人民服务'宗旨、'以人民为中心'发展思想所要求的分内之事"的思想认识，只对地方领导负责，罔顾人民群众对报道的期待和要求。

"人民对美好生活的向往，就是我们的奋斗目标。"我们党在新时代的历史使命与人民的愿望要求是统一的，这就要求我们的报道不能单方面从政府的视角去宣扬功劳，而应该从群众视角，进一步增加群众所占分量，以事实去述说群众的幸福感和获得感，激发为社会主义事业奋斗的热情；用人文关怀体现主流媒体与人民同呼吸、共命运的坚定立场，把群众"急难愁盼"的民生痛点反映出来，监督和推动政府解决问题，再将成效见诸报端，努力做到体现群众意愿，满足群众需求，把握群众脉搏，说群众想说的话，讲群众能懂的话，② 形成良性互动循环。人民群众对政府和主流媒体的满意度自然与日俱增，主流媒体的传播力、引导力、影响力、公信力也将持续增强。

二、践行"四力"要求，用情反映基层生活

（一）案例概述

本主题从《人民日报》《河北日报》《湖北日报》和《湖南日报》中选取四

---

① 陈力丹. 党性和人民性的提出、争论和归结——习近平重新并提"党性"和"人民性"的思想溯源与现实意义 [J]. 安徽大学学报（哲学社会科学版），2016（06）：71-88.
② 朱寿桐. 民生新闻概论 [M]. 北京：中国社会科学出版社，2006：68.

个反映基层生活的新闻案例，其中有新春走基层——捕捉可喜变化，积极表达普通群众对美好生活的向往和追求的系列报道；也有以在南方和苹果"较劲"的农民为人物，生动折射乡村振兴的蓬勃态势的新闻故事；还有聚焦农村快递物流"最后一公里"，提出对乡村基层治理的所思所想的新闻观察。

【案例一】

《新春走基层：走村串户探小康》①

这是《人民日报》在 2021 年新春走基层活动中推出的一组报道，通过深入探访各地村庄，捕捉每个村庄发生的最新变化，包括"护好一座山，养出好生态""搬进安置点，稳住有岗位""讲红色故事，养文明新风""用上新机器 耕地省时力"等，这些变化各具特色，反映出各地因地制宜创造美好新生活的可喜图景，广大农民在乡村振兴中有了更多获得感、幸福感、安全感。每一篇子报道都引述大篇幅的村民原话，朴实而充满希望，共同汇聚起高质量发展新征程上的铿锵足音。

【案例二】

《车间田头听民意》②

这是《湖北日报》在 2021 年 1 月推出《车间田头听民意》专栏报道，包括《"种粮大户"的新年愿望——打造香米品牌，为农业现代化出力》《50 余岁渔民夫妇退捕开起农家乐——"渔船上岸了，生活也清新了"》，记者走到车间田头，与百姓拉家常，关注民生，汇聚民意，倾听种粮大户、退捕渔民、返乡创业能人的新年所思、所盼、所想，践行群众路线，语言生动，以情动人，在个体的经历和新年憧憬中折射时代的光辉和人民共同的美好愿望，值得肯定。

---

① 作者：集体，刊发平台：《人民日报》。
② 作者：集体，刊发平台：《湖北日报》。

【案例三】

《南方苹果一样甜》①

　　这是《湖南日报》记者和通讯员共同采写的一篇通讯，荣获 2021 年度湖南新闻奖三等奖。报道讲述了湖南桂阳县方元镇塘下村农民袁光明，多年孜孜以求，将北方苹果成功引种到南方，带动乡亲增收致富的故事。报道贵在对袁光明引育南方苹果过程的回顾。虽然此过程横跨几十年，但记者通过扎实的采访调查，重现了他多次失败又重整旗鼓的经历，并做到张弛有度，把袁光明执着的形象刻画得淋漓尽致。

【案例四】

《快递进村，如何打通"最后一公里"》②

　　这是《河北日报》在 2021 年 10 月 13 日新闻纵深版面推出的整版报道。记者对照此前规划——"到今年 8 月，全省基本实现建制村快递服务全覆盖"的要求，围绕"河北'快递进村'进展如何？农村物流配送体系建设还面临哪些堵点和难点？"两个问题，展开深入的调查采访，展现各地各方多渠道尝试"快递进村"的努力。更重要的是，报道算好了"'最后一公里'的成本账"，指出想要实现"村村通快递"还有一定难度，并提出"疏通堵点尚需持续加力"的政策建议。

（二）案例评析

1. 深入群众，聚集民意，反映美好生活

2018 年，习近平总书记在全国宣传思想工作会议上强调，要不断增强脚力、眼力、脑力、笔力，努力打造一支政治过硬、本领高强、求实创新、能打胜仗的

---

①　作者：颜石敦、杨元崇、周海燕、李卓林，刊发平台：《湖南日报》。
②　作者：赵泽众，刊发平台：《河北日报》。

宣传思想工作队伍。增强"四力"，脚力为首。不断增强脚力，大兴调查研究之风，扑下身子、沉到一线，才能更好增强眼力、脑力，把情况问题摸清楚，把好招实招提出来①。《湖北日报》打造的《车间田头听民意》专栏正是践行增强"四力"要求的体现，每一篇报道都沾上泥土的芳香，让群众成为新闻的主角，群众的平凡生活成为报道的主体，传达出群众对美好生活向往的心声。《"种粮大户"的新年愿望——打造香米品牌，为农业现代化出力》选取"全国种粮大户"也是脱贫致富带头人的村民吴正刚为主角，讲述他从一个普通农民到凭借过人的胆识、先进的理念，率先实践农业机械化并成立农机合作社，规模化承包田地，逐渐实现"农田梦想"的故事。

记者深入田间地头，与他一起察看蔬菜长势、农机设备，让读者实打实地看到农业机械化、标准化带来的收益，认同这将是未来趋势，并且直接引用吴正刚的话——"抢收季节，4台烘干机不能同时启动，要是农业生产用电设施建设得到改善、农业生产用电降低一点费用就更好了"，表达其内心的真实愿望。这样的心愿不是凭空提出的，也不是为一己私利，他的心愿代表的是一个群体的呼声，记者已经在前文做了大量的铺垫——"规模在不断扩大""带动周边农户320余人脱贫致富"。

专栏中的另一篇，《50余岁渔民夫妇退捕开起农家乐——"渔船上岸了，生活也清新了"》，把笔触瞄准一对退捕开起农家乐的农村夫妇，他们"希望江边的环境再改善下，多建些休闲步道，吸引更多的人来游玩，这样农家乐的生意会更好"。在"绿水青山就是金山银山"成为共识的背景下，"改善环境促农家乐生意"的呼声朴实真诚又符合社会整体效益，也代表着周边居民的集体期盼。深入群众的生产生活中，倾听他们的所思、所想、所盼，既挖掘平凡人物积极向上、追求美好生活的正能量，鼓舞受众燃起奋斗希望，又通过用心感受、用情体会，把他们的实际需要、遇到的困难反映出来，让党和政府听到基层的声音，"从群众中来，到群众中去"，才能帮助他们解决问题，也会让千千万万的老百姓因这样有代表性的呼声而受益。

① 增强"四力"打造过硬队伍——论学习贯彻习近平总书记在全国宣传思想工作会议重要讲话精神［N］.人民日报，2019-09-04（04）.

2. 身体力行，切身体会，作品充满感情温度

"新春走基层"活动是新时期主流媒体的一项优良传统——在新年之际组织大规模的基层报道，全面展示人民的幸福生活和背后的奋进力量，助推唱响主旋律，鼓舞人民持续奋斗。在《新春走基层：走村串户探小康》中，正如标题"走村串户"所描述的那样，记者走进村庄和农户家中，与农户交谈，用心观察，用诸多细节和朴实的话语构起乡村振兴战略中乡村发生的可喜变化。这组报道在选题策划方面，最大的特色在于找到多个小切口反映乡村振兴的不同方面：产业振兴、人才振兴、文化振兴、生态振兴、组织振兴，体现了因地制宜振兴乡村的发展要求；在表达方面，和《人民日报》长期保持的风格一致，善于用短句和动词生动描绘场景，如"大雪封了路，李天寿沿着羊肠小道，深一脚浅一脚地上了山""一大早……夫妻二人就开始收拾屋子，一边商量着……一旁，读小学的儿子正在写作业，屋里洋溢着幸福的气息……""手握从镇里扶贫办拿到的 4000 元激励性扶贫奖金的钟木生，说话声格外响亮……"让读者仿佛置身于田间地头、农家小院、乡镇企业流水线和飘香的果园中。

文章中，既有"点"，即场景和普通个体，又有"面"，即发展举措和变化概述，并且非常顺畅地穿插起来，让人既觉得有趣味又有宏观的了解。场景描写、举措概述和一句句关于生活变化的引述叠加，让乡村振兴的蓬勃生命力和幸福感扑面而来。同时，记者的真心真情自然流露，这样的感情温度不是矫揉造作、生搬硬套出来的，而是记者真正走进群众生活，亲身体会，心连心有感悟之后才会生发出这样的文字，妙笔生花、有感染力的"笔力"也需要脚踏实地"脚力"的支撑。

走基层在新春，更不止于新春。走基层是新闻工作者常态化的工作要求。在《南方苹果一样甜》报道中，记者走进果园，实地察看苹果长势，在交谈中获知袁光明数十年间为了在南方成功引种苹果越挫越勇的经历。报道的写作方式并非浮光掠影，而是用朴素、自然、清晰的文字还原这些经历，详略得当，既有干练、准确的事实记述，又有妻子与他对话等场景的描写，给读者较为舒适的阅读体验，足见"笔力"之深。同时，记者从一开始就抓住袁光明"为民致富"培育引种的"牛鼻子"，在最后一个部分重点突出种植户在袁光明帮助下也成功迎来丰产期的事实，呼应了袁的初心，让梦想成真的喜悦跃然纸上，脱贫攻坚与乡村振兴的宏伟背景也徐徐展开，增添了文章的历史厚度。

3. 直面现实，辩证思考，凝聚社会进步动力

马克思主义活的灵魂是一切从实际出发，实事求是。实事求是亦是马克思主义新闻观的灵魂和核心要义。习近平总书记在"2·19"重要讲话中指出，舆论监督和正面宣传是统一的，新闻媒体要直面工作中存在的问题，直面社会丑恶现象，激浊扬清、针砭时弊，同时发表批评性报道要事实准确、分析客观。

在时代进步和发展过程中，社会存在让人民不满意的地方、与人民群众的期待还有差距都是正常的。主流媒体要直面现实问题，合理解决这些不足和差距，才能发展好中国特色社会主义，维护好人民的根本利益，真实客观反映基层生活面临的困难对于推动社会进步具有重要意义，也是贯彻以人民为中心发展思想的必然要求。

《快递进村，如何打通"最后一公里"》一文有着强烈的问题意识，既呈现河北省各地方多渠道尝试"快递进村"的努力与成效，如多家快递企业的合作模式、建立村级电商服务站，通过物流车、公交线路等方式到达服务站，又将眼下"快递超市准备下设一个村级附属点"时遇到的现实困难如实报道，并进一步将问题的关键指向"快递资源共享性不足""难以实现共同配送"等。接着，记者针对性地反映企业在打通难点、堵点上的尝试，指出"破解'快递进村'难题"的关键——除了企业端发力外，还需政府牵头协调整合资源，并梳理地方政府在实践中的有益行动，最终呼吁"满足农民新期待，还需拿出新举措"。

"快递进村"作为乡村振兴的重要课题，也是实现快递行业高质量发展的必由之路。关注农村物流，本身就体现了主流媒体的责任担当。整篇报道基调积极向上，坚持唯物辩证法，循着"有问题就解决问题"的思路展开，用全面、辩证、发展的眼光看待问题和分析问题，没有遮蔽问题，也把握了尺度，没有过度上升，一切都基于记者的走访调查和实际情况。可以说，在反映人民生活现实问题时，一切从实际出发，实事求是，坚持以人为本的立场，同时辩证思考，有破有立，才是符合我国现实国情和社会整体利益的正确方向。

（三）延伸思考

习近平总书记提出的增强"四力"的要求，既阐明新闻工作者本领能力的重要内容，也为我们提升本领能力指明了方法路径。① 脚力、眼力、脑力、笔力四者是一个相互联系、相互促进的有机统一整体，由浅入深又环环相扣、缺一不可。现实中，一些新闻工作者有"脚力"，但写出来的基层报道缘何还是浮于表面，缺乏深刻性、感染力？很有可能是新闻工作者仅仅在"走"，却没有沉下去、走实走深。走基层时，如何"走"得有价值，"走"出好新闻？

其一，带着导向意识"走"。走基层的目的是体察国情民意，及时反映群众诉求，宣传党和政府在带领人民共同奋斗过程中涌现出的先进典型、创造的经验，激发群众首创精神和内生动力。因此，新闻工作者要把导向意识深度融入走基层的过程中，坚持正确的舆论导向，以正面宣传为主，注重从基层群众自力更生、艰苦奋斗的平凡生活中，挖催人奋进的精神力量，引导整个社会形成正确的世界观，绝不能让"利己主义""拜金主义""享乐主义"等错误思想苗头在舆论中滋生蔓延，而要用基层正面故事唱响主旋律。

其二，带着问题意识"走"。走基层，实事求是是基本要求，只报喜不报忧，遮蔽基层面临的实际问题无异于饮鸩止渴、讳疾忌医。为此，我们要深刻把握习近平总书记所阐释的正面宣传与舆论监督相统一的重要论断。在基层调查采访的过程中，要多观察多交流，拉近与群众的距离，避免安排性采访、随机听取更多群众的话，② 做到"兼听则明"，让群众敞开心扉、反映实情。在发现问题和不足时，敢于碰硬，将真实情况和群众心声反映到报道中，同时要把握好尺度，要透过现象看本质，以科学精神研究现象背后的一般性规律，用全面、辩证、发展的眼光看待问题和分析问题，促进问题解决。

其三，带着同呼吸、共命运、心连心的责任感"走"。倘若没有人民情怀，不能真正体悟人民追求美好生活的奋斗力量，不能共情群众遇到的实际困难，无法调动同理心，那么，写出来的文章自然是虚情假意，空洞无物。只有动真情，

---

① 人民日报地方部，费伟伟. 增强"四力"专题解读［M］. 北京：人民日报出版社，2019：1.

② 花宇，黄露玲. 问题意识：新闻人的自我修养［J］. 青年记者，2014（18）：18-20.

用心用情反映基层生活，让真情实感跃然纸上，才能让报道富有灵魂。

三、维护人民切身利益，回应群众呼声关切

（一）案例概述

本主题从《农民日报》《四川日报》《南国早报》《咸宁日报》和《绍兴日报》中选取 5 个有关急群众之所急，回应群众呼声关切的新闻案例，其中有对农村清洁取暖问题的分析反映；有以案说法，回应"我家的承包地被流转，谁说了算"问题的解释性报道；对小区公共收益问题的全面讨论；对三无小区"通气难"问题的全程关注；还有对农机故障频繁影响农事的拷问。

【案例一】

《农村清洁取暖之痛：层层任务重，"宜"字难落实》①

这是《农民日报》刊发的深度分析报道，荣获第三十届中国新闻奖二等奖。这篇报道通过挖掘分析 2019 中国农村清洁取暖高峰论坛暨清洁取暖县长论坛上各方的观点，围绕推进农村清洁取暖工作中的诸多问题，从政府的压力、企业的难处、农民的怨言、专家的建议等方面剖析问题存在的原因，寻求产业化推进农村清洁取暖可持续发展的整体解决方案。

【案例二】

《我家的承包地被流转，谁说了算?》②

这是《四川日报》推出的一篇解释性报道，荣获 2021 年度四川新闻奖一等奖。在部分村民未签协议的情况下，南部县东坝镇继龙庙村上百亩土地被流转，村民对此不满。记者为此深入调查，为村民答疑解惑，用政策标准和

---

① 作者：王玉琪，刊发平台：《农民日报》。
② 作者：寇敏芳，刊发平台：《四川日报》。

专家观点，回应关于"承包地流转谁说了算"的两大焦点问题，并详细披露流转程序不合规、监管不到位的情况。

【案例三】

《关注"小区公共收益都去哪了"》①

这是《南国早报》推出的系列深度报道，荣获 2020 年度广西新闻奖二等奖。系列报道以物权法为依托，从事实出发，由浅入深，重点放在如何厘清这笔"糊涂账"，分为调查篇、互动篇、经验篇、出路篇等四篇。记者通过深入采访调查，积极联系小区业主和物业，反映"糊涂账"现状，列举"优等生"小区案例，最后落脚在广西即将出台的《广西壮族自治区物业管理条例》，为"算账"提供规范依据，较为完整地回答了小区公共收益如何收好、用好、管好的问题，切中读者利益。

【案例四】

《关注 79 号院"通气难"》②

这是《咸宁日报》记者采写的系列报道，全方位、全过程、全环节聚焦当地一小区"通气难"问题，通过《开通天然气有多难?》《开通天然气难在哪?》《如何破解"通气难"?》《天然气通了、老百姓笑了》《评论：把"为群众办实事"落到实处》《咸宁日报全媒体推出的"关注咸安温泉办事处 79 号院'通气难'"系列报道引发社会广泛热议》6 篇稿件，回应群众关切，多方采访协调，推动问题及时有效地解决。

---

① 作者：程浩楠、王世杰，刊发平台：《南国早报》。
② 作者：张敏，刊发平台：《咸宁日报》。

【案例五】

《补贴政策"好经"念歪，问题农机耽误农事。记者调查——"机器换人"竟成"机器害人"》①

这是《绍兴日报》在全面推进乡村振兴，加快农业农村现代化的背景下，推出的调查性报道，荣获 2020 年度浙江新闻奖一等奖。在收到不少农户反映"购买进入农机购置补贴目录的农机后，不但没有省时省力，反而因农机故障频发而耽误农事，平添了许多麻烦"的问题后，记者经过深入调查反映了"故障频发"的事实，多方采访剖析原因，并从综合施策的角度提出相关建议。

（二）案例评析

1. 想群众之所想，答疑解惑讲时效

新闻媒体对人民负责，就要回答人民群众所关心的问题，想人民群众之所想，充分发挥新闻信息的服务性，及时为其答疑解惑才能赢得受众，赢得人民的拥护。《关注"小区公共收益都去哪了"》系列报道，从一小区物管公布的"2019 年收支一览表"引发业主不满这件小事出发，对小区公共收益分配的现实状况进行实地调查，还专门建立微信群与读者互动，扩大调查面以及征集公众的意见和建议，丰富了报道内容，也提升了作品深度。

在呈现上，报道综合多个小区业主与物业方的声音，力求做到公正平衡、不偏不倚，并试图畅通物业与业主理性沟通的渠道。随着调查的深入，记者没有停留在双方莫衷一是的争论层面，而是进一步走访多个在处理公共收益方面做得较好的小区，希望找到破解小区公共收益"糊涂账"的可行之道，并且落脚到即将施行的《广西壮族自治区物业管理条例》，以及律师、社会学学者的权威观点，为如何收好、用好、管好小区公共收益提供建设性和前瞻性的规范支撑，践行建

---

① 作者：曹婷、钟兰花，刊发平台：《绍兴日报》。

设性新闻的理念。

虽然事发小区的矛盾纠纷没在短时间内被协调解决，但报道及时回应群众的关切，多方调查走访，由表及里，层层推进，全面深入剖析事实表象，为在更广泛的社会层面引起政府对重视小区公共收益监管问题，注入媒体力量，担起社会问题解困者的角色，具有较强的社会效果。

新闻作品好与坏的衡量标准是人民群众满不满意，好新闻是靠"挖"出来的，而不是"等"出来的。新闻工作者应该充分发挥主观能动性，心里装着群众的需求，培养强烈的服务意识和良好的服务心态，① 不能等着政府部门来"找你宣传"，而是多去"帮群众问问"。群众有知情权，媒体有采访权，要敢担当，多作为，当好群众忠实的代言人。

2. 急群众之所急，关注问题促解决

在党的十九大报告中，"坚持在发展中保障和改善民生"被列为新时代坚持和发展中国特色社会主义的基本方略之一。十九大报告指出，必须多谋民生之利、多解民生之忧，在发展中补齐民生短板、促进社会公平正义。关注民生痛点、民生短板是主流媒体的职责所在，急群众之所急，只有把党和人民的注意力聚焦到这些急需解决的痛点短板，才能调动社会资源促进短板补齐。

《关注 79 号院"通气难"》关注老旧小区群众"急难愁盼"的问题——天然气"通气难"，记者一改往日待问题基本解决后才上报端的惯常操作，而是动态式地持续关注问题的解决，接连发问《开通天然气有多难?》《开通天然气难在哪?》《如何破解"通气难"?》，这无疑从舆论层面给了相关部门压实责任、切实推动问题解决的压力。"通气难"问题得以 6 天之内妥善解决，但报道并没有止于解决，而是回归问题本质"为什么难解决"，发表评论文章直指相关单位的不作为——"相关单位却在群众合情合理合法的利益诉求面前，互相'踢皮球''和稀泥'，明显存在本位主义思想和漠视群众利益的问题"，让这件民生小事暴露出来的问题赋予了"标本"意义。

类似如，《补贴政策"好经"念歪，问题农机耽误农事。记者调查——"机

---

① 朱寿桐. 民生新闻概论［M］. 北京：中国社会科学出版社，2006：43.

器换人"竟成"机器害人"》这篇报道及时关注关乎农民切身利益的"农机故障"问题，在分析原因时指出"对农机生产、销售和使用各环节的监管有较大的缺失""补贴制度本身不完善"两大深层次方面，而不是仅仅把问题归咎于商家的不诚信问题，挖深挖准原因才能提出长效可行的解决方案。需要指出的是，与地方政府漠视人民群众合情合理合法利益诉求危害相似，主流媒体如果同样予以漠视或遮蔽，尸位素餐，不能帮助人民群众解决生活中遇到的难题，也必然失去群众的信任。同理，如果仅仅"就事论事"，惰于剖析深层原因，即使反映了群众的某些诉求、促进了问题解决，它的意义可能也会止于个案。举一反三、直击本质才能推动机制体制的合理完善。

而《农村清洁取暖之痛：层层任务重，"宜"字难落实》，这篇报道从论坛中攫取到诸多基层实践和专家调研中反映出来的问题声音，并且经过分析和综合其他材料，将这些零散的经验教训富有条理地呈现——"地方政府压力大，农民直呼用不起""政策理解有偏差，推进过程'一刀切'"，直接抓住问题的核心，即"宜电则电、宜气则气、宜煤则煤、宜热则热"这一"宜"原则难以落实，充分体现作者对问题的准确把握和编辑功底。难能可贵的是，记者在分析原因的基础上，引述专家建议作为问题解决方向，直言"建议中央应把压力降一降，跑慢一点，'现在跑慢点总比跑错方向要强'"。

应该指出，研判会议论坛材料、客观分析原因和抓住问题本质的能力不是一朝一夕就能形成的，需要记者长期关注某一特定议题，勤于思考，才能将分析报道做得深入客观，真正推动短板补齐和问题解决。

3. 讲群众懂的话，以案说法接地气

回应群众呼声关切，答得再好也不能脱离群众的接受能力，故弄玄虚、高高在上也将受到群众的厌弃，这就要求我们要讲群众能听得懂的话。《我家的承包地被流转，谁说了算？》这篇报道，以案说法，用实际案例呈现基层对土地流转行为管理欠规范问题，做好政策的权威解释工作。

记者从"农田未经村民同意改成鱼塘，根本不跟村民打招呼，全是村干部说了算"这条留言线索出发，通过实地走访，采访村民、村组干部、镇干部、省农

业农村厅相关处室负责人、业内专家等多方信源，深度还原了在部分村民不知情的情况下，继龙庙村 2 组村民的土地被整组流转的过程，并用权威专家观点、政策原文为依据，将这一过程中程序的不合规、监管的不到位一一揭露出来，并提出了完善措施。

尤其值得肯定的是它清晰简单的结构，深入浅出，通俗易懂：把焦点争议摆出来，把事件核心和暴露的问题凝练到位，在故事的演进中把政策讲明讲透，让读者一看就能明白规范的流转行为是怎样的，学会依法维护合法权益，同时也给一些同样对政策有误读的基层单位提了个醒，形成良好的社会效果。

对于这类与群众切身利益息息相关事件，记者需要以法律、政策为依据，客观审视基层的执行过程，但不能生硬地摆出晦涩的政策，要学会融于故事的叙述中，用自然、朴素的语言加以表述。实践中，新闻媒体承担着服务群众、引导教育群众的双重功能，既要服务又要教育引导，不可一厢情愿地"硬"服务，要特别讲究服务的技巧和方法，做到细节周到、充满人文关怀和富有人情味。①

（三）延伸思考

马克思在《〈莱比锡总汇报〉在普鲁士邦境内的查禁》中指出："报刊只是而且只应该是'人民'日常思想和情感的'公开'表达者……它生活在人民当中，它真诚地同情人民的一切希望与忧患、热爱与憎恨、欢乐与痛苦。它把它在希望与忧患之中倾听来的东西公开地报道出来，并尖锐地、充满激情地、片面地对这些东西做出自己的判断，它这样做是同它的感情和思想在当时所处的激动状态相吻合的。"② 这段论述深刻地指出，生活在人民中的报刊要与人民荣辱与共、呼吸相通、同甘共苦、命脉相连。

在当下我国社会主义市场经济环境中，主流媒体的新闻报道能否为受众提供有价值的信息，能否反映人民群众的呼声需求直接关系到媒体的生存。如今，我们谈及传统主流媒体的生存问题时，常常指出，受到新兴媒体的冲击是其式微的

①　朱寿桐．民生新闻概论［M］．北京：中国社会科学出版社，2006：43．

②　马克思．《莱比锡总汇报》在普鲁士邦境内的查禁［M］//马克思恩格斯全集（第二版第 1 卷）．北京：人民出版社，1995：352．

重要外部因素，传统主流媒体在传播时效性、覆盖面上具有先天劣势。但另一方面，部分传统主流媒体自说自话，高傲地漠视人民群众所关心的议题，没有及时回应，重强势引导而忽略服务沟通，破坏了自身积淀的公信力和原有的优势专业资源，脱离了受众，自然失去生存之基。

西方传播学研究者如拉斯韦尔、赖特等人都强调大众传播执行着环境监视、社会联系与协调的功能。① 马克思主义新闻观在功能价值取向上认为新闻传播的主要功能是正确引导社会舆论，"新闻专业主义"则认定新闻传播的基本功能是将信息告知公众。② 在新时代，要想提高传统主流媒体在新媒体时代的传播力、引导力、影响力、公信力，除了要推动媒体融合向纵深发展，还要摆正心态、回归媒体功能本位，增强服务意识和能力，在服务中引导群众。当然，主流媒体也不能"有求必应"。提高服务意识，并不意味着对群众的各种需求"有求必应""有问必答"。要坚定政治立场，增强判断能力，不能为了迎合市场，抱着"唯恐天下无事、唯恐天下不乱"的心态去追逐热点、热搜，趋向猎奇、媚俗，背离新闻伦理道德和社会主义核心价值观。主流媒体的传播力、引导力、影响力和公信力建设非一日之功。迎合市场法则而丢了风骨，媒体构建的将只是新闻繁荣的海市蜃楼。

四、记录时代风云变化，讲好人民奋斗故事

（一）案例概述

本主题从《新华每日电讯》《湖北日报》《湖南日报》《钱江晚报》和《金华日报》中选取 5 个有关记录时代变化，讴歌人民群众奋斗故事的新闻案例，其中有对曾于 2010 年感动中国的"春运母亲"如今幸福新生活的擘画，也有对山区人居环境提升、推进"厕所革命"、创新城市治理等民生变化的关注，还有聚焦新冠肺炎疫情下小店的生存状态的系列新闻调查。

---

① 郭庆光. 传播学教程（第二版）[M]. 北京：中国人民大学出版社，2011：103-104.

② 杨保军，王阳. 当前中国语境中的"马克思主义新闻观"与"新闻专业观"[J]. 山东社会科学，2020（07）：68-75.

【案例一】

《11年前那位感动中国的"春运母亲",找到了!》①

这是《新华每日电讯》在2021年春节期间推出的一篇通讯,故事的主人公巴木玉布木在2010年因新华社的一张新闻摄影作品意外成为新闻人物。当时,她在春运期间抱着孩子在南昌火车站匆忙赶车,"背上巨大的行囊压弯了她的身躯,手里的背包眼看拖地,但揽在右臂中的婴孩整洁而温暖"。11年后,记者经过漫长的寻找,终于找到她,丰满地展现了她如今的幸福新生活。

【案例二】

《杭州百家小店生存报告》②

这是《钱江晚报》在2021年系列策划"小时小店"中形成的调查性民生报道。12路记者深入杭州城区,耗时半个月,倾听在杭州开店的店主们的失与得、苦与乐,整理出长达5万字的调查报告,并选择其中精华,形成头版+内版三版的深度报道:《墨尔本海归,喜欢宠物热爱鲜花的男生……那些开店的"90后"们,为何眼神清澈而坚定 为尝试 为喜爱 为梦想》《兼职、做手工、开网约车、定制服务……摊薄成本各显神通,小店活下来真的不容易 做特色 拓市场 抗风险》《半夜进货熬牛肉酱,凌晨两点多起床做馒头 想让下一代成为杭州人 盼积分 祈高考 扛房租》。报道受到各方高度肯定,记者还由此形成提案递交浙江省"两会"。中宣部新闻阅评小组曾称赞小店系列报道"百姓视角,报道暖心接地气"。

---

① 作者:周科、李思佳,刊发平台:《新华每日电讯》。
② 作者:集体,刊发平台:《钱江晚报》。

【案例三】

《"厕所革命"："方便"真方便》①

　　这是《湖南日报》关于湖南省"为民办实事"重点项目建设之一的农村"厕所革命"的报道，通过实际调查全面展示湖南省多举措、下功夫建成一批干净整洁、卫生健康的无害化卫生厕所，补齐影响人民群众生活品质的短板，城乡人居环境得到改善。

【案例四】

《走起来 跳起来 唱起来 孝昌田堂村有了动感"夜生活"》②

　　这是《湖北日报》在2021年7月刊发的通讯报道，选取曾是省重点贫困村在2019年实现户脱贫、村出列的孝昌县小悟乡田堂村作为报道对象，用细腻的笔触和朴实的话语记录下如今的田堂村：旅游路通了，游客进山来了；老板返乡兴业，建起上千亩特色产业基地；村民喝上自来水，家家户户通了水泥路。环境美了，收入稳了，日子好了，舒心的田堂村人有了自己的"夜生活"。

【案例五】

《市民修鞋配钥匙等需求长期存在
金华"小修小补"便民服务跟得上吗》③

　　这是《金华日报》在推进城市一刻钟便民生活圈、加强城市环境治理的双重背景下推出的一篇调查报道。报道重点介绍了金华市现设的20个行政执法便民服务点（岗亭），将原先散落在街头的修鞋、修伞、配钥匙等民生服务类摊位引导到"小木屋"中的城市治理措施，以达到既保留修

---

①　作者：奉永成、陈淦璋，刊发平台：《湖南日报》。
②　作者：刘宇、陈洪涛，刊发平台：《湖北日报》。
③　作者：余菡、童钘韬，刊发平台：《金华日报》。

鞋、配钥匙等"小修小补"便民服务，同时又不会因占道经营影响市容的目的。

（二）案例评析

1. 一叶知秋，从个体管窥时代

在党的新闻舆论工作座谈会上，习近平总书记强调要引导广大新闻舆论工作者做党的政策主张的传播者、时代风云的记录者、社会进步的推动者、公平正义的守望者。我们正处在一个风云激荡、瞬息万变、人才辈出的伟大时代。① 记者总是勇立在时代潮头，站在时代前沿，记录着时代变迁的每一个节点，铸刻下复兴路上的坐标轨迹，也描摹出时代中一个个普通个体的悲欢离合。怎么反映时代变迁，如何通过反映时代变迁凝聚共识，激发人们在新起点再追梦、迈向新的征程，是每一个新闻工作者都需要答好的一道题。

《11年前那位感动中国的"春运母亲"，找到了!》这篇通讯中，记者用饱含真情的笔触，细腻擘画一位普通彝族年轻母亲的生活，极具戏剧色彩。11年前，记者于"春运"期间在车站偶遇主人公巴木玉布木，捕捉下她"背上扛着生活，手上搂着希望"的画面，激荡众人内心，巴木玉布木也因此被大家称作"春运母亲"。11年之后，记者终于找到这位"春运母亲"。报道敏锐地抓住她今昔生活迥异的新闻点，详实地还原其早年生活的艰辛、贫困，再与如今温暖的新生活形成强烈对比，精准扶贫的成效不言自明。

文字间，记者毫不掩饰重新找到这位一面之缘母亲的激动和看到她生活巨变的感慨，文章细节丰满——"她的身后，是刚刚建好的新房，钢筋水泥结构，结实的板材门窗""在未拆除的旧房前，记者推开几块木板拼成的房门，简陋的木板床，补了又补的被褥"，孩子们坐在明亮的教室里读书，大凉山里的小村庄铺了水泥路，通了网络，有了自来水……她是一个鲜活的个体，也是千千万万百姓的缩影，记者平衡地把握这两者的关系，用这"一面镜子"，映照我国脱贫攻坚的成果，传达了心怀希望、目光笃定、脚踏实地终将圆梦的思想感情。

---

① 童兵. 新闻舆论工作者的时代定位［N］. 人民日报, 2016-04-07（07）.

《钱江晚报》的系列报道《杭州百家小店生存报告》则充分发挥了媒体记录时代和服务民生的功能。"他们在收获希望和生存的同时，在担心什么焦虑什么？"整个策划其实就想探得普通百姓在杭州生存的苦与乐，折射群众幸福生活、小微经济活力以及遭遇的困境。报道用个体的故事引发读者的精神共鸣、对人生态度的思考以及对社会进步的美好期许。

新冠疫情中，小店店主首当其冲。这种情况下，发挥媒体强大的社会调查能力恰逢其时，也是新闻为民、践行"四力"的重要体现。报道的叙述手法并不突出，但背后的主题丰富且深刻：编织梦想、创新思路、坚韧奋斗等，一言一行将普通人物刻画得鲜活且具体，描绘出小店店主的生活百态和酸甜苦辣，给治理者最真实而感人的调研样本，也赋予读者向上的信心和动力。

基层报道中，媒体需要把时代和个体紧紧相连，心中有时代大势，也有百姓小事，既要把握时代发展脉搏，反映时代进步的壮丽篇章，也要把眼光放在时代中的个体，从他们的命运中观测时代变化，检验历史选择。只有辩证地把握时代与个体的关系，才能让新闻作品有激荡情怀的感染力。

2. 小事不小，倡导文明树新风

现实中，一些看似鸡毛蒜皮、容易被忽视的民生小事，对群众而言都是实实在在的大事，也是社会文明的重要方面。"小康不小康，厕所算一桩"，习近平总书记多次强调，随着农业现代化步伐加快，新农村建设也要不断推进，要来个"厕所革命"，让农村群众用上卫生的厕所。《"厕所革命"："方便"真方便》记录的便是湖南省统筹推进农村厕所革命的实质举措，包括"分类划分，不搞'一刀切'，不搞统一模式"，"落实'先建机制、后建工程'"等。这篇文章不仅由浅入深地论述了厕所革命的重要性，并且把每一项措施、模式详略得当地呈现出来，重点抓住改厕的过程，还深入农村察看改厕的成果，采访群众对此的评价："现在，在这里'方便'，是真的方便了。""棉麻门帘、山水相伴、鸟叫虫鸣，'方便'也能变得诗情画意。"……这些朴实而由衷的评价印证了政策举措、政府文件背后的实际效果。

《市民修鞋配钥匙等需求长期存在 金华"小修小补"便民服务跟得上吗》将眼光投向城市治理，在 2021 年 5 月中央出台《关于推进城市一刻钟便民生活圈建设的意见》的背景下，对金华"小修小补"便民服务作了深入调查，正视群众仍客观存在"小修小补"的需求，对设立行政执法便民服务点、引导"沿街设摊六小行业"引行入室的措施进行重点介绍。同时报道不止于介绍，而是进一步延伸探讨它的具体执行过程，包括审批标准、服务点数量合理性等，深化报道的现实意义。文章实事求是，采访到位，结构合理，蕴含着既要顾及市民需求，又要规范城市管理，同时考虑小摊小贩本身经济能力的科学治理理念，体现出记者和政府工作以人为本的情怀。

"民生无小事"，这是对党和政府工作态度的要求，也是对新闻舆论工作者"三贴近"的要求。如果没有这个意识，我们常常会漠视人民群众生活中的一些小问题、漠视与现代文明存在差距的地方。构成"美好生活"有方方面面，"五位一体"总体布局中的每一项建设都与人民群众幸福感息息相关，因此，新闻工作者必须准确把握"美好生活""人民群众获得感、幸福感、安全感"等理念，把舆论的注意力集中到小事上来，积极倡导文明新风尚。

3. 质朴取胜，现场记录抓细节

民族要复兴，乡村必振兴。在脱贫攻坚和乡村振兴过程中，乡村处在发展变化的快车道上，是充满希望的田野，也是干事创业的沃土，无数可歌可泣的奋斗故事在乡村酝酿发生。《走起来 跳起来 唱起来 孝昌田堂村有了动感"夜生活"》这篇报道从标题就开始给读者十足的"动感"，将如今村民晚间生活的多组美好镜头与党和政府近年来精准扶贫的努力融会贯通，以多位村民生活发生巨变为缩影，表现出"党和人民共同奋斗换得圆梦小康"的报道主题。报道中对田堂村的夜生活描写生动，喜悦之情油然而生，足见记者对现场情景的细致观察："走，轧马路去""过去可没闲情跳舞。'白天地里刨，晚上灶台转，早晚还要接送孩子上学'"……报道语言朴实亲切，画面自然生动，富有生活气息，为读者展现一幅真实而温馨的小康画卷，不失为一篇优秀报道。总的来说，这篇报道贵在细节、赢在质朴，让乡村美好跃然纸上，把读者带进"小桥流水人家"。同时，用变化的细节、村民真情实感的感悟让时代变迁、人民为中心的发展思想变得具象，表面上在写田堂村人丰富的"夜生活"，实则讲述的是精准扶贫和乡村振兴战略为乡村注入活力，激活发展的内生动力。

（三）延伸思考

人民群众是历史的创造者，这一命题是马克思主义唯物史观的基本原理。马克思主义认为，人民群众是历史活动的主体，是社会物质财富和精神财富的创造者，是推动历史前进和社会变革的最终决定性力量。从这一原理出发，正确把握时代性和人民性的关系是新闻舆论工作的基本要求。

2014 年，习近平总书记在文艺工作座谈会上强调，要坚持以人民为中心的创作导向，创作更多无愧于时代的优秀作品。他指出："我国作家艺术家应该成为时代风气的先觉者、先行者、先倡者，通过更多有筋骨、有道德、有温度的文艺作品，书写和记录人民的伟大实践、时代的进步要求，彰显信仰之美、崇高之美。"这一论述点明了文艺创作的基本要求，既要站在时代高处又要观照人民的伟大实践，也给我们新闻工作者带来启发。总书记勉励广大新闻舆论工作者做"党的政策主张的传播者、时代风云的记录者、社会进步的推动者、公平正义的守望者"。新闻作品每天都与人民群众直接见面，时效性本身就是新闻的基本特征之一，对舆论产生的影响往往更广泛。因此，新闻作品更应该体现时代主题，书写和记录人民的伟大实践。

其一，记录时代风云，要从火热社会生活中反映时代精神。和平与发展是时代的主题，改革创新仍是时代精神的核心。早些年，就有文章指出，体现时代性具体讲就是要通过正确舆论的引导，教育广大干部群众不断解放思想、实事求是、与时俱进。[①] 当前，反映和推动"解放思想、实事求是、与时俱进"仍是新闻舆论工作的重要方面，在实践中更要体现中国特色社会主义新时代最鲜明的特征——"承前启后、继往开来""在新的历史条件下继续夺取中国特色社会主义伟大胜利"。用一个个生动的故事，以小见大反映新时代，让人民群众读懂新时代，激发各族人民团结奋斗、不断创造美好生活，逐步实现全体人民共同富裕。

其二，先觉先倡，为社会发展精准"把脉"。[②] 世界处于百年未有之大变局，

---

① 王毅. 时代性·规律性·创新性——试论党报新闻宣传工作的创新 [J]. 新闻知识，2003（10）：3-5.

② 刘姝君. 辩证性、群众性与时代性：新闻眼力的系统锻造 [J]. 中国记者，2019（07）：54-56.

各种新现象、新问题层出不穷。人民群众处在急速更迭的社会浪潮中，迫切需要站在潮头的新闻工作者拨开云雾，瞭望时代巨轮的正确航向。这就要求新闻工作者不断学习和掌握党的先进理论，常学常新，用先进理论武装头脑，用科学精神和"以人为本"的理念为社会发展精准把脉，主动为科学的新理念、新思维、新做法鼓与呼，倡导培育文明社会风尚。同时还要深入实际，从人民群众的伟大实践中总结历史经验，反映社会问题，为解决问题、推动社会进步提供思路和办法，不负时代、不负人民。

第三章　典型人物

典型人物是时代精神的标杆，同时也是唱响时代主旋律的重要载体。对先进典型人物的宣传，能够起到弘扬社会主流价值观、引领舆论导向的作用。可以说，典型人物报道在我国新闻传播领域的作用举足轻重。尤其是在中国特色社会主义新时代，国家、社会需要典型人物凝心聚力引领精神，公众、个体也需要典型人物激发情怀激励心志。然而，在传播环境被重塑、受众阅读诉求日渐多样化的新媒体时代，原有的典型人物报道方式或许已不如昔日那般奏效。因此，如何改进报道，更好地折射典型人物的品质之光，使发聋振聩的典型性力量抵达和冲击公众的心灵，增强报道的传播影响力和引导力，已经成为当今媒体迫切需要解决的议题。

一、凝心聚力，书写脱贫"主战场"

（一）案例概述

本主题选取《人民日报》、中国新闻网、《陕西日报》《新疆日报》和《湖北日报》中 6 个以脱贫攻坚为主题的新闻案例，既有扶贫干部扎根一线，为人民尽心尽力做实事的感人事迹，也有脱贫代表以勤劳和奋斗脱贫，靠自己的双手创造幸福、改变命运的励志故事。

【案例一】

《总书记的深情牵挂——来自
贫困乡村的精准脱贫故事》①

　　这是由《人民日报》采写，荣获第三十届中国新闻奖二等奖的脱贫攻坚专题系列报道。报道以总书记考察调研的足迹为线索，深入采访调研十多个村庄的脱贫故事，集中展现脱贫攻坚一线干部群众牢记总书记嘱托、奋发有为攻克贫困堡垒的生动实践，回应了国家精准扶贫政策，展现出我国脱贫攻坚亮眼的"成绩单"。

【案例二】

《江苏沛县"能人"返乡创业争当乡村振兴"领头雁"》②

　　这是由中国新闻网采写的通讯作品，讲述了江苏沛县"能人"郭庆鹤、孔祥群返乡创业，带动乡亲们实现家门口就业，助力家乡走上致富之路的典型事迹，以群众之口传达出政府就业扶贫的落实情况，吸引更多人返乡就业，助力乡村振兴。

【案例三】

《二百八十一个签名挽留第一书记》③

　　这是由《陕西日报》采写，荣获第三十届中国新闻奖一等奖的通讯作品。文章挖掘了一位新时代党的干部的好榜样，记述陕西省子长市瓦窑堡街道张家庄村第一书记马永涛驻村以来，为当地倾情服务，在其将被调走时，281名村民联名写请愿书进行挽留的事迹。

---

① 刊发平台：《人民日报》。
② 作者：朱志庚，刊发平台：中国新闻网。
③ 作者：王海涛、刘印，刊发平台：《陕西日报》。

【案例四】

《大山深处走出最美"古丽"》①

这是由《新疆日报》采写，荣获第三十一届中国新闻奖一等奖的通讯作品。作品以获评全国"最美职工"的帕夏古丽·克热木为主人公，讲述其走出家乡到祖国开放前沿广东东莞打工，最终靠自己的双手改变命运，并带动279户建档立卡贫困户一起外出务工实现脱贫的奋斗故事。

【案例五】

《追忆扶贫干部、全省优秀共产党员谢睿》

这是《湖北日报》为追忆扶贫干部、全省优秀共产党员谢睿而发布的系列报道，由四篇通讯组成，分别为《为铺脱贫路 甘当一砂砾》②《他的球鞋沾满泥巴》③《16本笔记用心记录民情小事》④ 和《好家风育出好儿男》⑤。四篇文章描述谢睿为扶贫工作所做出的贡献、其为人处事和英雄诞生的家庭渊源，深情讲述谢睿的感人事迹，体现其无私为人民服务的精神，并从侧面表达对谢睿去世的惋惜。

【案例六】

《清华大学助力　南京高淳一个小山村的乡村振兴试验》⑥

这是由《南京日报》采写的通讯作品。报道讲述一个曾经位置偏僻、经济落后、面临严重空心化的小山村——高岗村，在清华大学的协助下逐渐走

---

① 作者：李杨、梁立华，刊发平台：《新疆日报》。
② 作者：翟兴波、雷闯、杨宏斌、宋海燕，刊发平台：《湖北日报》。
③ 作者：杨宏斌、翟兴波、宋海燕、向炎坪，刊发平台：《湖北日报》。
④ 作者：雷闯、翟兴波、宋海燕、向炎坪，刊发平台：《湖北日报》。
⑤ 作者：翟兴波、杨宏斌、文朝顺、宋海燕，刊发平台：《湖北日报》。
⑥ 作者：周爱明、杜莹，刊发平台：《南京日报》。

向兴旺的故事。其从环境、产业、资源三个方面出发，系统梳理高岗村的"三变"探索，深度聚焦清华大学和当地共同破解"千村一面""产业雷同""人才流失"等乡村振兴现实难题的生动实践。

（二）案例评析

1. 以笔助贫，拒绝"比惨"思维

要写好脱贫相关人物报道，新闻工作者首先需要转变思维，辨别煽情与感情。强行的煽情大多需要通过描写人物的悲惨来营造，但这种过度描写人物悲惨生活的稿件反而难以与读者建立情感连接。澳大利亚新南威尔士大学的社会心理学家利萨·威廉斯（Lisa Williams）这样解释"悲惨新闻"现象：痛苦和不幸听得越多，我们越倾向于"撤离"，不再有那种强烈的愿望去提供帮助了。① 许多新闻媒体在撰写扶贫新闻时，仅仅从扩大扶贫新闻影响力的目的出发，甚至把示穷、猎奇、揭伤疤当作"诀窍"，让采访活动沦为"比惨大会"，把脱贫攻坚人物报道写成了"比惨报道"，这实际上是对扶贫新闻本身的价值缺乏精准的判断。

要想突出文章的感情，应该要多以事显人、以言显人、以行显人，通过动作描写、语言描写和神态描写等客观的叙述，让读者于字里行间中读出感情力量，营造出一种"于无声处听惊雷"效果。比如《16 本笔记用心记录民情小事》这一报道将 16 本笔记的内容作为主线，横向延伸出同事们对谢睿工作经历和相处场景的回忆，串起主人公事迹的三个方面，即呕心沥血奔波在扶贫一线、舍生忘死战疫战汛、刚正不阿处理违纪案件。这样的框架使得报道的结构清晰明了，读者可以在心中快速形成立体全面的人物形象。文字方面，这篇文章语言朴实但有力量，在描写谢睿开展工作时以动词的叠加，着力表现了一种紧迫感和责任感，如"谢睿隔三岔五往施工现场跑，盯安全、盯进度""谢睿拉着朱家军一起去学习考察，看完后两人很兴奋""看到疫情暴发新闻后，谢睿马上终止休假，自驾

---

① 郭韶明. 关于暖新闻的探索与思考——以中国青年报《暖闻周刊》为例［J］. 青年记者，2016（22）：9-10.

返回湖北。一家三口夜宿车上，奔波 1700 多公里后抵达咸丰。之后，他立即投身到防疫一线，坚守 2 个多月"，这种动作和场景的急促转换，让读者阅读时脑海中能够浮现扶贫和战疫战汛的紧迫情况，理解他的心情进而产生敬佩之情。

乡村振兴战略的实施，有利于巩固提升贫困地区的脱贫质量，建立稳定脱贫的长效机制，实现可持续脱贫。《清华大学助力 南京高淳一个小山村的乡村振兴试验》一文并没有过多地着墨高岗村过往落后、艰苦的生活，而是通过总结提炼高岗村的探索经验和有益启示，为乡村振兴提出可供学习借鉴的路径和经验。该报道所反映出来的破解当下三农问题的新思路、新经验、新成效，对南京、江苏乃至全国加快推进乡村振兴意义重大。此外，《江苏沛县"能人"返乡创业争当乡村振兴"领头雁"》则重在宣扬严成少"吃水不忘挖井人，致富更要泽乡亲"的精神。能人回乡创业后帮助贫困户稳定就业，文章所分享的正是这一调动社会力量助力脱贫攻坚的扶贫途径和经验，同时也从侧面展现出在各级政府出台金融支持、减税降费、以奖代补等政策的助力下，不断优化的乡村营商环境，吸引更多能人回乡创业。这样的文章，能够真正为扶贫工作"帮忙"，助推我国脱贫事业稳步发展。

2. 选准典型，有的放矢报道人物

大部分贫困地区所面临的情况都比较复杂，生产和生活条件的落后、通讯的滞后、交通的不便利、当地民众新闻意识和新闻素养的缺乏等情况，导致新闻工作者挖掘新闻线索的经济成本、时间成本和人力成本大大增加。这就需要新闻媒体预先进行谋划，设置报道议题，制订报道计划，做好充足的采访准备，再有的放矢地前往基层实地调研采访。

每个脱贫攻坚典型人物背后所代表的都是一个群体，在选择报道对象时，不仅要掌握共性，还要具体分析其个性。《大山深处走出最美"古丽"》这一报道中所选取的人物就非常具有典型性。首先，帕夏古丽·克热木是少数民族，家乡位于祖国"西极"，在受宗教极端思想毒害、认为妇女不能抛头露面的南疆，她敢于走出大山，是新时代党的治疆方略在新疆成功实践的生动案例，非常具有激励意义。其次，帕夏古丽·克热木不仅实现自身脱贫，还带动当地民众共同脱贫，更加彰显精准扶贫政策的优越性。最后，帕夏古丽·克热木获评全国"最美

职工",体现了国家对"诚实劳动者"的最高褒奖,大大鼓励和引导贫困群众通过自身努力摆脱贫困。

除了选准典型,对一些故事线连续性强且时间线长的扶贫干部或脱贫代表,新闻媒体还需要加强策划,根据典型人物的特征采取适当的报道策略,形成短期、中期、长期的不同方案。这也要求新闻工作者辨别出典型人物和事件的不同特质。各地的脱贫工程都是在宏观政策指导的框架进行的,因此可能会出现人物事迹大同小异的情况。这时候就需要选择一个共同的主题将不同的人物串联起来,塑造"群体像"。比如《总书记的深情牵挂——来自贫困乡村的精准脱贫故事》以总书记考察调研的足迹为线索将所有的报道串联起来。总体上看,报道所塑造出来的是一批一心为民、任劳任怨的扶贫干部和奋发图强、乐观善良的脱贫群众。但细致来看,每个地方的干部和群众又有其自身特点,这些人物群像共同构成脱贫攻坚伟大历史实践的宏阔场景,让读者深刻感受到党和国家脱贫攻坚政策如何贯彻落实到基层。

另外,《追忆扶贫干部、全省优秀共产党员谢睿》这一系列报道,谢睿质朴无华、平凡细微,以赤子之心和为民情怀,为武陵山区百姓脱贫致富全身心奉献,为当地百姓做的实事数不胜数,最终牺牲在扶贫一线,是脱贫攻坚一线党员干部的优秀代表。其人物事迹难以靠三言两语阐述清楚。《为铺脱贫路 甘当一砂砾》《他的球鞋沾满泥巴》《16本笔记用心记录民情小事》和《好家风育出好儿男》四篇文章分别以谢睿的网名"沙砾"、沾满泥巴的球鞋、16本笔记本和家风为切入点,从不同方面塑造谢睿全心全意为人民服务、舍己为人的"人民公仆"形象,增强了人物形象立体感、报道的可信度,有利于树立党员干部的学习榜样,激励广大干部群众积极参与脱贫攻坚。

3. 多重视角,凸显人物群众基础

以往的新闻媒体在刻画人物形象,尤其是榜样人物时,很容易陷入这样一个窠臼,即刻画的人物形象"高大全",视角单一,缺少必要的人文情感,更多的是体现政治任务和道德功能,这与人物的群众基础不牢或新闻工作者认识不到位、采写角度走偏有很大关系。然而,"高大全"往往意味着"假大空",这样一种脱离实际、缺乏人文关怀的人物通讯不仅无法真正走近受众、打动受众,还

有可能会把典型人物孤立起来。因此，抠细节，写情感，多重视角叙述，让点滴小事折射出典型人物身上的时代光芒，才能使典型人物深入人心。

在描写脱贫干部时，还应侧重写脱贫干部与群众的互动，借助人民群众的第三方话语，让新闻人物的事实和细节发声。《二百八十一个签名挽留第一书记》一文，通篇围绕扶贫干部马永涛与村民之间的互动展开："村民们觉得，马永涛是个没有架子的好后生，他就是张家庄的人""村民们关心马永涛，知道他晚饭没有着落，经常会送来包子、油饼、饺子……""听说马永涛要离开张家庄村，100多名村民赶到村委会挽留他"等。报道通过村民质朴的话语和行动，传达出马永涛与村民间的浓浓情意。而《他的球鞋沾满泥巴》这篇人物报道，开头便描述咸丰县清坪镇二台坪村残疾人贫困户饶邦念家迎来的好收成以及希望谢睿来品尝的愿望，用新闻事实侧面体现群众对他的喜爱以及对他去世的惋惜。记者还通过采访谢睿联系的几个扶贫村，以村民和干部等第三人的回忆口述为信源，概述谢睿为扶贫作出的贡献，其中不乏细节描写，更是增强了报道的可信度。

除了从人民群众的视角出发，有时候也可以"借物写人"。《好家风育出好儿男》一文，追忆已故扶贫干部谢睿的人物特稿，以家风作为切入点，剖析其英雄事迹的家庭渊源，使人物形象更平易近人，同时升华了主旨。家风的代际传承贯穿全文，形成完美的故事链。文中特别提到谢睿摘抄的白居易的诗句、谢睿父亲的书信、谢睿爷爷的家风对联，也让文章整体呈现出诗书风韵，这也与文中报道的优良家风形成内容和形式上的呼应。

（三）延伸思考

"凝心聚力"是习近平总书记提出的新形势下党的新闻舆论工作职责和使命的重要内容，具有鲜明时代特点和丰富内涵。"脱贫攻坚"是以习近平同志为核心的党中央治国理政、实现全面建成小康社会目标的重大战略部署，其取得的成就是新中国历史上浓墨重彩的一笔，因此也是新闻报道凝心聚力的重要抓手。

要想"聚力"，先得"凝心"。"凝心"凝的是脱贫耐心、抗贫信心和助贫爱心。传递积极向上的情感、带给群众脱贫信心的优秀报道，并不意味着一味地"喊口号""画大饼"和"露悲情"。从贫困群众的角度出发，新闻工作者在采访过程中更应该用平等的眼光去看待贫困群众。扶贫先扶志，新闻工作者在采访过程中若将自己定位为"援救者"，流露出过多的怜悯和同情，可能会在无形中强化采访对象的"贫困意识"，不自觉地打击他们的脱贫信心。因此，新闻工作者更应将采访对象定义为"合作者"，鼓励引导其积极向上，说出自己的脱贫计划和故事。① 而在报道扶贫干部时，也应该杜绝面子工程，将目光对准那些真抓实干、真正为人民服务的扶贫干部，才能真正起到带头作用，不断为扶贫工作注入正能量。同时，新闻工作者要掌握精准扶贫的政策指向，将政策指向巧妙融入到报道之中，不断增强人民群众的脱贫耐心、抗贫信心和助贫爱心。在当前中国正在进行的这项创举——扶贫事业中，我们的新闻报道不仅要传递信息，让世界都看到我们的扶贫事业，理解我们的扶贫事业，支持我们的扶贫事业，帮助群众增强脱贫的内生动力，并协助扶贫工作顺利进行。同时，新闻工作者也应记住：新闻工作也是扶贫事业的一部分，通过新闻报道形成强大的精神力量，能动地反作用于社会，② 为我国脱贫事业发挥"凝心"的作用。

"聚力"，聚的则是全国人民齐心协力脱贫攻坚的团结之力、帮忙之力和持久之力。扶贫是全世界都公认的正面、积极的公益性事业，这也决定了扶贫新闻策划不是新闻炒作，新闻工作者在撰写扶贫报道时，必须时刻谨记要把"帮忙"和"增强群众脱贫的内生动力"作为扶贫新闻工作最根本的目的。理想的脱贫相关人物报道不是"鸡汤文"那样的临时安慰剂和麻痹药，而是能帮贫困群众解决问题，并提供实质性的援助。不仅新闻中相关人物找到解决问题的方法，新闻受众也能感同身受并愿意提供帮助。③ 而且，对于贫困地区的基层干部和群众而言，学习先进的脱贫经验或许更加重要，因为这些经验将是他们转变观念和拓宽思维的"助燃剂"，实现精准施策，提升脱贫效率，进一步巩固脱贫攻坚的成果。对新闻受众而言，更重要的是让他们体会到参与感和责任感。一些非贫困群众或许会觉得贫困地区离自己很遥远，或者认为自己难以帮上忙，但通过报道创业能人回乡带动脱贫、扶贫干部倾力奋战扶贫一线等故事，能够传达"普通人也能为扶

---

① 吴志润. 怎样才能做出入脑入心的扶贫报道——新时期做好精准扶贫宣传的四个原则 [J]. 中国记者，2016（11）：86-87.

② 朱燕. 扶贫新闻如何讲"好故事"和"讲好"故事——新闻扶贫工作的怒江视角 [J]. 城市党报研究，2019（8）：81-86.

③ 朱燕. 扶贫新闻如何讲"好故事"和"讲好"故事——新闻扶贫工作的怒江视角 [J]. 城市党报研究，2019（8）：81-86.

贫贡献一份力量"的观念，起到渲染和带动作用，有利于形成全国上下凝心聚力、精准发力的实干氛围，巩固脱贫攻坚成果。

二、创新创业，绘制行业"万象筒"

（一）案例概述

本主题选取《江西日报》（与《新疆日报》联合采写）、《农村新报》《湖北日报》《太原日报》和《运城日报》报道中 5 个与创新创业相关的新闻案例，主人公包括扎根江西南昌创业的新疆小伙、发展土鸡养殖致富的夫妻俩、坚持推动教育信息化创新的大学教授、太原中科院山西煤化所的一支科技团队和"饭店村"中的职业农民。

【案例一】

《一颗石榴籽　扎根红土地》①

这是由《江西日报》和《新疆日报》联合采写，荣获第三十届中国新闻奖三等奖的通讯作品。作品报道昆仑山北麓、塔克拉玛干沙漠南缘墨玉县的阿卜杜拉·吾拉西木，与妻子一起来到江西南昌卖葡萄干的故事。17 年来，阿卜杜拉扎根南昌，与当地群众手足相亲，凭借自身努力，最终成为拥有 44 家连锁店的餐饮业主。

【案例二】

《兴山刘红艳智慧养鸡奔富路》②

这是《农村新报》通讯员采写的通讯。报道聚焦刘红艳夫妻俩发展土鸡

---

① 作者：李春霞、米日古力·吾、周鹏、王琦铭、洪怀峰、宋思嘉，刊发平台：《新疆日报》。
② 作者：蒋金桃、蔡明亭，刊发平台：《农村新报》。

养殖的奔富路："鸡生蛋，粪污变沼气，鸡粪生产有机肥，环环生金。"文章对刘红艳的养殖业作了细致描绘，报道了选址、安装专用微型电脑集系统、开设淘宝店、成立养殖专业合作社等过程，将创业致富个案报道以"家常话"的方式呈现。

【案例三】

《多项研究成果得到广泛应用，华师教授吴砥带领团队——奔跑在教育信息化"新赛道"》①

这是《湖北日报》全媒记者和通讯员采写的通讯。报道关注华中师范大学吴砥教授近年来带领团队在推动教育信息化中所作的创新实践，包括详实记录我国教育信息化发展轨迹、疫情期间为大规模在线教育献策以及为开展精细化的教育信息化评估而深入一线调研，足迹遍布20多个省区市、500余所学校。

【案例四】

《攻坚"石墨烯"》②

这是由《太原日报》采写，荣获第三十一届中国新闻奖三等奖的通讯作品。报道聚焦太原中科院山西煤化所的一支科技团队——陈成猛和他的709课题组，记录该科技团队十年坚守，始终秉持朴实、严谨的工作态度，最终攻破我国先进碳材料领域"卡脖子"难题，让中国成为全球石墨烯领域的领先者。

【案例五】

《"饭店村"的职业种田人》③

这是由《运城日报》采写，荣获第三十届中国新闻奖三等奖的通讯作品。文章把目光放在山西省永济市栲栳镇一个小村落——田村，讲述主人公王林

---

① 作者：韩晓玲、党波涛，刊发平台：《湖北日报》。
② 作者：阎轶洁，刊发平台：《太原日报》。
③ 作者：郭瑞倩、陈永年，刊发平台：《运城日报》。

在这样一个"户户开饭店、人人搞餐饮"的"三产村"里开家庭农场，做职业农民的故事，记述一个新型职业农民典型的成长履历，揭示一个基层家庭农场样本的发展路径。

（二）案例评析

1. 洞察一线，沉下心来抓"活鱼"

"活鱼"是 1979 年《天津日报》在新闻改革中提出的一种比喻，指将社会中的新情况、新事物、新问题、新经验，像新鲜的活鱼一样呈现给读者。新闻界常讲要抓"活鱼"，就是指新闻工作者在采写新闻时要深入基层、深入群众、深入生活，写出鲜活的新闻。① 各行各业之所以能够不断发展和进步，正是因为有一群人以其敬业、精益、专注、创新，为行业不断注入新的活力，而这恰恰是新闻工作者需要寻找的"活鱼"。但社会行业万千，不同行业的个体每天从事的工作大同小异，精准挖掘行业中的"活鱼"也并非易事。这就要求新闻工作者要有一双慧眼，选择最合适人物的同时，还需要善于抓住特殊时间节点，深入采访、提炼、思考、表现其中的新闻性，挖掘人物身上与众不同的闪光点，让更多扎根一线、默默奉献的职工进入读者的视野。

《一颗石榴籽 扎根红土地》一文将目光聚焦于"在内地省市工作的新疆籍维吾尔族青年"这一群体。他既是创新创业者，也是我国民族融合的缩影。在新疆人特别是维吾尔族人在内地人心目中被贴上"小偷""暴恐分子"等负面标签，融入内地城市社区遭到排斥这一背景下，对他们进行报道，不仅时效性强，而且能够树立起新疆人在内地省市的良好形象，为少数民族群众融入内地社区生活以及全国各省市做好民族团结工作提供了样本。

《"饭店村"的职业种田人》《兴山刘红艳智慧养鸡奔富路》等文章则从火热的社会实践中发掘素材，从群众生产生活中发现选题，将报道的主题藏于普通创业者的故事中。《"饭店村"的职业种田人》以小切口凸显大主题，通过山西省永济市栲栳镇田村唯一一位农民王林的种粮故事，既响应我国"六保"中"保

---

① 向湘龙. 人物通讯这样抓"活鱼"[J]. 应用写作, 2019 (09): 26-27.

粮食能源安全"大主题，传达出"农业大有可为""粮食很有种头"的观念，又反映出种粮大户的"困惑"，有效引起相关部门重视解决农业发展中的深层次矛盾。而在《兴山刘红艳智慧养鸡奔富路》一文中，媒体对土鸡养殖致富经的报道，则体现了新闻媒体立足本土、做优报道、服务百姓、讲好各行故事的担当。只有采写这样"沾泥土""带露珠""冒热气"的文章，才能让报道吸引人、打动人，传得开、传得远。

2. 博通专业，练好内功不"外行"

俗话说，隔行如隔山。新闻工作者在对各行各业的人物进行采访时，广博知识与专业知识是必不可少的。知识就像一张网，张得大，才能捕到"活鱼"，这是对新闻工作者知识面的一项基本要求。尤其是在当今社会，分工越来越细，受众也愈加见多识广，要想写好不同行业中的典型人物及其所从事的职业，必须要尽可能多地掌握人物相关背景资料和专业知识，对人物所处的行业环境、作业特点和工作内容，甚至是相关的工艺和作业设备都要比较熟悉，方能写出佳作。

《攻坚"石墨烯"》一文中，新闻工作者就从一个"内行人"的视角出发，在开头以石墨烯的发现过程引出石墨烯的价值之高，从侧面突出 709 课题组为我国掌握新材料核心技术作出的伟大贡献。其次，文章不仅对 709 课题组的研发过程和研发历史做了清晰凝练的描写，而且深入浅出地描写核心技术，将深奥的课题讲解得通俗易懂。这种"化繁为简"的本领必须建立在新闻工作者自身对核心技术和研发过程深入理解的基础上。此外，文章引入"鹤望兰"的部分，也让这类科技硬新闻变得更有人情味，既体现出坚守基层的年轻科技人员艰苦奋斗、精益求精、锲而不舍的工作作风，又彰显出一代又一代科学家的坚守与传承，体现文章专业性的同时增强了可读性。

在《兴山刘红艳智慧养鸡奔富路》一文中，新闻工作者必须深入刘红艳的生活，了解其创业致富经历，同时也需要掌握一定的专业知识，对刘红艳养殖业的运作模式有大致的了解，才能够将各种实例和经验讲述清楚，供读者借鉴参考。但需要注意的是，在讲述相关专业知识或传授专业经验时，不应晦涩难懂，而应进行"信息转码"，以读者喜闻乐见的、通俗易懂的方式讲解。比如在《兴山刘红艳智慧养鸡奔富路》一文中，新闻工作者就将其养殖模式概括为"鸡生蛋，粪污变沼气，鸡粪生产有机肥，环环生金"，简单明了，能有效提高典型人物致富经验的传播效果。

3. 拓展视野，烘托时势造"英雄"

在撰写人物通讯时，尤其是描写某一特定行业的人群时，需要明确的一点是，典型环境中的典型人物从来都不是孤立的个体，在某种程度上，微观视角下的行业楷模也是宏观行业环境和政策环境的体现。某一个行业中的先进模范，其成长离不开特定的行业环境，反过来又会对行业环境造成影响。也就是说，行业楷模与宏观环境有着千丝万缕的联系，其成功离不开周边环境的各种支持与助力。摆正关系，掌握分寸，行业楷模才能立得住、让人信得过，才能发挥真正的典型作用。只有把其周边环境的支持表现出来，人物才能立于不败之地。

《多项研究成果得到广泛应用，华师教授吴砥带领团队——奔跑在教育信息化"新赛道"》这篇报道的新闻背景是疫情防控常态化，线上教育的重要性极大凸显，教育部也多次发文强调要加大线上教育的投入力度和平衡优质教育资源，助推教育公平实现。报道表面上写的是吴砥教授大力推进教育信息化的创新实践，实际上是以此为切入点，关照我国的教育新政，使得宏大的政策变得细致可感。同时，吴砥教授对教育行业的献身精神及其一丝不苟、脚踏实地做调研的态度，也能成为其他从业者的典范。

这些行业楷模所处的环境，揭示了典型成长的土壤、阳光、雨露等得天独厚的条件，表明典型是制度实施的结果，是宏观大环境所倡导的精神化身，是当下社会倡导行为的实实在在代表。这些行业典型人物，无论是新闻工作者、医生、教师还是创业者，其精神、思想和作为都有着特殊的教育意义，因而也更能成为读者学习、效仿的榜样。他们的献身精神、崇高追求、优秀品质最终将成为鼓舞各行各业从业者前进的精神力量。

（三）延伸思考

2014 年 9 月，李克强总理在夏季达沃斯论坛上提出，要在 960 万平方公里的土地上掀起"大众创业""草根创业"的新浪潮，形成"万众创新""人人创新"的新势态。习近平总书记亦强调，"创新是社会进步的灵魂，创业是推动经济社会发展、改善民生的重要途径"。① 随着我国经济发展进入新常态，越来越多的人以"双创"出彩、靠自己的双手奋斗创造源源不断的财富。广泛开展"大众创业""万众创新"，能够支撑就业、扩大就业，激发全社会的创新潜能和创业活力，为经济社会发展注入新动力。

首先，"大众创业""万众创新"关键在"众"。要想推动"双创"不断迈向新台阶，必须"聚众智汇众力"，调动人民群众的力量，让草根民众加入创业创新大军中。新闻工作者发掘、树立和宣传某一行业典型，出发点、落脚点是为了引导行业内的人民群众以典型为标杆，调动创新创业主体的积极性，带动整个行业向上、向前、向善发展。比如，在宣传创业相关人物时，除了宣传典型人物身上的理想信念、人格风骨，还应该注重宣传人物的创业经验，通过文章体现出当地对创业者的扶持，紧抓政府创新创业扶持政策这个"牛鼻子"，才能够真正起到示范效应。

其次，在宣传创新创业典型人物时，除了报道其成功的结果，还可分享其失败的教训，把鼓励导向贯穿全文，营造开放包容的创新氛围。如果报道清一色只高喊创新、宣传成功，却对失败三缄其口、对风险闭口不谈，甚至对失败者冷嘲热讽，只会导致两种结果：一是导致民众认为成功信手拈来，创新创业的浪潮瞬间抵达高峰却又瞬间跌下谷底，难以获得健康、良性、长足发展；二是导致民众畏惧失败，急于求成或丧失韧性，狭隘冷酷而落井下石，"创新创业"最终也难以成功。只有对那些尚未成功甚至暂时失败的创新创业者给予宽容和呵护，营造尊重个性、竞争合作、宽容失败、高明远识的创新创业氛围，才能最大限度地激发人的创造活力，吸引和激励更多人投身创新创业，高精尖领域的创新创业起跑线上才会聚集更多的时代弄潮儿。

最后，新闻报道在分享创新创业经验时，还应当重视故事化的表达，以读者喜闻乐见的方式，将专业知识和相关经验巧妙地传达出去。人物报道尤其如此，故事是人物的血肉，是报道中人物"生命"的构成②。将行业规范、专业知识、

---

① 习近平致 2013 年全球创业周中国站活动组委会的贺信［N］. 人民日报，2013-11-09 (01).

② 毛玺玺. 人物报道的故事化表达策略［J］. 新闻战线，2021（10）：116-118.

法规风险和想要传达的经验、精神巧妙地融入故事叙事当中，用小人物彰显大境界，用小故事描写大生活，才能达到理想的宣传效果。

三、成风化人，记录人间"好精神"

（一）案例概述

本主题选取新华社、《中国青年报》《浙江日报》《湖北日报》《吉林日报》和《都市时报》中6个以寻常百姓为主人公的新闻案例，主要包括"燃灯校长"张桂梅、新冠肺炎遗体捐献者蔡德润、接力守护村民健康四十余载的桐乡父子许金良和许道行、汉族妈妈范红华与藏族女孩尼玛拉姆、治沙英雄万平、万晓白父女和"为无主遗体寻亲"的太平间管理员刘贤军。

【案例一】

《"燃灯校长"送1600多名女孩出深山》①

这是刊发在《新华每日电讯》、荣获第三十一届中国新闻奖一等奖的报告文学作品。文章以第三人称的视角连续跟踪"燃灯校长"张桂梅13年，讲述其40多年来坚持扎根滇西贫困地区，立志用教育扶贫斩断贫困代际传递，帮助1600多名贫困山区女学生圆梦大学，在教育助力脱贫攻坚中作出重要贡献的事迹。

【案例二】

《父亲留在了火神山》②

这是由《中国青年报》采写，荣获第三十一届中国新闻奖二等奖的深度

---

① 作者：庞明广、严勇、陈欣波，刊发平台：《新华每日电讯》。
② 作者：耿学清，刊发平台：《中国青年报》。

报道。本文刊发于武汉火神山医院休舱闭院之日，聚焦一个全家人都感染了新冠肺炎的遗体捐献者家庭，对其捐献传染病患者遗体的故事作了一次完整记录。文章借助火神山医院军方负责人、病理专家、医护人员与捐献者家人的多方叙述，讲述70岁新冠肺炎患者蔡德润经抢救无效死亡后，其家人将其遗体捐献用于医学研究，帮助世人"认识新冠肺炎的发生发展机理"的动人故事。

【案例三】

《桐乡父子许金良、许道行接力守护村民健康四十余载——卫生站里的"父子档"》①

这是《浙江日报》全媒新闻工作者采写的通讯。该篇报道将目光聚焦于桐乡崇福镇景卫村中的一个小小卫生站，讲述乡村医生许金良四十多年来始终坚守当地卫生站，其儿子许道行学成后亦决定像父亲一样，回到村里为乡亲们服务的故事。父子俩并肩作战，用仁心医术守护当地百姓健康。

【案例四】

《跨越千山万水的母女情——武汉妈妈和藏族女儿的故事》②

这是《湖北日报》全媒新闻工作者采写的通讯。该篇报道讲述来自武汉的汉族妈妈范红华和从小父母双亡的藏族女孩尼玛拉姆，从陌生到相识、结亲，情同母女的故事。从雪域高原到江城武汉，尼玛拉姆从自闭到打开心扉，范红华用如山母爱在尼玛拉姆的心里播下温暖的种子，两人超越地域与血缘，凝聚民族真情的无疆大爱，共同画出汉藏两族爱的同心圆，传递着汉藏民族的友谊和爱心。

---

① 作者：宋彬彬、万笑影，刊发平台：《浙江日报》。
② 作者：吴华清、胡蔓、杨麟，刊发平台：《湖北日报》。

【案例五】

《荒漠上，与草共生的英雄》①

这是由《吉林日报》采写，荣获第三十一届中国新闻奖三等奖的通讯作品。该篇报道向读者讲述一个当代愚公的治沙故事。万平、万晓白父女两代人坚持 18 载，无怨无悔、不畏艰辛在科尔沁荒漠治沙，最终让曾经的"火沙坨子"变成一片葱郁的绿洲。

【案例六】

《无主遗体的"摆渡人"》②

这是由《都市时报》采写，荣获第三十一届中国新闻奖三等奖的通讯作品。本文讲述一位太平间管理员四处奔走，试图为逝者找到最终安眠之处的故事。"为无主遗体寻亲"的举措，体现了医院及医院工作者对逝者遗体的尊重，也向读者展示了冰冷太平间中的人性温度。

（二）案例评析

1. 凡人微芒，点燃共鸣

受众在接收新闻传播时具有一种"求近心理"，对于那些与自身现实状况相对接近的新闻往往产生亲切感，容易表现出一种"认同"的心理趋向。③ 因此，从平民化的视角出发，报道小人物、普通人的故事，更容易引发读者广泛的共鸣。作为社会的一分子，普通人的理念和生活方式，在一定程度上代表着整个社会，抓到这些最平凡却又最不普通的人物进行刻画，找到最能贴近生活却又不同寻常的特点进行描摹，每一篇文章都能够在某个特定的时期起到正面导向作用，

---

① 作者：陈耀辉、孙翠翠，刊发平台：《吉林日报》。
② 作者：张萌，刊发平台：《都市时报》。
③ 郭晓科，李欢."走转改"：新闻人民性的回归和升华［J］.新闻研究导刊，2012（09）：52-55.

正所谓一滴水珠能折射一片蓝天。

《跨越千山万水的母女情——武汉妈妈和藏族女儿的故事》描写的虽然是亘古不变的永恒主题——母女之情，但又闪烁着武汉妈妈范红华与藏族女孩尼玛拉姆之间这一段母女情的独特光芒。一是范红华与尼玛拉姆并非亲生母女；二是两人地域相隔之远，一个来自武汉，一个来自西藏；三是两人的民族之差，分别为汉族和藏族，二人之间的母女情跨越血缘关系与千山万水，凝聚着浓浓民族真情。文章在叙述过程中语言平实、文风质朴，仅描写人物的言行而没有使用太多修辞手法，更能凸显母女之间纯粹的情感。最后在叙事的基础上合理升华主题，使报道不局限于范红华和藏族女儿之间的故事，而扩展至汉藏民族之间，借助人类最普遍的情感——母女之情，更容易使读者产生共情，同时以小见大地体现了汉藏民族之间的友谊和爱心。

《无主遗体的"摆渡人"》一文则将目光聚焦于一名普普通通的医院太平间管理员。"死亡"是人生绕不过的命题，中国人历来亦非常重视葬礼和家族的延续。医院和医院工作者坚持给予被冰冻多年的逝者遗体最后的善意和关怀，这既符合社会主义核心价值观"敬业、诚信、友善"，也是对中国人"落叶归根"这一传统思想的坚守，读来令人动容。

2. 见微知著，精雕细琢

大量新闻实践证明，在塑造人物形象时，细节描写必不可少。生动、细腻、富于表现力的细节，对于作品来说，就像枝枝叶叶。只有枝叶丰满了，才能显出树木的繁茂；作品也只有细节丰满了，才能让读者感到生机，觉得"好看"，愿意走近观赏品评之。① 缺少细节刻画的人物会显得空洞和"脸谱化"，难以给读者留下深刻印象，遑论领略人物思想。新闻工作者在新闻写作过程中应善于抓取那些既能表现主题又能表现人物个性特征的细节。对于人物身上的闪光点和令人触动较深的地方，一定要深入观察、仔细咂摸，不可平平淡淡叙述。而在一篇人物通讯当中，细节不能仅仅是单一呈现，应该有"组合型"细节相互联动。但也需要避免盲目堆砌细节的问题，而应选取与主题呼应、能够展现人物思想境界的

① 张先珍. 情感·视角·细节——人物通讯写作心得［J］. 青年记者，2006（12）：46-47.

细节进行有机融合，只有这样的细节才是点睛之笔，方能将人物形象刻画得入木三分，让文章散发出扣人心弦的张力和神韵。

《"燃灯校长"送 1600 多名女孩出深山》一文描述了这样一个场景："每天 5 点 15 分，她都会准时从女生宿舍的铁架床上爬起，忍着全身的疼痛，乘坐宿管员的电摩托来到教学楼，颤巍巍地从一楼爬到四楼，把每一层楼道的电灯点亮。""爬""忍""颤巍巍"等词生动地再现了张桂梅校长强忍病痛也要把灯提前打开，让学生来晨读会感觉更安全、更踏实的场景，一串细节让读者感受到张桂梅校长对学生的真切关心。这一系列描写，无一字在直接述说张桂梅校长的伟大，却又无一字不让人深切感受到张桂梅校长对学生的真切关心和倾情奉献。同样，后文对张桂梅校长穿破洞牛仔裤、"周扒皮"的外号、以及家访时看到学生卖甘蔗先说了狠话又给她打气等描写都十分真实生动。从人物的生活细节入手，这样不画空中楼阁，描摹可触摸、可学习的榜样，才能够让人物更加有血有肉。

除了人物的生活细节，还可从外部细节入手进行侧面描写。《桐乡父子许金良、许道行接力守护村民健康四十余载——卫生站里的"父子档"》一文，开头便以 10 余平方米的诊室里排满周边慕名而来的候诊患者的场景引入，亦能够侧面反映出许金良、许道行父子专业实力强，深受患者信任。也正是他们的接力坚守，才让原本不起眼的卫生服务中心声名大噪。

3. 同高同向，心中有情

新闻工作者在撰写人物通讯时所必须遵循的原则之一就是"同高同向"原则，即作者要与主人公站在同样的高度和同一个方向上。① 记者、编辑应通过深入地观察，站在当事人的角度去考虑问题，挖掘最能体现人物精神的事迹，找到最能够反映人物精神特质的"触发点"。新闻工作者心中有情方能笔下生情，只有先打动自己才能打动他人，实现人物"品质之光"的放射。

《跨越千山万水的母女情——武汉妈妈和藏族女儿的故事》一文，以细腻的笔触去描写范红华和尼玛拉姆的心理状态，将妈妈想要亲近女儿的心理与女儿内

---

① philosophia 巨风视界 . 人物通讯是写别人，也是写自己［EB/OL］. https：// mp. weixin. qq. com/s/bka2rO56IwqxbD6FYNOM8g，2020-08-31.

心封闭的矛盾贯穿其中。范红华从"一片茫然"到下定决心不辜负尼玛拉姆信任，再到全身心地投入尼玛拉姆的生活；尼玛拉姆从陌生到熟悉、从沉默寡言到主动打开话匣子、从"心中有块坚冰"的自闭、敏感到与范红华成为亲密无间的母女，矛盾渐渐解开的过程，既体现范红华对尼玛拉姆的爱、耐心与坚持，也更加凸显这份跨越民族、超越血亲的情缘的珍贵。

在武汉新冠肺炎疫情报道中，《父亲留在了火神山》是第一篇连接起新冠遗体捐献者家庭和遗体解剖团队的深度报道。作者对新冠遗体捐献者家属做了许多细腻的情感刻画，病人亲属在尚未走出亲人去世的巨大悲痛时就同意捐献遗体，这是中国的家国道义，也是中华民族的人性之光。在无数家庭因疫情陷入苦楚的背景下，这篇文章十分容易引发读者的"同理心"，显得尤为感人，也更具带动作用。"军民同心、医患同心"的理念贯穿报道始终，也侧面彰显党和政府人民至上、生命至上的理念，平凡、真实又动人。

此外，矛盾是使报道起伏有波澜的核心动力，围绕矛盾来谋篇布局也不失为调动情绪的好方法。比如，《荒漠上，与草共生的英雄》中暗含多个富有戏剧化的矛盾——树苗难活、新修的路和围栏遭风沙侵蚀、资金短缺、人手不足、遭遇他人讥讽与驱赶……在这矛盾共生、冲突迭起的叙述之中，万平、万晓白父女建设生态文明、建设美丽中国的英雄事迹更加深入人心，其甘于奉献、不畏艰辛的治沙英雄形象也变得更加有血有肉，更能够将读者带入其中。

（三）延伸思考

"成风化人"是习近平总书记提出的新形势下党的新闻舆论工作职责和使命的重要内容。成风，是指用人们普遍认可的道理、有目共睹的事实、耳熟能详的语言、喜闻乐见的形式引导舆论，形成积极健康向上的社会风气；化人，是指利用新闻的信息传递和教化功能，达到教育人、引导人、鼓舞人的效果，让人们丰富精神世界、增强精神力量。成风在前，化人于后；成风是化人的基础，化人是成风的目标。[1] 讲凡人凡事的人物报道与受众心理上更具接近性，因而更能起到"成风化人"的效果。

新闻工作者在进行人物宣传时，首先应该明确需要宣传、最适合宣传的

---

① 张天培."成风化人"解［N］.人民日报，2016-05-20（07）.

"风"是什么。"成风化人"，"风"指的是"社会风气"，成的"风"是正气清风，是"时代之风、社会之风"①。这"风"，除了能代表正确的价值观、培育社会主义核心价值观以外，还应该贴合时代主题，围绕当下深层次的社会矛盾和热点难点问题"适时而吹"，与时俱进。比如，在新冠疫情肆虐的关键时刻，全国上下最需要的是"战疫之风"，新闻工作者的目光则更应聚焦于战疫相关人物，增强民众抗疫信心，引导民众团结抗疫。

其次，还应明确"化"的方式与路径。典型人物宣传并非一蹴而就，而是一件长期、反复的工作。大多数普通人很少有惊天动地的"名场面"和"高光时刻"，所做之事不过是凡人善举。这种情况下，新闻报道要在区分层面的基础上，或用他人之口，或用效果之实，或用内心之话，把人物的不凡之处凸显出来，将这一部分的中心引出来、写出来，让大家知道描述的一切是为这种品质服务的，这样才能得到读者认同，才能让人物真正"立"起来。

此外，报道应在潜移默化中影响受众，要结合受众反馈调整宣传策略，不可生硬、刻板地进行宣传。②"化"本身是一个循序渐进、润物无声的过程，既要激浊，也要扬清，荡涤浊风陋习，祛除不良风气。同时还应通过积极培育和塑造良好的风气氛围，不断增强良好风气的影响力、渗透力和感召力。

四、坚守初心，描摹党员"自画像"

（一）案例概述

本主题选取新华社、《参考消息》《湖北日报》和《南方周末》中 5 个与退休党员相关的新闻案例，主要包括"战斗英雄"张富清、抗美援朝战争中各领域的英雄模范、多年坚持带牺牲战友"回家"的抗日战争老兵、流落印度 54 年重回故土的老兵和退休后坚持义务宣讲的"党史爷爷"。

---

① 桑胜高. 读透"成风化人"的深刻含义［EB/OL］. http：//www. wenming. cn/wmpl_pd/yczl/201602/t20160226_3173426. shtml, 2016-02-26.
② 李绪文. 典型人物宣传的创新策略研究［J］. 新闻前哨, 2021（02）：73-74.

【案例一】

《英雄无言——95岁老党员张富清的本色人生》①

这是由新华社采写，荣获第三十届中国新闻奖一等奖的通讯作品。文章按照时间顺序讲述老英雄张富清的过往事迹，从作为西北野战军的突击队员时的英勇表现到退役转业，到左腿截肢却顽强装上假肢站起来，再到95岁高龄依然坚持学习，文章以类似电影场景转换的方式，生动地呈现老英雄的人生轨迹和高贵本色。

【案例二】

《致敬最可爱的人——纪念抗美援朝70周年·老兵访谈录》②

这是由《参考消息》采写，荣获第三十一届中国新闻奖二等奖的大型融媒专题报道。以"70年70人"创意策划为引领，共推出70位老兵访谈录，既有一线奋勇杀敌的步兵、炮兵、坦克兵，也有与敌人"空中拼刺刀"的飞行员、保障"钢铁运输线"的汽车兵和机车司机，还有通信兵、医护人员等，以生动的讲述、深情的笔墨、丰富的细节再现动人心魄的英雄故事，塑造了舍生忘死的抗美援朝英雄群像。

【案例三】

《94岁抗战老兵熊子勋一诺一生
——60多年带58位牺牲战友"回家"》③

这是《湖北日报》全媒新闻工作者和通讯员采写的通讯。全文按照时间顺序，以第三人称的视角进行描写，通过描写抗日战争老兵熊子勋即使两患癌症，依然不放弃寻找牺牲战友的遗物、遗体、掩埋地并一一核实姓名，并

---

① 作者：唐卫彬、杨依军、谭元斌，刊发平台：新华社。
② 作者：集体，刊发平台：《参考消息》。
③ 作者：王际凯、邓俊超、詹黎明，刊发平台：《湖北日报》。

为他们申报烈士和树碑立传这一情节，将一名抗战老兵对战友的感情娓娓道来，不加修饰却真挚感人。

【案例四】

《54 年，老兵回家路》①

这是由《南方周末》采写，荣获第二十八届中国新闻奖二等奖的调查报道。这篇文章围绕 78 岁的老兵王琪流落印度 54 年后，终于回到祖国怀抱的故事展开叙述，描述王琪当年流落印度的缘由及其重回故土后的场景，对于反映中印两国在地缘政治层面的历史演变和现实突破具有重大意义。

【案例五】

《86 岁老党员王明林：党史浇筑信仰之魂》②

这是新华社全媒新闻工作者采写的通讯。主要讲述了 85 岁老人王明林精彩又典型的生活故事。王明林退休 26 年来，痴心于党史学习、党史整理和党史宣讲，记录党史学习笔记 40 本、整理汇编党史资料 100 多万字、义务宣讲党史 270 余场。任时光改变容颜，王明林一颗红心永向党，坚定信仰跟党走的信念始终浓烈，体现出这位"不老"党员的"年轻与热血"。

（二）案例评析

1. 紧扣时代新风，厚植为民服务情怀

通讯是人物的画像，一篇通讯是否鲜活深刻，除了新闻工作者本身的写作功底，还在于文章所描写的对象本身。前期选角选得好，便能够起到事半功倍的效果。这就要求新闻工作者有一双慧眼，去选择最合适的人物，并发掘人物身上与

---

① 作者：郑宇钧、姚忆江，刊发平台：《南方周末》。
② 作者：王贤，刊发平台：新华网。

众不同的闪光点。以往报道中所描写的人物大多具有个性鲜明的特点，即是有别于一般人的遭遇、抗争，又有着坚强的毅力、大爱的胸怀、进取的锐气，这正是社会所需要的正向价值。先进党员代表着党，相当于党的名片，因此在以先进党员为报道对象时，更应该从事实与时代的契合点上提炼主题，彰显出人民至上、不忘初心、为民服务的党性本色。

具体而言，这类报道通常有两种模式：

一是描写一个微观典型以衬托宏观大局的模式。典型之所以成为典型，都有其与众不同的"点"，但力透纸背的都是时代脉搏。①《致敬最可爱的人——纪念抗美援朝 70 周年·老兵访谈录》这一专题报道，在纪念中国人民志愿军抗美援朝出国作战 70 周年之际推出，更具特殊意义，让读者更加切实了解抗美援朝战争的真实情况和 70 年后老兵的生活状况，并从报道中抚昔思今、忆苦思甜，领略和继承抗美援朝精神。

二是对典型人物进行英雄式与鼓舞式宣传的模式。《英雄无言——95 岁老党员张富清的本色人生》中所描写的张富清是"战斗英雄"，是"共和国勋章"获得者，是对社会有着突出贡献的名人，在光环效应的影响下，这些意见领袖的事迹更能够起到激励人心和引领风尚的作用。一方面为其他党员树立榜样，培育加深党员为人民服务的理念；另一方面团结社会力量，凝聚社会共识，倡导建设社会主义的精神价值观念。

2. 活用直接引语，叙述入情入理入心

党员形象作为政党建设的重要组成是关系到政党执政效果的重要评价标准，主流媒体对党员形象传播起到传递政治信号、文化信号的正向引导作用。② 俗话说"到啥山唱啥歌"，不同背景的人说出的话必定不同，先进党的政治觉悟高，"坚守初心、牢记使命"的意识强，其言行也往往极具感染力，因此，新闻工作者在撰写报道的过程中，除了靠具体事件来呈现主人公外，还可以在人物语言的利用上多下功夫，在叙述中变化、剪裁、突出、隐含、跳跃，在叙述中见情见理

---

① 陈利云，寿川. 典型人物通讯报道何以打动人（人民日报报道案例分析）［EB/OL］. https：//mp. weixin. qq. com/s/J2Yy91MBj4G1KeiQRr4JdA, 2020-03-26.

② 李晓夏，赵秀凤. 党员媒介镜像与传播生态位——以主流媒体中驻村干部报道为例看党建本质的回归［J］. 理论月刊，2020（12）：50-59.

见波澜。《86 岁老党员王明林：党史浇筑信仰之魂》第一、二部分的小标题就分别活用王明林自身的话"我这一辈子最有意义的就是学党史、讲党史""党给了我第二次生命，就要跟党走感党恩"，鲜明地体现出王明林心中对党的热爱与忠诚，让读者仅仅通过小标题就能感受到王明林信仰如磐、不改初心的精神面貌。

虽然人物的言论有时候能增强文章的感染力，但需要注意的是，先进党员的话不能是不切实际的空话口号，应该要让读者觉得可亲可感可信，在直接引用或转述先进党员的话时也应该要贴合当时的场景，体现出真实性，既准确地表达出人物心声又能为稿件服务，做到语言表述和事件叙述相辅相成、相得益彰。在这方面，《94 岁抗战老兵熊子勋一诺一生——60 多年带 58 位牺牲战友"回家"》一文就处理得很好。全文三部分运用退伍抗日老兵熊子勋的三句话"同志们，我一定要带你们回家！""只要还走得动，就一直找下去""书写了，碑立了，我心愿了了！"作为小标题，这三句话既反映出熊子勋带 58 位牺牲战友"回家"的过程，让文章的整体结构循序渐进，故事情节层层深入，又生动彰显熊子勋几十年如一日做这件事情的坚持和决心，读下来既连贯顺畅、衔接自如又令人为之动容。

3. 再现动态场景，营造身临其境之感

再现场景，就是把新闻事实的某些现场情景具体地描述出来，让报道充满画面感，做到"有形可感，有物可托"。① 写现场，可以写静态的东西，比如环境的描写，也可以是动态的东西，比如人物正在聚精会神地干着某一件事情；还可以动静结合，写出画面感，为读者营造出身临其境的感觉。

在《86 岁老党员王明林：党史浇筑信仰之魂》中便有这样一段场景描写："一边慷慨激昂地讲，一边手舞足蹈、绘声绘色，让人完全感觉不到眼前是一位耄耋老人。在近期沈家营小学的一场党史宣讲活动现场，王明林给孩子们讲刘胡兰的故事，不时穿插时事内容和自身感悟……"这一段描述了退休党员王明林义务宣讲党史时的画面，再现王明林爷爷讲故事的场景，让读者仿佛置身其中在听王明林爷爷讲党史，深切感受到"党史爷爷"王明林的满满激情。此外，对于"党史爷爷"王明林住处的描写："两张小床并排而放，卫生间紧挨着灶台，二

---

① 毛玺玺. 人物报道的故事化表达策略［J］. 新闻战线，2021（10）：3.

三十平方米的老房子挤得满满当当。这就是王明林和老伴的家，最显眼的位置，放着一个装满了各类党史文献的柜子，大多已被翻得破旧"，亦能从侧面反映出简朴的生活作风。这种场景化的呈现就像是用文字呈现画面或者图片，可以起到一种言有尽而意无穷的效果。

《致敬最可爱的人——纪念抗美援朝70周年·老兵访谈录》主要以富有个人色彩的"口述历史"形式呈现，但在老兵的口述中则穿插着场景化的描写，比如"敌军仗着机械化装备，每天发动数十次冲锋，妄图夺取白云山。而447团就像一颗钉子，死死地铆在白云山上。战士倒下了，班长倒下了，排长、连长……""发现敌情的孙景坤猛地端起'水连珠'步枪，'砰、砰'两声，敌人应声倒下"等，以可触可感的方式弘扬抗美援朝精神，带领读者重回历史现场，重温经典战役，富有现实针对性和时代意义。

除了对人物动作和语言的描写，有时候"巧妙用色"在场景描绘过程中亦能起到十分重要的作用。如《54年，老兵回家路》的开头写道："'一颗红星头上戴，革命的红旗挂两边'。回到中国第二天，78岁的王琪换上了他似曾相识的军装。当年，24岁的王琪同样一身绿，走进喜马拉雅山南麓的原始森林，从此杳无音讯。""红星""红旗"和"绿军装"营造出来的红绿对比之感，明丽鲜艳，从24岁到78岁，54年光阴转瞬即逝，给人一种恍若隔世之感，同时让画面感愈加丰富起来。

但应该注意的是，新闻是"藏舌头"的艺术，写作的重点应聚焦于对事实的客观描述上。隐蔽新闻工作者倾向是典型人物报道的艺术性宣传的客观要求。[1]因此，新闻工作者在进行场景化描写时应保持"无我的动机"，克制自己的情感与偏向，尽量少用形容词，多用动词，传递出最真实、最动人的信息，使稿件更加具有说服力。

（三）延伸思考

习近平总书记关于"不忘初心、牢记使命"的重要论述，是在中华民族伟大复兴到了"船到中游浪更急、人到半山坡更陡"的关键时刻作出的，其主要目的是通过全党和全国各族人民重温历史、回首过去，从中找到中国共产党坚持不忘

---

① 梁思凡.照亮人心的篝火——人物通讯作品评析［J］.新闻世界，2019（09）：13-16.

初心、牢记使命的秘钥，进而推进中国特色社会主义事业。① 为中国人民谋幸福，为中华民族谋复兴，是中国共产党人的初心和使命，亦是激励一代代中国共产党人前赴后继、英勇奋斗的根本动力。

"初心使命"首先是一种"思想自觉"，是一种信念和精神。张富清、王明林等老一辈中国共产党人几十年如一日地坚守为人民服务的初心，即使到了晚年也依然热心公共事务，积极发挥余热。这些不同的引领故事，如同鲜明旗帜，成为照亮中国不断前行发展的温暖火把，也都指向共同的内核：中国共产党人的先进性和当下的时代精神。心中有信仰，脚下有力量，广大党员干部以百姓所思所盼为努力方向，用心用情用力解决基层的困难事、百姓的烦心事，通过对这些先进党员事迹的宣传报道，有利于进一步增强人民的信念感、幸福感和获得感。

思想是本，是行动的先导。从另一层面来看，"初心使命"除了是一种"思想自觉"，还是一种"行动自觉"。中国共产党人的先进性和当下的时代精神从来不是抽象叙事，而是在"普通事做到极致"的初心使命和"全心全意服务他人"的理想光芒之中，筑造精神灯塔与信仰大厦。百年党建历史充分证明，红色基因是信仰的种子、精神的图谱、制胜的密码，先进党员早已将"初心使命"融入自己的血液。写先进党员，既可写其轰轰烈烈的壮举，亦可写其"眼睛向下，脚步为亲"的日常点滴。

从主流媒体的报道中，人民群众可以感受到战争年代以张富清为代表的一大批英雄儿女、仁人志士，不畏艰险挺身而出、浴血奋战，拯救国家和人民于水火之中，用血肉筑起中华民族精神脊梁的英雄气质；也能够体会出和平时代退休党员们以民为本无私奉献，不计得失一片丹心，以真挚情怀全身心投入为人民服务的事业中，从而加深理解中国共产党人英雄精神的深刻内涵——矢志不渝的信仰追求、报国为民的爱国行动、舍我其谁的奋斗精神和百折不挠的责任担当。②

但需要注意的是，这类人物报道稍不留意就可能陷入这样一个误区，即过多地强调典型人物在国家与民族等宏大价值观层面的政治意义和社会教化功能，缺少"实事"，这样反而容易产生自吹自擂之嫌，甚至引发读者的逆反抵触心理。

---

① 王梓．习近平关于"不忘初心、牢记使命"重要论述的内在逻辑［J］．探求，2022（01）：29-36.

② 孟威．有声有色彰显信仰之美、崇高之美［J］．新闻战线，2020（07）：58-60.

因此，刻画党员干部时不能一味写其高大上的形象，也可以描摹其喜怒哀乐、成败得失，这样才更接地气、更形象生动、更立体鲜活。赞扬其品质亦不能逞"一家之言"，要从他者视角、多方信源对人物的评价进行佐证，这样塑造出来的人物才会真实感人。

第四章 经济产业

经济新闻作为新闻报道的一个分支，是人类社会最新的经济活动、经济关系和自然经济现象的报道，[1] 也是关于人们如何进行经济选择和经济决策的报道。[2] 在新经济背景下，5G 技术、大数据、区块链、人工智能等技术快速发展，我国已经形成以信息技术为核心、数字经济为依托的发展格局。[3]

同时，随着大数据技术的引入，传统的经济新闻生产方式被颠覆和重构。在此经济发展格局和新闻生产模式双重变革的冲击之下，如何立足新发展阶段，贯彻新发展理念，把握好经济新闻报道的总体平衡，从而尽可能地达到社会资源的合理配置，实现人与环境、经济与社会的和谐发展，成为新时代经济新闻从业者迫切需要回答的问题。

一、站得"高"：汇聚产业信息，共享发展智慧

（一）案例概述

本主题选取《经济参考报》《河南经济报》《湖北日报》《农村新报》和《扬子晚报》中 5 个经济新闻案例，其中，有介绍农业产业具体经营环节和经验的报道，有揭露网红商家经营困境的评论文章，有揭露青海省掠夺式盗采煤炭资源事件的调查性报道，也有针对三峡两坝通行效率低作的解释性报道，以及通过"双 11"解析疫情后江苏经济情况的通讯。以期结合这些涵盖社会经济生活不同

---

① 李道荣. 经济新闻定义辨析 [J]. 中南财经政法大学学报, 2005 (02)：117-121.

② 贺宛男, 佟林, 唐俊. 经济专业报道概论 [M]. 上海：复旦大学出版社, 2006：15.

③ 任保平, 豆渊博. "十四五"时期新经济推进我国产业结构升级的路径与政策 [J]. 经济与管理评论, 2021 (1)：10-22.

方面的案例，廓清经济报道认识、监督、引导、参谋这四大基本功能。

【案例一】

《青海"隐形首富"：祁连山
非法采煤获利百亿至今未停》①

这是 2020 年 8 月 4 日发表在《经济参考报》4 版"经参调查·锐度"的深度调查报道，荣获第三十一届中国新闻奖一等奖。打好污染防治硬仗，总体改善生态环境质量，是党的十九大提出的全面建成小康社会进入决胜阶段的"三大攻坚战"之一。在青海祁连山南麓，"隐形富豪"马少伟已持续 14 年打着"生态修复"的旗号，进行掠夺式盗采煤炭资源，并导致青海湖和黄河上游水源涵养地局部生态遭到严重破坏。《经济参考报》记者历经两年不懈调查采访，三次只身前往祁连山南麓腹地青海木里矿区内部，克服高原缺氧、环境凶险等困难，采写完成此篇揭露式的重磅报道。报道记录了该公司"开膛破肚"式的开采场面以及 14 年来获得的超百亿收益，并指出这种非法开采行为给当地自然生态系统带来的严重破坏。

【案例二】

《网红"打卡"地如何从"爆红"走向"长红"》②

这是发表在《河南经济报》的一篇报道。近年来，消费升级的大趋势催生层出不穷的网红店。不少年轻人乐意追逐热度，排队一两个小时只为喝杯奶茶、吃个甜点。但据媒体曝光，部分商家为了"饥饿营销"，不惜雇"托儿"排长龙。这篇评论批评部分商品消费被异化成流量消费、心理消费、面子消费，也催生一些商家过度营销、虚假营销、畸形营销的问题。随后，评论通过与百年老店的做法经验进行举例，解释为什么不能做"网红店"，以及"长红店"的原因和好处。

① 作者：王文志，刊发平台：《经济参考报》。
② 作者：李媛媛、洪梦婷，刊发平台：《河南经济报》。

【案例三】

《三峡两坝部分船闸停航检修首日，通航效率骤降五成》①

这是发表在《湖北日报》的一篇报道。三峡两坝船闸因长年24小时不间断通航，大量设备长期在水下运行，需停航排干水，进行全面"体检"，以保证安全通航。而船闸检修期间，三峡船闸将单线运行、定时换向，通航效率不足正常运行的五成。该篇报道直面船闸通航效率不足、候航船员表示船期紧张的现实困境，并对船闸检修必要性作了解释报道。此外，还介绍了三峡通航管理局为打破"梗阻"进行的一系列分流、规划举措，一定程度上化解了群众的焦虑与不满。

【案例四】

《当阳两河鱼腥草年产值过4亿元》②

这是发表在《农村新报》的一篇通讯报道。此通讯介绍了当阳市鱼腥草俏销的情况，通过大量直接引用当地产户之言，详细介绍种植鱼腥草产业兴起的契机，全村鱼腥草产业化规模化生产的过程，以及产业对村民生活带来的积极影响，向其他想"吃螃蟹"的人展示了"烹饪方法"。

【案例五】

《"双11"江苏购买力居全国第三》③

这是发表在《扬子晚报》的一篇报道。一年一度的"双11"落幕，来自天猫、京东、苏宁、国美的"双11"战报都显示，江苏购买力居全国第三。2020年的双11，与往年相比有着特殊的意义，有人负重前行，有人砥

---

① 作者：戴辉、刘敏、王勇，刊发平台：《湖北日报》。
② 作者：文凯，刊发平台：《农村新报》。
③ 作者：徐晓风、徐兢，刊发平台：《扬子晚报》。

砺奋斗，春华秋实，在双 11 这个线上年度最大消费季，从全球品牌到中小企业，从服务业到工业、农业，都将走到数字经济的舞台中央，商业已没有线上线下之分，只有数字化与否之别。报道指出，这张购物单，对遭遇疫情冲击、活力正在加速回归的江苏意味着百姓恢复消费信心，因为只有老百姓的收入预期好转，消费力才会稳健提升。该消息并未停留于事实表面，而是点出不断跳跃的消费数据背后，是澎湃向上的生产力和消费力，是内需强劲、经济复苏的时代脉搏。

（二）案例评析

经济新闻要做出水平、特色，首先要在提高普遍意义上下功夫。这就需要作者要站得高一些，尽可能更多、更深刻地从全行业、全社会角度揭示问题，以此提高增强新闻的价值，以其价值和普遍意义来显示特色。[1] 多方汇聚产业信息，发挥经济新闻的认识、监督、引导以及参谋功能，共享行业发展智慧，是经济新闻的职能与职责所在。

1. 寻根问底，发挥经济新闻认识功能

新闻媒体不仅帮助大众获取信息、形塑观点，更是理解与认知社会现实的重要中介性主体。[2] 因此经济新闻的首要功能，就是帮助人们透过经济现象看本质。经济事件通常因现象纷繁复杂或数据、术语专业性极强而晦涩难懂，这就需要经济新闻为普通民众进行进一步解释判断和评价，廓清迷雾，以防止人们误读或误解经济数据、经济现象或经济政策。

传播经济知识，剖析经济现象是经济新闻报道服务社会的重要方式之一。疫情过后，各行各业都受到冲击，社会上普遍充斥着消极的情绪。《扬子晚报》则在疫情过后第一个购物节，关注江苏省"双十一"购物情况。《"双 11"江苏购买力居全国第三》一文，开头部分精炼地概述"双十一"的情况，提及往年同

① 沙莎. 试论产业经济类新闻报道的特色与规律［J］. 今传媒，2013（11）：1.
② 张媛媛，冯锐. 经济新闻报道框架中的知识呈现——以第 32 届中国经济新闻奖作品为例［J］. 东南传播，2021（7）：137-141.

期的排名情况，通过时间上的纵向对比来更直观地进行论述。文章表达了虽然今年遭受疫情的冲击，但江苏省的购买力还是丝毫未减的主题，从而向百姓传达疫情过后经济正在恢复的信号。

该消息并未停留于事实表面，而是点出数字背后与疫情结束后江苏省在诸多方面恢复情况的联系。同时，报道也采访了相关专家，对相关问题作了深入解读。这让报道的内容权威性、准确性更强，使得读者看到更加多元的视角和观点，对普通民众、对决策层正确认识江苏疫情后消费水平和未来发展道路无疑具有一定的指导意义。

大量社会调查显示，经济新闻报道中的经济知识传播是广大受众最喜欢的内容之一。① 这或许是因为人们从事经济活动时，从来都离不开经济理论的指导与运用，对经济知识的获取与利用已成为经济发展的内生动力。因此，提高经济信息的解读能力，满足市场经济生活中作为受众的生产者、管理者、消费者对信息的深度需求是经济新闻报道的必然使命。

2. 火眼金睛，行使经济新闻监督职责

马克思曾指出："报刊按其使命来说，是社会的捍卫者，是针对当权者的孜孜不倦的揭露者，是无处不在的耳目，也是热情维护自由的人民精神的千呼万应的喉舌。"② 经济新闻具有的监督功能是媒体与生俱来的监督职责使然，也是经济新闻的立场性使然。由于经济新闻要求记者站在公众立场、投资者立场、消费者立场，要表达出明确的价值判断，自然会抨击那些损害公众、投资者消费者利益的现象，也就必然产生监督功能。

《青海"隐形首富"：祁连山非法采煤获利百亿至今未停》这篇报道敢于碰硬，揭露青海省隐形富豪马少伟14年来在木里矿区非法采煤而致当地自然生态系统受到严重破坏的恶行。记者深入一线进行调查，多处求证获得一手资料和专业观点，信源丰富，证据确凿。尤其是，在测算兴青公司收益时，记者引用从兴青公司内部获得的大量资料，其中包括非法采煤量、收入等相关数据，这些数据

---

① 章辉美，肖鲁仁. 全球化语境下经济新闻报道的社会功能解读［J］. 湖南社会科学，2014（5）：259-262.

② 中共中央马克思恩格斯列宁斯大林著作编译局. 马克思恩格斯全集（第7卷）［M］. 北京：人民出版社，1960：275.

的使用，一方面表明数据来源可靠具有参考价值，另一方面，大量引用相关数据更加具有说服力。使得整篇报道论述逻辑严密，无懈可击。这篇报道为痼疾重重、久攻难下的祁连山南麓青海片区生态破坏乱象的彻底治理，发挥了深度调查报道的舆论监督作用，对于打击非法开采行为和推动青海地区的生态治理起到重要作用。

经济新闻的监督对象广泛，可以是企业、政府部门等组织机构，也可以是有管理职能的领导干部；大至国家宏观经济层面，小至企业的具体生产运营。《网红"打卡"地如何从"爆红"走向"长红"》这篇评论，以现实生活中较为普遍的现象为例，指出目前部分商家存在的过度营销、虚假营销、畸形营销等问题。首先作者通过与国外经久不衰的百年老店对比，从产品质量、品牌、服务方方面面入手，阐释为什么不能做"网红店"、以及如何做"长红店"的问题。最后，以省旅游文化研究会负责人建议收尾："说到底，还是要有真正吸引人的地方。"从供给侧方面为经营者提供了解决问题可行的方向与措施。短小精悍地指出了普遍存在的问题，主题鲜明地弘扬了诚信经商的重要性和必要性。

媒体的生命力最终来自新闻报道的可信度和准确性。代表公众利益、能够对社会进行监督是大众传媒必须坚持的重要责任。尽管加强针对产业的舆论监督报道会造成媒体与被监督群体暂时性的关系紧张，但从长远来看，它不但有利于规范整个行业经济行为，更能保证整个社会有序、健康的发展，同时也有利于提高媒体的公信力。①

3. 以正视听，正向引导经济社会舆论

马克思指出，新闻媒体是"广泛的、无名的社会舆论机关"。② 这体现了新闻作为精神商品流通的特殊形式，这样来看，所谓的舆论引导，实际上就是促使公众"改变态度"的能力。

随着大众传媒的出现，形形色色的媒介将过去难以亲历的各种变动呈现在公众面前，使人们可以间接地认识世界。各种事件和话题源源不断地出现，多种思想和声音在舆论场相互交锋、碰撞，大规模舆论的产生成为现实。人们置身于意

---

① 赵智敏. 财经新闻报道实务教程 [M]. 郑州：郑州大学出版社，2011：6-7.
② 王自合. 提高党报舆论引导的能力 [J]. 新闻爱好者（上半月），2006（10）：1.

见的汪洋大海，这就要求新闻媒体这种"舆论的纸币"在客观公正地报道事实、传播信息的同时，也有所选择地表达群众对事件的是非评判。

《湖北日报》2021年3月17日08版经济报道《三峡两坝部分船闸停航检修首日，通航效率骤降五成——多举措为三峡通航破"梗阻"》，直面船闸通航效率不足五成、候航船员表示船期紧张的现实困境，说明船闸检修的必要性，呈现相关部门多举措破"梗阻"的努力以及取得的一定效果，合理安排报道结构，一定程度上能缓解群众的焦急不满心态，起到正向引导社会舆论的作用。

习近平总书记强调："团结稳定鼓劲、正面宣传为主，是党的新闻舆论工作必须遵循的基本方针。"[①] 因此，无论是在社会主义精神文明建设方面，还是在社会主义市场经济建设中，新闻媒体做好正面宣传和正向传播，符合社会大众心理需求点，才能更好地增强吸引力和感染力，起到对社会舆论的集中、改造和放大作用，并使之成为推动社会经济和谐发展的正能量。

4. 出谋划策，助力党和政府科学决策

中国最早的媒介参谋功能可追溯至汉朝的"密奏"，其功能是向皇帝献言献策，并传报各地政情和有关国计民生的大事。随着经济的持续快速发展，及时、准确、客观地报道地方经济的发展变化，指导社会生产生活，引导各种经济活动向正确和良性方向发展，为政府出谋划策、为行业发展提供建设性建议，更好地服务地方经济发展，仍然是经济新闻报道的重要目的。

在《当阳两河鱼腥草年产值过四亿元》一文的叙事上，记者抓住产业新闻最重要的三个新闻点：一是产业缘起——"赵闸村两位村民突发奇想，拔来这种'野草'种在自己责任田里，没想到大获成功"；二是产业前景——"目前贵州市场上绝大部分的鱼腥草都来自我们两河。鱼腥草现在已经实现四季种、四季收，一年四季平稳供应"；三是产业模式——"在村中主干道1.3公里的初升路上，就有8个收购点……合作社还为其他经纪人提供冲洗、打包、装车等服务，同时为村民提供了就近务工的机会。"

①　新华网. 习近平：坚持正确方向创新方法手段 提高新闻舆论传播力引导力新华社［EB/OL］. http：//www. xinhuanet. com//politics/2016-02/19/c_1118102868. htm，2016-02-19.

记者还介绍了鱼腥草销售环节遇到的困难："周边市场容量有限，价格也从2元猛跌至3毛钱，鱼腥草开始滞销"，以及解决方案——"电商直接卖给消费者，能更利于形成两河鱼腥草品牌"。读者此时仿佛跟随这位当事人一同进行了一次创业。从"附近村民看到后纷纷效仿，种植面积一下子增加到百亩"一句可想到，文中提到的产业前景自然令读者十分激动：农民能不能也种植鱼腥草呢？投资者是否可以考虑投资生产的扩大化与规模化？

此外，记者不忘引述详实的数据说明产业发展情况。数据既包括宏观数据，如，"2020年，当阳市两河镇鱼腥草种植面积达1.5万亩，总产值超过4亿元"；也包括微观数据，如，"他种的一亩地收获草根8000斤、干叶1000多斤，亩收入达到了两万元"。"投资者"与"农民"想要得到的参考信息都在文中有所介绍，体现了为受众服务的新闻理念。

三农问题的核心之一是农业问题，农业问题需要解决如何增产增收。但事实上，农民进入市场、成为市场主体并从市场互动中获得收益，却存在诸多障碍。《农村新报》作为地方主流媒体，肩负向党传递农民经验、向农民宣传党的政策的重要任务，将鱼腥草产业致富经验置于头版头条，不仅有利于其他村庄其他农民从中学习经验，也有利于有关部门在推动乡村振兴过程中参考借鉴，因地制宜布局产业。

（三）延伸思考

在世界各国各地区的经济联系越来越紧密的今天，经济成为一种看待世界的视角，经济报道的视野也被大大拓宽。① 这首先要求新闻工作者站得高一些，尽可能从全行业、全社会角度看待、理解、解释和揭示问题，以此增强经济新闻的价值，并通过普遍价值和意义来彰显经济新闻的特色。经济分析适用于全部人类行为，这些行为涉及货币、价格、决策、感情、贫富、男女、智愚、生育、教育、犯罪、婚姻等。② 这表明经济新闻由单纯的一个方面向社会、文化等多领域融通发展。作者要敢于把目光投向其他领域，善做"综合""比较"的文章。诸

---

① 朱亚，王新杰. 力求平衡报道固守经济特色——都市报经济新闻报道的辩证思维[J]. 理论月刊，2008（8）：131-132.

② ［美］贝克尔. 人类行为的经济分析[M]. 上海：格致出版社，2015：10.

如，经济发展中的社会苗头、经济建设中的社会现象、经济工作中的社会热点问题、经济演变中的社会内涵以及经济生活中人们的社会心理问题等，都可成为经济新闻报道的切入点。

这种"大经济"报道理念的内涵在于：经济报道不再局限于某一个经济个案、经济事件，而是被寄希望于承担更多的社会责任。

的确，在经济活动越来越纷繁复杂的今天，很难再找到脱离社会、政治、文化的纯粹的经济现象。大众所关注的经济热点、焦点问题往往有着丰富的社会、文化内涵。因此，经济报道在探索、分析一些经济生活中的新现象、新问题时，应将其与社会、文化领域的问题联系起来，从社会的、文化的甚至哲学的角度把握和剖析经济活动和经济现象。①

这就要求新闻从业者在掌握必要的经济学知识的同时，还要把触角伸进经济学理论之外的更广泛领域。从社会视角采写经济新闻，避免因为脱离社会实际而导致报道变得苍白且枯燥。比如，"基尼系数过高"这样一个简单的经济现象，在不同国家的社会背景之下有不同的社会解释和成因。弄清经济建设及日常生活中出现的新问题、新情况及其缘起、本质、发展趋势，进而提出切实可行的对策，完成经济报道的社会职能，是我国经济新闻报道的职责使命。如果新闻工作者头脑中的思想观念跟不上经济生活的发展变化，就难以开掘经济报道的广度和深度，也就不可能写出反映现实经济生活的好新闻。

总之，经济新闻要做出特色、价值，新闻采写者的视角既要立足于经济领域，又不局限于此圈之中。

二、跟着"大"：凸显政府担当，激励创业信心

（一）案例概述

本主题选取《新华日报》《经济日报》《湖北日报》《南方日报》中四个与

---

① 贺向东，苑书文．论经济新闻的视角选择［J］．河南大学学报（社会科学版），2007（5）：185-188.

经济政策相关的报道案例，包括对江苏 45 家民营"冠军企业"的系列报道、对粤港澳大湾区建设加速推进新阶段的全方位盘点、湖北银行助力疫后经济重振的举措，以及一篇坚持"两个毫不动摇"、肯定我国私营重要经济地位的评论。

【案例一】

《来自江苏 45 家民营"冠军企业"的调查（5 篇）》①

这是发表在《新华日报》上的系列报道。2018 年 5 月至 12 月，新华日报社专门成立由经济条线记者、智库专家组成的调研组，耗时半年多，逐一走访调查省内 45 家民营"冠军企业"，采访笔记累计达 18 万字。在此基础上，历经近十轮修改，最终凝炼成此系列报道。稿件写作堪称博观约取、厚积薄发，字里行间体现出记者过硬扎实的脚力、眼力、脑力和笔力。

【案例二】

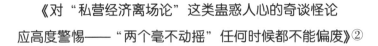

《对"私营经济离场论"这类蛊惑人心的奇谈怪论应高度警惕——"两个毫不动摇"任何时候都不能偏废》②

这是一条来自经济日报社针对网文《私营经济已完成协助公有经济发展的任务，应逐渐离场》的重要评论。此文从改革开放的历史机遇与必要性谈起，强调在毫不动摇巩固和发展公有制经济的同时，必须毫不动摇鼓励、支持、引导非公有制经济发展，激发非公有制经济活力和创造力。此篇评论是在认真学习深刻领会党的十八大、十九大和《中共中央关于全面深化改革若干重大问题的决定》等重要会议文献基础上，针对社会错误思潮予以有力批驳的评论力作。

---

① 作者：杭春燕、付奇、梅剑飞、许海燕，刊发平台：《新华日报》。
② 作者：平言（吕立勤），刊发平台：《经济日报》。

【案例三】

《湖北银行新型政银担业务助力疫后重振
"惠保贷"为小微企业"补血"》①

  这是发表在《湖北日报》上的报道，讲述湖北银行加大与地方财政、政府性融资担保体系的合作力度，着力为中小微企业摆脱困境提供充足金融"活水"的具体举措。譬如，开展新型政银担合作、与省再担保集团推出"惠保贷"等产品，不设总信贷规模限制，阶段性允许"三农"和战略性新兴主体突破单户 1000 万元限额等。文章还通过楚大鸭业、某医药科技有限公司等实际获惠的案例，体现湖北银行作为以"服务中小"为特色的省属地方银行，坚定支持和服务好民营和小微企业，努力让小微企业在疫后活下去、发展好的初心与使命。该报道不仅为疫情后湖北民营企业定心，也为湖北省进一步招商引资做了良好的宣传。

【案例四】

《奋进大湾区 乘风破浪时》②

  这是一篇《南方日报》的报道。建设粤港澳大湾区，是习近平总书记亲自谋划、亲自部署、亲自推动的重大国家战略。在习近平总书记亲自见证《深化粤港澳合作推进大湾区建设框架协议》签署两周年之际，同时也是《粤港澳大湾区发展规划纲要》正式发布接近半年之时，《南方日报》在头版推出重点通讯，对粤港澳大湾区建设进入全面实施、加速推进的新阶段进行全方位盘点。作品主题重大，采访扎实，抓住粤港澳大湾区加快发展的时代脉搏，既有一线现场故事，又有大湾区居民感受和权威专家点评，社会反响强烈，起到稳人心、聚人心的宣传效果。

---

① 作者：张阳春，刊发平台：《湖北日报》。
② 作者：吴哲、郑佳欣、黄应来，刊发平台：《南方日报》。

（二）案例评析

1. 深耕本土经济新闻，重视营商环境

区域经济报道和城市经济报道、产业经济报道共同构成中观经济报道，最早出现于20世纪80年代。区域经济报道关注的核心问题是区域经济如何快速发展，区域经济不平衡如何改善和协调。具体而言，报道内容主要包括三个方面：配合国家政策、推动区域经济发展，为区域经济定位提供理论指导和信息服务，以及探索区域经济发展新思路。[①]

《奋进大湾区 乘风破浪时》一文中，记者深入深中通道、中新广州知识城等粤港澳大湾区重点项目现场展开采访，并对话国家发展改革委原副秘书长范恒山等"国字号"专家学者，对粤港澳大湾区的发展新动向进行深入观察分析，并对广东携手港澳推动国际一流湾区和世界级城市群建设的各领域成果进行梳理总结，《关于贯彻落实〈粤港澳大湾区发展规划纲要〉的实施意见》中加快建设粤港澳大湾区的思路和步伐跃然纸上。《南方日报》选择在香港修例风波持续发酵的关键节点刊发此文，既打消了舆论对粤港澳大湾区建设受阻的担心，又配合国家政策，坚定有力地唱响粤港澳大湾区发展的主旋律、弘扬了正能量。

《"惠保贷"为小微企业"补血"》这一报道，先交代政府性融资担保体系增信这一手段的背景资料，继而引出湖北银行疏通了货币资金流向实体经济的"毛细血管"及其具体做法，层层递进。报道既有宏观的数字概述，又有微观层面的通过多方信源现身说法，披露了具体的借贷金额和利率，表现出湖北推出的新型政银担业务带来的实质帮助，使得报道更鲜活，可信度也得以增强。

基于信息不对称理论，创新创业企业面临的信息不对称、逆向选择、道德风险与代理问题，导致其容易遭遇融资约束与资金缺口。这些资金的缺口是由风险投资基金来填补的，风险投资基金通过在投资前对企业高强度的尽职调查以及投资后的严密监管来解决信息不对称问题，但这种专业优势只有在投资发展后期阶段的创业企业才具备。因此，在一个欠发达的创业企业的资本融资市场上，政府

[①]　吴玉兰，项盼. 提升区域经济新闻报道的传播影响力研究——以《经济日报》区域版新闻报道为例［J］.当代传播，2016（3）：100-102.

的直接干预能有效帮助创业企业填补初创期权益融资空白。如果充分报道区域性的利好经济政策，将极有利于树立当地政府的良好形象，提振社会公众对区域经济持续健康发展的信心，并起到一定招商引资的效果。

地方经济报道虽然对于政策法规、大的经济发展规律有一定的关注，但与国家性报道不同，其最重要的报道内容是本地人民经济生活的变化、本地企业独特的管理制度、适用于本地经济的组织形式等。在确定地方经济新闻报道的价值取向时，应该着重考虑这一点。①

2. 坚持"两手相握"，尊重市场逻辑

习近平总书记强调："不能用市场在资源配置中的决定性作用取代甚至否定政府作用，也不能用更好发挥政府作用取代甚至否定使市场在资源配置中起决定性作用。"②

坚持公有制为主体，多种所有制经济共同发展，是我国社会主义初级阶段的一项基本经济制度。在社会主义市场经济条件下，企业不分所有制性质如何，不论规模大小，都是平等竞争的市场主体，享有同样的权利和义务，没有高低贵贱之分。

2018年9月12日上午，一篇署名吴小平的《私营经济已完成协助公有经济发展 应逐渐离场》的网文流传网上引起舆论哗然。随后由中国经济网第一时间发出《经济日报批驳"私营经济离场论"：对这种蛊惑人心的奇葩论调应高度警惕!》一文作为回应，有力批驳了前文中的论调。文章从1978年党的十一届三中全会谈起，一直到党的十八大，表示中国一贯坚持"两个毫不动摇"原则。文章还针对此次舆论事件提出，在国内外形势错综复杂、企业生存发展面临诸多新挑战的情况下，应对危机的重要一条，就是在以习近平同志为核心的党中央坚强领导下，凝聚改革共识、坚定开放信心，继续坚持和完善我国社会主义基本经济制度，绝不能逆时代潮流而动，开历史倒车。此篇评论的成功是媒体坚定秉持"两个毫不动摇"原则的体现，也是主流媒体强大传播力、引导力、影响力、公信力

---

① 王艳. 地方经济新闻报道的价值取向研究［J］. 新闻战线, 2017（18）：78-79.

② 人民网. 习近平：既要"有效的市场"，也要"有为的政府"［EB/OL］. http：//cpc. people. cn/xuexi/n1/2017/0619/c385474-29347581. html, 2017-06-19.

的生动展现。

同年 11 月 1 日，习近平总书记主持召开民营企业座谈会并发表重要讲话，重申我国的基本经济制度，为这场大讨论一锤定音。

随后，《新华日报》推出精准契合习近平总书记关于民营经济重要讲话精神的系列报道——《来自江苏 45 家民营"冠军企业"的调查（5 篇）》。该系列报道深度解析江苏民营"冠军企业"成功之道，通过分享民营企业的成功案例，释放大环境仍然支持、鼓励、提倡民营企业向上向好发展的信号，大大提振民营企业家的信心，更为广大制造业企业高质量发展提供参考。此系列报道凸显出报道强烈的时代意义和标本价值，为党报经济报道、系列报道提供"范本式"的参考案例。

政府和市场的关系长期以来都是我国经济体制改革的核心问题。党的十八届三中全会将市场在资源配置中起基础性作用修改为起决定性作用，虽然只有两字之差，但对市场作用是一个全新的定位，"决定性作用"和"基础性作用"这两个定位是前后衔接、继承发展的。使市场在资源配置中起决定性作用和更好发挥政府作用，二者是有机统一的，不是相互否定的，不能把二者割裂开来、对立起来，既不能用市场在资源配置中的决定性作用取代甚至否定政府作用，也不能用更好发挥政府作用取代甚至否定使市场在资源配置中起决定性作用。[①] 要做好政经新闻报道，就要求新闻从业者在秉持报道公平性、坚持新闻平衡性原则的同时，跟党中央的精神凝聚到一个"点"上，生动实践网上网下同心圆的重要讲话精神。

（三）延伸思考

2016 年 8 月，林毅夫教授在复旦大学发表"经济发展有产业政策才能成功"的主题演讲。两个月后，同为北京大学国家发展研究院教授的张维迎在"亚布力中国企业家论坛"西安峰会上发表演讲"为什么产业政策注定会失败"，针锋相对地提出"产业政策不过是穿着马甲的计划经济"。随着社会各界对产业政策之争的关注度愈发高涨、讨论愈发热烈，同年 11 月 9 日，林毅夫和张维迎二人在国发院就产业政策进行了正式辩论。

---

① 人民日报 . 习近平在十八届中央政治局第十五次集体学习时的讲话［EB/OL］. http：//cpc. people. com. cn/xuexi/n1/2017/0619/c385474-29347581. html，2014-5-28.

产业政策的话题何以如此热烈？我们需要认识到，产业政策是市场经济条件下政府宏观经济调控政策的重要方面，新产业政策颁布或许带来经济走势的重大改变。产业政策一般以各个产业为直接对象，保护和扶植某些产业，调整和整顿产业组织，其目的是改善资源配置，实现经济稳定与增长，增强国际竞争力，改善与保护生态环境等。为了实现这些经济性或社会性目标，产业政策要求政府对每个产业和企业的生产活动、交易活动进行积极或消极的干预，直接或间接地介入市场的形成和市场机制。①

那么，颇受关注的产业政策新闻应当如何报道？这首先要求新闻工作者从宏观上正确理解并且认识产业政策，在热点问题产生时，能结合经济运行的关节点、政府关心与民众关注的利益点、党和政府工作的着力点做文章。概言之，解释产业政策时有四种维度可供参考：

其一是指出制定政策的最终目的为何，即指明政策本身所想要解决的问题是什么。好的产业政策应当是鼓励和促进需要发展的产业尽快建立和扩张，限制不需要发展的产业使其缩小或向其他产业转型，以保证供给和需求总量的平衡。

其二是衡量并分析执行政策所耗费的成本。即为了实现这个目标，需要花费多少钱，使用什么样的方法举措。

其三是政策是否可以构成市场激励，并说明政策可以通过何种手段构成市场激励。理论上，企业的生存与发展离不开营商环境的渗透作用，良好的营商环境能够发挥信号传递和资源配置作用，而只有好的产业政策才能够激励市场，促使企业做优化转型，提升效率，让经济形势向好向优发展。

其四是判断并申明政策是否具有公平性，即政策是否对绝大多数人公平。例如，某项政策的执行，是否会偏向国企，而对民营、私企则构成不公平的竞争环境等。在市场经济条件下，现代的产业政策是普遍建立在市场经济的基础之上的，政府制定与实施产业政策不是要排斥或者取代市场机制对经济活动的基础性调节，而是在充分尊重和利用市场机制基础作用的前提下，对市场缺陷进行必要补充。②

---

① ［日］长谷川启之. 经济政策的理论基础［M］. 梁小民，刘甦朝，译. 北京：中国计划出版社，1995：205.

② 王先林. 产业政策法初论［J］. 中国法学，2003（3）：112-118.

三、追着"急"：聚焦转型红利，瞭望产业动向

（一）案例概述

本主题收集《湖南日报》《湖北日报》《内蒙古日报》中三个与产业转型相关的新闻案例，介绍了传统企业向环保、智造企业转型过程中的困难和经验。

【案例一】

《"草根"到"顶流"》①

2021年11月18日开始，《湖南日报》推出《"草根"到"顶流"》系列全媒体报道，全媒记者们聚焦湖南县域特色产业集群，从一块泥巴、一朵烟花、一根芦苇、一件舞服、一台小农机、一纸文印、一只打火机入手，深入剖析它们在市场经济大潮中劈波斩浪的独门绝技，以全新视角报道县域经济发展的传奇故事，以小见大，让人深刻感受到湖南县域经济发展之变，探讨县域经济成长的土壤和气候，以及湖南县域经济特色产业崛起之路。本案例选取《一朵烟花，绚烂世界夜空》《一块泥巴，攀上"电力珠峰"》和《一纸文印，风行北上广深》三篇报道，进行详细评析。

【案例二】

《湖北移动，做大 5G 产业生态"朋友圈"》②

这是一篇《湖北日报》的报道。该篇消息聚焦中国移动湖北公司稳步推

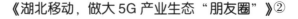

① 作者：集体，刊发平台：《湖南日报》。
② 责任编辑：喻敏，刊发平台：《湖北日报》。

进 5G 等新型基础设施建设，加快 5G+工业互联网融合发展，为传统产业转型升级注入新动能。报道的标题巧用类比，将 5G 新基建带来的产业变化类比为"朋友圈"，生动易懂地总结了未来 5G 产业的变化发展，为 5G 建设作了宣传。

【案例三】

《国家战略下的内蒙古煤炭之变》①

这是一篇《内蒙古日报》的报道。内蒙古自治区作为我国煤炭资源储量、产能、外运量、发电量、外送电量和风电装机均第一位的省份，其现代经济能源经济成效极受重视。文章选取世界首条百万吨级煤直接液化生产线、国内最大煤炭一体化项目等典型事例，分为"由黑变白 煤转化千姿百态""由短到长 煤延链开枝散叶"和"由旧转新 煤升级动能无限"三部分进行多维度梳理和深层次阐述，紧扣国家和自治区经济高质量发展主线，切中当前经济工作的重点，深刻阐释经济转型升级的重大现实意义。

（二）案例评析

追着"急"，就是在产业内最急迫的事情，要抢先报道，显出产经新闻的优势。本章节选取三个与产业转型相关的案例，以期呈现媒体宣传产业转型红利、介绍政策风向、保证信息实用性、争做行业动向的瞭望者和引领者的一些成功尝试与努力。

1. 举风口实例，抓产业升级典型

新闻报道要求新闻必须是通俗明白的，通过举实例的方式介绍政策风向，避免过于专业化、宣传化的表达，才能走出外行看不懂、内行不愿看的怪圈。

《"草根"到"顶流"》系列报道做到了"一把钥匙开一把锁"的报道方式，不套用地缘经济勃兴的模板套路，而是聚焦产业、地域特色。《一块泥巴，

---

① 作者：许晓岚、李永桃、王玉琢，刊发平台：《内蒙古日报》。

攀上"电力珠峰"》娓娓道来，醴陵电瓷下了血本，将每年盈利重新投入研发，其多项技术填补国内空白，继而攀上有"电力珠峰"之称的特高压，电瓷产量占据全国"半壁江山"。《一朵烟花，绚烂世界夜空》讲述浏阳花炮曾立于产业巅峰，却遭遇转型升级阵痛，但执着于创新，不断革新原料、工艺，让安全、环保成为新标签，最后实现华丽转身、惊艳世界的故事。《一纸文印，风行北上广深》一文则提供了一个与义乌"产业集聚型"经济完全不一样的"产业分散型"经济形态。新化文印全国拥有 15 万家门店，占据 70%以上市场份额，并在数码图文广告快印、复印机再制造、耗材生产与销售等领域形成规模优势。其行文情节紧凑，逻辑清晰，成功"秘诀"也都蕴于情节之中。

《一纸文印，风行北上广深》一文在文末总结道："发展因素举其要者……发扬敢为天下先的湖湘精神，不断掌握核心技术，追求卓越，与时俱进。"这些"草根"产业，大多源于历史积淀，从丰沃的资源土壤中生长起来，特色浓郁。有的抓住承接产业转移的机遇，因地制宜，取长补短；有的"无中生有"另辟蹊径，成为"敢为人先"的典型，值得其他处于转型瓶颈期的企业学习借鉴。

而《国家战略下的内蒙古煤炭之变》这篇报道也相当细致地介绍了内蒙古各个区域企业煤制油、煤制烯烃、煤制天然气、煤制乙二醇的产业链，以及焦炉煤气用作生产玻璃纤维燃料、疏矸水变成可以喝的"纯水"、煤矸石等矿山废渣化作新型建筑材料的技术。该文为其他煤炭厂可视化呈现提供了借鉴，同时也宣扬了能源革命的政策方向，正向激励相关产业投入到创新驱动发展的队伍中来。

2. 时新且时宜，提供实用信息

经济新闻的实用性表现在经济报道本身能使受众及时获知重要市场变化信息，如报道经济风险或获利机会的存在。而实用性的关键又在于时效性与时宜性。时效是以最快的速度报道，时宜是选择最合适的时机报道，一是要避免滞后带来无效信息，二是要规避过度追求时效而产生的误导。

在 2018 年的全国两会上，习近平总书记在参加内蒙古代表团审议时强调，要把现代能源经济这篇文章做好，紧跟世界能源技术革命新趋势，延长产业链条，提高能源资源综合利用效率。

　　为落实总书记嘱托，近年来，内蒙古坚持新发展理念，持续推动煤炭产业转型升级，延链补链强链并进，筑牢保障国家能源安全的坚固基石。《国家战略下的内蒙古煤炭之变》一文是近年来较为少见对内蒙古煤炭持续蝶变进程所做的一次全面梳理和总结。进一步推动经济高质量发展，扎实做好"六稳"工作、全面落实"六保"任务，记者奔赴鄂尔多斯、乌海等地深入采访权威部门和相关企业，探讨煤化工业产业发展进程，全景式展现各部门举措，深入挖掘"煤炭之变"现象背后的本质。

　　内蒙古在能源产业方面拥有 6 个全国第一，近年来，在国家战略的强力推动下，内蒙古发展现代能源经济初见成效。

　　这篇报道紧扣时代脉搏，内容立意高远，全面生动展示了内蒙古自治区发展现代能源经济"不唯煤、延伸煤、跨越煤"的生动实践，及时广泛传播了内蒙古能源产业发展正能量，对于提振士气、持续奋斗，持续推进内蒙古经济高质量发展作出贡献。

　　同时，《湖北移动，做大 5G 产业生态"朋友圈"》中指出，5G 新基建将为我国的产业发展注入新动力，加快我国产业转型升级。中国移动实施"5G+"计划，是紧扣"优网络、强应用、重创新、保安全"四个着力点，做网络强国、数字中国、智慧社会建设主力军。湖北移动的 5G 新基建建设正是牢牢地把握社会经济和科技发展的时机，响应了我国的新发展理念，力争实现产业良好地转型升级，具有很好的模范代表性。

（三）延伸思考

　　经济活动蕴含着丰富的信息，其运行也深受各类的信息影响。近年来，随着移动终端与大众媒体的快速勾连，信息传递的广度与速度实现质的跨越，越来越多的学者意识到社会经济与新闻媒体之间的联动性。

　　譬如，李守皓、丁立贵发现经济波动与公众预期之间存在着双向的因果关系；① 张成思、芦哲指出媒体舆论与公众预期、公众预期与现实通胀率分别具有

---

　　① 李守皓，丁立贵．公众情感与经济波动的实现：以财经新闻为例［J］．贵州财经大学学报，2021（5）：30-41.

显著的双向互动关系;① 包亚兄和邓平军则指出，新闻热度和新闻情绪对新兴产业指数的波动产生差异化的影响②等。

这些研究都表明，经济基础作为一切上层建筑的基石，也会在一定程度上受到新闻媒体价值导向的反作用。③

综合这类研究结果可知，影响经济状况的新闻要素，通常是新闻媒体在报道时使用的语气、情绪偏向、报道篇幅以及阶段时间内的报道数量等。

但宏观地谈新闻媒体与经济社会之间的联动性还是显得太空泛。在经济发展新常态、经济结构优化升级的今天，我们需将关注点聚焦于高度依赖政府政策和媒体宣传的新兴产业领域，探究其发展转型和新闻媒体之间有何种关系。

相关研究也给出一些具体可供参考的回答：新闻热度能在短期内影响新能源和智能电动汽车的行业指数波动、正面新闻情绪能在短期内影响新材料和新能源行业指数的波动，在长期范围内影响生物医药行业指数的波动等。④

要想维持新兴产业向好、向稳发展，以下几点可作为新闻媒体助力产业转型的参考。

首先，关注其所涵盖行业的差异化表现，并据此建立行业层面新闻舆情的监测、分析、反馈机制，尤其警惕新闻舆论可能对产业发展带来的长期影响。研究显示，乐观的情绪带来经济增长，悲观的情绪造成经济下滑。⑤ 比如，具体到开展报道时，需以事实为基础，减少情绪渲染类用语等，避免舆论引发的异常波动现象。

同时，主流媒体存在一定程度的"报喜不报忧"倾向，或者报道时秉持"中庸之道"的原则，长此以往，会导致官方信息具有逆反的效果。因此，应核查基本事实、适时适度提升负面经济信息公布的效率、加大信息公开的力

① 张成思，芦哲. 媒体舆论、公众预期与通货膨胀 [J]. 金融研究，2014 (1)：29-43.

② 包亚兄，邓平军. 新闻报道对战略性新兴产业指数波动的影响 [J]. 统计与决策，2021, 37 (16)：171-174.

③ 何华振，包崇艺. 社会经济与新闻媒体的联动性研究 [J]. 精品，2021 (5)：280.

④ 包亚兄，邓平军. 新闻报道对战略性新兴产业指数波动的影响 [J]. 统计与决策，2021, 37 (16)：171-174.

⑤ 李守皓，丁立贵. 公众情感与经济波动的实现：以财经新闻为例 [J]. 贵州财经大学学报，2021 (5)：30-41.

度，从而避免适得其反的效果，发挥主流媒体"风向标"与"压舱石"的作用。

当然，我们也可以从经年的报道中推断出中国当代经济产业结构的变化和发展。譬如，可以通过报道比例的变化观察到不同产业比重的变化。同时，基于一定时代条件的社会经济，也会依照其经济规律选择性地影响同时代新闻媒体的发展水平、引导其价值判断。

总体来看，社会经济与新闻媒体仍会在相互影响中不断推进，理解经济社会与新闻报道之间的微妙联系，把握时代脉搏，实现人与环境、经济与社会的和谐发展，是新时代经济新闻从业者不变的目标与使命。

四、反映"专"：感受乡村脉动，共谋振兴发展

（一）案例概述

本主题收集《湖北日报》、拉萨晚报社、华声在线中三个与农业新闻相关的报道案例，这几个案例既有农业机械化、农业现代化典型案例的报道，也有脱贫攻坚的生动故事，以期感受我国乡村脉动、寻求乡村报道模范典型。

【案例一】

《潜江"虾乡稻"俏销一线城市》①

来自《湖北日报》的这篇通讯，从虾鸭共养种出生态粮的模式开始介绍，再介绍为了拓展市场而将籼稻与粳稻复配的成功尝试，最后说明为达到规模效益，未来水稻种植面积将增至40万亩的目标。文章较为全面而生动地介绍了"虾乡公司瞄准市场需求，专注绿色、生态，打造高端粮食品牌"的一条优质高效、产业融合发展的农业产业化之路。

---

① 作者：江卉、宋效忠，刊发平台：《湖北日报》。

【案例二】

《酥油茶"越来越香了"——冬季探访
拉萨最后通水的牧区边远散户》①

　　这是由拉萨晚报社刊发的报道。"两不愁、三保障"是脱贫攻坚的底线性任务，承载着厚重的民生期待。它也是一块"试金石"，检验着脱贫的质量和成色。拉萨最后一户牧区边远散户——尼木县霍德村村民格桑旺杰家的"饮水难"问题在 2020 年 9 月得到解决，标志着拉萨所有人口告别"饮水难题"。该稿件主题鲜明、文风朴实，内容真实、感情真挚，聚焦"两不愁、三保障"，从拉萨市最后通水的牧区边远散户看群众告别"吃水难"这一重大民生问题，体现了高原牧民如今的美好生活。稿件中反复点到的"越来越香"的酥油茶，生动展现高原牧民在脱贫攻坚中最真实的获得感。

【案例三】

《村里最远那一户》②

　　这是发表在华声在线的新闻专题。2020 年是决胜全面建成小康社会、决战脱贫攻坚之年。最偏远的那户人家，却系着最深切的牵挂——党和政府的关怀从未缺位，精准帮扶的努力从未松懈，迈向小康的脚步从未停歇。该作品小切口、大主题，以此致敬扶贫这项千秋德政，致敬这个伟大征程中行走的人们。

　　最偏远的村庄，村庄里最远那一户，有着怎样的脱贫故事？2020 年 8 至 10 月，新湖南客户端派出 14 路记者，跋山涉水，走进湖南 14 市州、14 个贫困村里最偏僻的角落，记录最动人的脱贫故事。

---

① 作者：涂琼，刊发平台：拉萨晚报社。
② 刊发平台：华声在线。

（二）案例评析

农业、农村、农民工作事关国民经济和社会稳定全局，"三农"报道一直是经济报道的一个重要方面。新闻报道从业者要正确认识农业市场供需规律，准确把握新农村的特点，秉持辩证、前瞻思维，跳脱报道定式，树立服务意识。

1. 为农立言，直击三农痛点

农民是"三农"报道的主体，而当今的很多"三农"报道中并没有充分地为农立言，农民的话语权表达处于弱势或是缺失的状态。具体表现在直接源于农民的消息比重不大，反映农民诉求、农民呼声和农民艰苦奋斗精神风貌的报道不多，而反映农村方针政策和实施效果的报道则占了大比重。①

在农业经济产业报道中，农民其实应当成为媒体最主要的受众。当前我国农产品基本形成买方市场，在产销过程中难免经历市场的起落，因此农民实际上面临着巨大的市场风险。因此，在农业报道中指出问题，及时提醒农民根据市场供需变化适时调整生产策略，减少损失，提升报道内容的针对性，是经济报道的重要职责之一。

而《潜江"虾乡稻"俏销一线城市》一文，结合国家在提倡现代化农业发展这一背景，以潜江的"虾乡稻"作为典型案例进行报道，从而树立农业高质量发展的典型，为相似条件的地区提供借鉴和启发，促进农民增收，有利于多样态智慧农业发展。文章让农民通过报道看到发展的新亮点，打开视野，发展项目，让更多人走上致富路；文章还回望他们的创业历程，剖析农民的艰难困苦，鼓励更多人坚定地在农业这条道路上走下去。

2. 语浅旨深，讲好脱贫故事

文似看山不喜平。

《酥油茶"越来越香了"——冬季探访拉萨最后通水的牧区边远散户》是一众报道中相当聚焦于个人故事的一篇，它并没有生硬地用格桑旺杰的故事引出一系列政策文件、成果成效，而是把政策对于格桑旺杰生活改变的细节娓娓写出。

---

① 李钧德. 三农报道，让农民成主角 [J]. 中国记者，2013（12）：76-77.

其实，一个好的故事胜过对一场会议的报道。文章围绕着"喝水难"，细致描述了格桑旺杰家曾在开春、盛夏、入秋、初冬不同的艰难取水经历，也写到现在格桑旺杰"最爱的酥油茶想喝就喝，买了一台新洗衣机衣服脏了就放进去，家中的牛羊也不会再因缺水而体质下降"。朴实、细腻而深情的文字让人感受到远在万里的新疆汉子切实地满足于幸福，深切体会到"脱贫攻坚统筹整合资金农村饮水安全工程"为村民带来的便利。

此外，细节被视为小说的血液，尽管新闻作品的故事表达完全不同于小说的虚构，但成功的故事一定有成功的细节表述。采写细节对记者来说是一种考验，除了必须进行扎实的采访外，还需要一双发现的"眼睛"，即观察力。到入冬后，记者驱车4个小时来到海拔4900米左右的格桑旺杰家中采访。12月，格桑旺杰家门口的小溪几近封冻，草甸里残留的水管依稀还能看到过去挣扎喝水的场景。记者看到这一场景时，第一个念头就是：为什么不搬迁？随后写道："可听到一家6口在温暖的家中热火朝天讨论着的是过段时间卖牛过新年的事情，记者突然就懂了为什么不搬迁。"

高明的故事细节还需要"留白"，给人想象空间，起到"此时无声胜有声"的作用。文章末尾，记者写道："格桑旺杰一边回忆一边热情地说：'现在的酥油茶越来越香了，再喝一点吧！'伴随着话音，他将记者面前还未饮尽的茶碗又添满了。"这样孕育于细节之中对于未来的畅想和期待，比板正地叙述脱贫攻坚梦来得更为真实而坚定，让人回味无穷。

3. 多方立体，打造传播矩阵

随着时代发展和科技进步，如今农业现代化、机械化已经普及，农民希望及时了解、学习和应用新技术、新思想，尤其是通过"互联网+"助力农业发展，涉农节目就应该重视这些方面的报道。因此，应充分发挥电视传媒的影响力，大力报道农业农村发展中出现的新业态、新事物、新技术、新理念，让广大农民学习到更多新技术，助力更多农民走上适宜的发展道路。①

最偏远的村庄，村庄里最远那一户，有着怎样的脱贫故事？2020年8至10

---

① 徐玲，朱年德. 做好三农报道助力乡村振兴——浅析如何做好涉农新闻报道 ［J］. 声屏世界，2019（3）：52-53.

月，新湖南客户端派出 14 路记者，跋山涉水，走进湖南 14 市州、14 个贫困村里最偏僻的角落，记录最动人的乡村脱贫故事。10 月 17 日国家"扶贫日"，华声在线推出大型融媒体专题《村里最远那一户》，报道高度重视全媒体传播效果：专题以宣传视频作为开机页，并大量运用高清大图和多种动画交互效果，视觉冲击力强；同时一改传统竖版的设计，左右滑屏，更加灵动；此外还量身打造了一个手机端版本，既保留 PC 端专题的大气设计和动态效果，也便于客户端、微信、微博及抖音等不同端口的传播，网友阅读体验感好。

稿件刊发后，被学习强国等 20 多个媒体平台转载，专题在华声在线双首页、新湖南客户端首屏、百度新闻等显著位置推荐，点击量达 1681 万。专题内容厚重，呈现形式丰富立体，并采取互动点赞形式，即 14 个贫困户脱贫后的笑脸与心声在屏幕端口滚动轮播，网友可为其点赞助力，大大提升专题互动性，吸引 8 万余网友的点赞互动。①

（三）延伸思考

拓宽"乡村振兴"之路，是党的十九大提出的重要战略。作为新时代"三农"工作总抓手，乡村振兴已成为脱贫攻坚后国内各级媒体报道的重点，大量报道聚焦乡村振兴中出现的新气象、新趋势、新面貌。在实际操作过程中，地方主流媒体如何遵循乡村传播的规律、报道好乡村振兴，还存在一定的进步空间。②

传统的新闻报道理念认为报道"三农"，就是让农民看的，是指导农村经济发展——春种秋收、防汛抗旱。这种观念已经落伍。做好新时代"三农"报道，需要做到：

一是关注城乡统筹、城乡共生。在工农城乡关系互动增强的阶段，随着统筹城乡发展力度加大，工农城乡相互联系更加紧密、相互影响更加广泛、相互作用更加直接。乡村是与城镇相对的概念，乡村与城镇相互依存、共生。城镇需要乡村提供大量农产品及工业原料，需要乡村为城镇居民提供"看得见山、望得见水、记得住乡愁"的记忆载体；乡村则需要通过吸纳来自城镇的资金、人才、技

① 中国记协网.《村里最远的那一户 中国新闻奖网络新闻作品参评推荐表》[EB/OL].
http：//www.zgjx.cn/2021-10/26/c_1310270007.htm，2021.10.26.

② 夏晶莹.地方经济新闻如何做透"问题报道"——以温州日报《一家小微企业的"1000 万之困"》系列报道为例 [J].传媒评论，2020（10）：78-79.

术、信息等，激发内生动力，推动自身新的发展，从而实现乡村振兴。①

譬如，对于农民工欠薪问题，属于"三农"报道，还是城市新闻报道？如果一年辛苦钱打了水漂，农民工子女的学费从何而来？他还会对城市充满向往、卖力地劳动吗？如果没有农民工的奔忙与劳作，城里人的生活节奏可能会瞬间乱套。关心"三农"问题，就是关心城市问题。"三农"问题已超越单一的"城市—乡村"二分法，其与城市新闻的界限也日益模糊。"三农"报道必须站在全局，在强调一个问题时，要考虑另一个问题；在强调一个方面时，要考虑另一方面，防止其中的矛盾冲突和利益冲撞，照顾到前后左右。新时代的"三农"报道必须紧跟时代脉动，直面现实问题，把"三农"报道放在乡村振兴、城乡统筹发展这个大框架下来考量，站在更高的价值层面上来判断。

二是坚持农业生产与销售市场并重。② 当今报道大多只涉及产业生产过程的相关环节，如育种、管理、采收等。相比之下，对加工、运输、品牌创建等生产后续环节的报道不够，对乡村产业发展全产业链的关注度不高。随着时代的发展和科技的进步，农产品消费需求不断升级，乡村产业已从追求数量变为追求质量，从"吃得饱"向"吃得好"转变。为适应市场消费升级的需求，报道应引导农产品生产者根据市场需求，持续深化农业供给侧改革。改革措施具体包括对农产品进行精深加工，以延长保质期、提高附加值，满足更高层次的消费需求；通过电商平台实现线上销售，加大高质量供应链的建设，大力推进快递、冷链与冷藏等运输环节的发展，让农产品销得更远、卖得更好。

在策划、采写、编辑"三农"问题相关稿件时，新闻工作者应多从城乡统筹、城乡共生的角度思考问题，因地制宜，深入认识农村产业优势，让报道为各地各级决策者、广大农民朋友提供更具参考价值的新闻信息。

---

① 彭文洁. 乡村振兴战略下"三农"报道的新思路 [J]. 新闻前哨, 2019 (03)：50.
② 李钧德. 让三农报道走出低谷的"三个并重"[J]. 中国记者, 2012 (10)：92-93.

第五章 文风建设

新闻文风不仅指涉新闻报道的语言风格，还体现新闻工作者的思想作风，反映一个时代的价值观和精神定位。① 文风与党风、学风、社会风气紧密相关。研究中国共产党新闻宣传文风百年史可以发现，好的新闻宣传文风，在动员民众、对敌斗争、宣传党的路线方针政策以及巩固执政地位等方面都会起到不可估量的促进作用。② 因此，中国共产党自成立以来就十分重视马克思主义文风建设，以习近平同志为核心的党中央同样十分重视文风建设。党的十八大报告指出："下决心改进文风会风，着力整治庸懒散奢等不良风气，坚决克服形式主义、官僚主义，以优良党风凝聚党心民心、带动政风民风。"在 2010 年中央党校开学典礼上，习近平同志发表了《努力克服不良文风，积极倡导优良文风》讲话，明确提出反对"假长空"、提倡"短实新"的文风。党和国家领导人的文风建设思想对新闻工作者的专业实践起到重要的指导作用。

一、语言灵动出新，丰富文趣理趣

（一）案例概述

本主题从《福建日报》《湖北日报》《农村新报》《福州日报》以及《羊城晚报》2020 年至 2022 年三年间的新闻报道中选取 6 篇在新闻标题和文本内容组织方面独出心裁的报道。这些报道既有短篇消息，也有长篇通讯，在内容上则多

---

① 王仕勇，贾浩伟. 中国共产党新闻文风的百年建设历程及逻辑［J］. 出版发行研究，2021（09）：5-12.

② 邓绍根，郭慧玲. 百年探索：中国共产党新闻宣传的文风建设［J］. 当代传播，2021（04）：11-16.

为涉及社情民生的软新闻。

【案例一】

《护送"钻石公主"号上的同胞回家》①

这是《福建日报》2020年2月21日至3月4日刊发的一组深度报道，亦获得第三十一届中国新闻奖一等奖。该系列报道记述了新冠疫情暴发初期，侨胞刘丹蕻协助转移"钻石公主"号邮轮上中国旅客的故事。报道行文注重细节、场景和语言描写，不仅有故事、有细节，还通过对场景的记录来渲染烘托感情基调，体现了刘丹蕻"舍我其谁"的精神，塑造了海外华人参与抗击疫情的赤子之心。

【案例二】

《人和景美入画来——北京顺义区高丽营镇一村印象》②

本例为《农村新报》2020年11月3日01版刊发的新闻稿。本稿件的亮点在于语言活泼，开头生活气息很浓，吸引读者；且采访的对象也比较多，数据比较详实，这些手法全面生动地描述了该村在生态保护方面取得的良好成效。

【案例三】

《"憨"所长的为民情
——记房县公安局红塔派出所所长徐永宏》③

本通讯刊发于《农村新报》2021年10月26日04版。文章开头的"憨"字，呼应标题，吸引读者兴趣。标题中的"为民情"是指所长为民办实事，

---

① 作者：曾武华、许上福、卢金福、黄汇杰、杨李超、张维东，刊发平台：《福建日报》。
② 作者：彭翠楠，刊发平台：《农村新报》。
③ 作者：董园园、宋建彬、魏世银，刊发平台：《农村新报》。

下文便对"为民情"娓娓叙述开来，一桩桩、一件件，动人心弦。全文运用讲故事方式，增加了报道信息量，增强文章可读性，提升传播表现力，使内容更显新鲜活泼。

【案例四】

《"放水养鱼"方能"如鱼得水"》①

《湖北日报》2021年1月13日01版《"放水养鱼"方能"如鱼得水"》一文的标题设置巧妙，能激起读者的阅读兴趣。比喻的运用形象生动。同时，这篇文章逻辑清晰，用问句承上启下，过渡自然贴切，整篇文章行文流畅、结构完整。

【案例五】

《"金融春雨"助春耕 不误农时不负春》②

本报道刊发于《福州日报》2022年3月3日04版，最大的特色在于写作语言。文章把拔高性的、升华总结的话语，都安排在文章开头的编者按里，在文章的写作中则采用非常质朴、精确的描述性语言。这种写作方式与本文写作对象的身份高度契合，能够拉近与读者的心理距离，让文章更真实可感。

【案例六】

《韶关新丰云髻山发现大面积厚叶木莲分布》③

《羊城晚报》2022年6月14日06版刊登的文章《韶关新丰云髻山发现大面积厚叶木莲分布》，在语言风格上不同于寻常的科技报道，它并没有使

---

① 作者：胡弦、李涛，刊发平台：《湖北日报》。
② 作者：郑晓昭、马丽清；刊发平台：《福州日报》。
③ 作者：张文、陈志佳、温振鹏、黄梓宜，刊发平台：《羊城晚报》。

用过多读者难以看懂的专业名词，而是直接描述厚叶木莲的美丽外形，并且将直接描写与间接描写相结合，用护林员等人的语言来侧面证实记者的描述。此外，文章还介绍了云髻山自然保护区对于区内动植物保护所做的努力。文章从最具有代表性的个例切入，又依照逻辑关联顺理成章地延伸至整体，既增加了文章的深度，又使得报道背景完整。

（二）案例评析

传统新闻学理论认为，标题是帮助受众选择新闻信息的向导，是引导受众理解和阅读新闻的纲要，是满足受众新闻信息需求的捷径。新闻标题是文章最有价值的内容浓缩、概括和提炼①。在含有大量信息的报纸中，读者对于新闻的选择，首先是通过对标题的浏览、选择来实现的。所以，新闻标题是新闻报道的"门面"，只有标题诱人、传神，才能够吸引读者阅读。新闻已经进入"读题时代"正成为越来越多人的共识。也因此，标题对于新闻报道而言至关重要。

此外，随着网络时代的到来，报纸新闻受到网络新闻的冲击。与网络新闻相比，报纸新闻缺乏多样的报道形式，制作速度也远慢于网络新闻。因此，要提高报纸新闻的竞争力，要从文本内容上入手，在写作环节进行突破，提高报纸内容的质量，形成人民群众喜闻乐见的新闻报道。

1. 标题拟定：通俗简洁、意蕴深长、韵律优美

大众传播，顾名思义就是要将信息传播到尽可能多的受众，因此信息的内容应该尽可能简明易懂。报纸作为大众传播媒体，其新闻内容的写作同样也需要简洁明了，尤其是作为新闻报道的"题眼"标题。标题能否突出新闻文本的精彩程度，与标题语言是否简洁紧密相关。冗长拖沓的文字会使新闻标题毫无重点，阻碍读者关注、阅读并传播新闻。因此，标题宜短不宜长，太长会给读者的感知和理解增加难度。

本文选择的新闻报道，主标题多在10字以内，《"放水养鱼"方能"如鱼得水"》等报道的标题简短明快，又突出报道聚焦的重点。报道围绕新闻标题进

---

① 张燕．"读题时代"报纸新闻标题的语言特色［D］．西安：西北大学，2008：4.

行，有的放矢，逻辑清晰同时富有人情味。

提示内容、揭示实质是标题的两项基本职能，而为了保证这两项职能的实现，往往需要在吸引读者方面做文章，吸引读者的手段有巧用修辞、制造悬念以及幽默、设问等。标题不仅要把新闻中的核心内容告诉读者，还应生动有趣，以优美的形式吸引读者。为此，可借助一些修辞手段，使得标题语句意蕴深长。

《"放水养鱼"方能"如鱼得水"》这篇报道的标题使用比喻的修辞手法，短短 10 个字就将新闻报道所要传达的观点悉数阐明。该报道的标题以"放水养鱼"比喻湖北省通过制度红利和政务服务为企业营造的良好营商环境，以"如鱼得水"比喻企业生存和经济发展，也与文中"水深则鱼悦，城强则贾兴"一句遥相呼应。《"憨"所长的为民情》则利用对比，把"憨"和"为民"这两个看似相反的品质并列加以叙述，突出标题所要传达的情感，也可增加意蕴。

受到传统诗词的影响，节奏感或韵律感较强的标题也往往受到读者喜欢。这样的标题好懂易记，朗朗上口。新闻标题中对古诗文的借鉴讲求平仄、注意节奏，使其具有韵律美。平仄是汉语语言特有的现象，平仄相谐可以使音韵富于变化，增加标题语言的美感。《人和景美入画来——北京顺义区高丽营镇一村印象》的主标题"人和景美入画来"平仄相间，为题目增添韵律美。

2. 报道文本：运用叙事手法，增加新闻可读性

与平常的文章相比，新闻不要求内容丰富、用词华丽，只要求用简洁的语句完整表述事件发生的时间、地点、人物、起因、经过与结果，这使得新闻记者大多数在一个固定的条框内进行新闻写作。要提高报纸新闻的竞争力，就要在写作手法上有所创新，可以适当运用文学体裁中的写作手法进行新闻的撰写，提高新闻的可读性。

例如，《"金融春雨"助春耕 不误农时不负春》使用了"白描"的写作手法。这种手法的特点是语言风格质朴、行文通俗易懂。这与写作对象，即农民的身份以及文化水平高度契合。同时，质朴的文风也能够拉近读者与写作对象之间的心理距离，使得读者更易理解、更愿意去理解所报道的内容。《韶关新丰云髻山 发现大面积厚叶木莲分布》则一改以往科技报道的艰深晦涩，用描写取代专业名词来对厚叶木莲进行介绍。此外，该文正面描写与侧面描写相结合，用护林

员等人的评价来佐证莲花的美丽，使正面描写更具说服力。《护送"钻石公主"号上的同胞回家》则注重场景和语言的描写，这些细节的描写使得新闻报道同时带有文学叙事的韵味，增强了报道的可读性。

在新闻内容中运用文学作品中的叙事技巧，适当融入文学性，使读者在阅读过程中不仅能够获取新闻信息，也更易受到文章的感染。

(三) 延伸思考

通过主流媒体的新闻实践，我们可以发现优秀新闻报道的标题拟定和行文风格：随着时代的发展和互联网的冲击，新闻标题不可避免地呈现出一些趋势。例如，化用"新词"，使用"流行语"（尤其是"网络流行语"）以及"缩略语"。这些流行语汇的广泛运用，一定程度上为语言表达注入新血液、新活力，同时也不可避免地出现一些不规范之处。

在化用"新词"方面，不规范之处主要有以下几个方面：

(1) 一些词语不符合中文语言规范，是作者创造的、只有作者自己才能明白的"新词语"。

(2) 化用一些使用范围较窄的专业术语时，缺少相应的注释。

(3) 外来词以及汉语夹杂英语使用。

(4) 网络"新词"的滥用，可能会加剧不规范语言使用方式的传播。

在使用"流行语"方面，不规范使用的情况有以下两个方面：

(1) 错用"流行语"。一些"流行语"的使用存在词不达意、望文生义、生搬硬套、张冠李戴等问题。

(2) 滥用"流行语"。使用流行语的初衷是以巧取胜，但若是报道通篇使用网络流行语，一方面会造成读者的审美疲劳，另一方面也会降低新闻的格调。

(3) 借用的语句并非广泛流行的语言形式。

在使用"缩略语"方面，不规范使用的情况有以下几个方面：

（1）语义模糊，产生歧义。缩略语脱胎于原词语，如果脱离原词语使用，必将导致语义含混不清。新闻标题不应一味追求形式上的"简洁"而忽略语义上的"简明"。

（2）适用范围不当。现代汉语缩略语的使用不可随意脱离特定语境，缩略语是与特定的时间、地点紧密联系的。实际上，由于新闻标题通常简短，没有足够的空间来解释缩略语，因此在使用缩略语时更应审慎。

以上趋势也使得新闻标题整体上呈现出口语化的倾向。尽管口语化能够带来"接地气""通俗易懂"的效果，但标题口语化也会造成庸俗、媚俗的问题。媒介大众文化生产和传播过程中出现的庸俗化、低俗化倾向，不仅会把大众文化本身推向低俗和平庸，也会把它的消费者推向庸俗。平民化、通俗化、大众化是赢得受众的重要因素，但如果将平民化曲解成庸俗化，将通俗扭曲为媚俗，将大众化理解为刻意迎合，从而过多地制作媚俗、庸俗的标题，以制造"噱头"，不仅会损害媒体在读者心中的公信力、形象和声誉，也会因为丧失引领力而被读者抛弃。

任何媒体都会在新闻标题上"做文章"，但并非所有标题都适合"做文章"。新闻工作者试图让一个报道接地气、通俗化的同时，最应该考虑的不是标题是否足够语出惊人，而是标题如何贴合文章内容，以及标题如何体现媒体的立场、态度和格调。事实上，并非所有报道都适合冠以轻松通俗的标题。新闻标题的语言常走在时代语言发展的前列，新闻报道语言的使用状况关乎媒体本身的质量与威望，也关系到社会文化的质量与走向。① 因此，地方主流媒体在拟定新闻标题时不仅要注重趣味性，也不能忽视媒体自身的权威性。

二、内容明白晓畅，要点凝练有力

（一）案例概述

本专题从《湖北日报》《农村新报》《羊城晚报》以及新华社 2020 年至 2022

---

① 史文静. 新闻标题功能及其实现的语言策略［D］. 长春：吉林大学，2004：4.

年的新闻报道中选取 5 则在新闻标题和文本内容上言简意赅的报道。这些报道多为较短篇的消息，也有部分为长篇通讯，但大多通过简洁明快的语言和严密通顺的逻辑让读者快速了解新闻报道的内容和主旨。

【案例一】

《今年再建 5G 基站超 3.5 万个》①

《湖北日报》2021 年 2 月 25 日 07 版的《今年再建 5G 基站超 3.5 万个》，虽然关注的是高深难懂的数字经济和新型数字技术，但文章以 5G 基站的具体应用以及能够给广大人民群众带来的利好为切入点，同时着重使用比喻等修辞手法来解释晦涩的专业名称，这使得文章通俗易懂，大大降低读者的理解难度。此外，文中将标识比作机器、物品和数字对象的唯一数字"身份证"，便于读者能够理解这一新技术在物联网和工业互联网中的应用价值。这种通俗化处理，实现新闻事实的高效落地，使之成为对读者真正有用的信息，而不是悬于空中的生硬数据。

【案例二】

《仙桃清境农庄巧养"土憨巴"》②

《农村新报》2021 年 2 月 9 日 07 版《仙桃清境农庄巧养"土憨巴"》一文，对沙塘鳢生存环境、条件作了详细描述，如"怕冷"、"水温要保持在 18 摄氏度以上"等，而仙桃市剅河镇清境农庄副总经理左静为了满足这些条件，在基地实行"棚中棚"养殖，巧养"土憨巴"。总之，全文用语简明易懂，且文章细节描述呼应标题"巧养"二字。

---

① 作者：左晨、牛泽亚，刊发平台：《湖北日报》。
② 作者：萧丝、蔡玲，刊发平台：《农村新报》。

【案例三】

《湛江调文村：昔日靠海吃海 如今振兴可期》①

《羊城晚报》2021年3月2日13版的《湛江调文村：昔日靠海吃海　如今振兴可期》，巧用小标题将报道主体内容分为"小海岛兴起'电商热'建起商务中心""民生保障无遗漏 让幸福感'实实在在'""构建'党建+N'新模式书写乡村振兴新画卷"三个部分，十分凝练，提示各部分主要内容，且三个标题之间逻辑明确，形成了报道的清晰框架。

【案例四】

《从"暂停"到"重启"：武汉解除离汉通道管控》②

这是新华社2020年4月8日发布的一则消息。该篇消息事实清晰，真实可靠，通过4月8日凌晨解除离汉离鄂通道管控之际深入高速路口、机场、火车站等多地直击现场采访获得一手材料，权威、及时地记录武汉"解封"这一重大历史事件。报道兼具历史视角、全局高度和人民情怀，用精炼的语言，巧妙地完成宏大叙事。

【案例五】

《广东收到10万剂只需打一针新冠疫苗》③

《羊城晚报》2021年6月1日03版的《广东收到10万剂只需打一针新冠疫苗》，虽然关注的是高深难懂的疫苗和生物技术，但全文通俗易懂，大大降低读者的理解难度。此外，文章详细介绍了这批疫苗的来源、产生有效保护的时效以及接种后的后遗症和注意事项。文章深入浅出，紧扣读者最关注的信息，使得即使对该领域一无所知的读者也能对该疫苗有较为清晰的认识。

---

① 作者：欧阳志强、佛纪宣，刊发平台：《羊城晚报》。
② 作者：王俊，刊发平台：《羊城晚报》。
③ 作者：张华，刊发平台：《羊城晚报》。

（二）案例评析

新闻的首要任务是向读者传播和告知消息。因而，从纷繁复杂的社会事实中提取最重要的部分，将这部分事实提炼成文字，并以简洁、通俗的方式制作成新闻报道的文本，是新闻从业者在新闻生产时首先考虑的部分。

新闻是新近发生的事实的报道。新闻的来源是事实，但事实又不能等同于新闻。新闻是事实的报道，但新闻中的事实又是经过作者筛选、提炼过的能准确反映事物本质特征的新的、真的、有用的那一部分事实，而不是事实的全部。从内容上看，新闻文本表现为原型事实量的减少，但它却变得更加精练，本质特征更加突出、鲜明；而对事实的表现形式则被人们按新闻传播规律的需要能动地加以重新组合，使之变得更加富有吸引力。这正是跳跃式行文法的选材原则与结构原则。新闻写作毕竟不是讲故事，传统的沉重死板的"板块结构"的行文方式，不完全适应新闻传播规律的要求。①

其次，信息量是新闻报道中的硬通货，获取信息是阅读新闻的重要诉求。报纸面临着在有限的版面空间里，如何使所采用的文字、语言、图像尽量多地负载信息的问题。一篇毫无重点的新闻很难吸引读者。作为信息载体的新闻，应减少无信息的过程、语言、文字，以尽量使报道"短小精悍"。用简洁明快的语言，通过最简捷的途径，把受众未知而又欲认知的事实、信息传递给读者，既是新闻写作者能力的体现，又是新闻读者对新闻的诉求。

《湖北日报》2021年2月25日07版，《今年再建5G基站超3.5万个》，虽然关注的是高深难懂的数字经济和新型数字技术，但全文通俗易懂，大大降低了理解难度。该报道在行文上，熟练地使用跳跃式的行文手法，将新闻事实中对表现主题无益的材料删除，将信息量丰富的片段场景巧妙地组合，使新闻报道短小精悍。此外，该报道信息量丰富，但表述形象生动、言简意赅，对数据和高深概念的解释通俗易懂。引题中的"夯实数字经济底盘"，将5G基站、标识解析系统和互联网宽带建设比作"底盘"，高效向读者介绍这些新型技术作为数字经济基础设施的根基性地位。第二部分中，将标识比作机器、物品和数字对象的唯一数字"身份证"，便于读者能够理解这一新技术在物联网和工业互联网中的应用

---

① 彭朝丞. 跳跃，简洁清新的行文方式［J］. 新闻导刊, 2001（02）: 18-20.

价值。第三部分第三段，在介绍今年年底互联网省级宽带出口能力将达到 40T 后，紧接着又以通俗的语言阐明这一数据的重要意义，即更多用户将用上高速网络。

（三）延伸思考

新闻不是"告示"。作为一种内容消费产品，新闻的叙事视角不应单一、居高临下。

其一，全知视角即新闻叙事没有固定的"焦点"或"视点"，对于读者而言，叙述者无处不在、无所不知，没有任何限制，叙述者所描述的比任何人物知道的都多。这也就是法国文学理论家茨维坦·托多罗夫说的"叙述者人物"。在新闻全知视角下，新闻工作者并非不能涉入人物的内心和情感，而是这种涉入必须建立在详实的新闻采访之上，新闻工作者从事新闻写作时，是在转述采访对象的所思所感，而不是依靠合理想象和主观臆测。

其二，限知视角即是对视角划定的信息范围进行限定，始终从记者或人物的视角出发进行叙述。此时，叙述者知道的和人物一样多。不管这个叙述者是记者本人，还是采访对象，叙述者不能叙说人物不知道的信息。视点人物可以是固定的，也可以是变化的或多元的，托多罗夫用"叙述者＝人物"公式表示。尽管在增强报道生动性方面"限知视角"有"全知视角"无法相比的优势，被叙事学家们称为是一种人格化的叙述方式，但限知视角并非万能的。限知视角的应用在一定程度上受到报道题材的限制。新闻记者和新闻人物亲历的事件新闻和体验式新闻，非常适合用限知视角独立叙述，而面对非事件新闻报道时，限知视角叙述往往会陷入不知所云的混乱困境。

其三，复合视角即在同一新闻文本中同时采用全知视角和限知视角。叙事者可以根据需要灵活地转换叙述视角，前提是这种转换不能造成叙述的混乱，影响读者的阅读和判断。对叙述文本视角的转换，托多罗夫称为"观视点的变化"①。

在本部分所选择的案例中，尽管记者和通讯员已在新闻写作中尽量结合多重视角，但还是较多地使用全知视角进行写作，对于新闻人物的描述也存在全知视

---

① 吕梦琦．改革开放三十年中国报纸新闻写作视角的变化［D］．杭州：浙江大学，2009：15.

角下"合理想象"的问题。

新闻讲求真实、全面、准确。如果仅仅从报道的全面性角度讲，新闻叙述采用全知视角是非常适合的。经过全面翔实的采访，记者在采写新闻作品时，就可以超越所有新闻当事人和知情人，有取舍地将人物知道的信息融合在一起，从而尽可能地还原事件的全貌。正因如此，全知视角一直是新闻叙事的主要视角。但全知视角下，新闻写作者的姿态较高，呈现出的文字不免带有"居高临下"的傲慢。

复合视角叙述是对限知视角和全知视角的综合运用。限知视角聚焦在记者或人物身上，视域狭窄，优势在于充满现场感，可以带给读者感官冲击；全知视角没有焦点，视域宽广，优势在于报道全面，可以提供给读者尽可能多的信息。因此，如果一方面想增强新闻的真实性和形象性而采用限知视角叙述，另一方面又希望通过全知视角来增加新闻的信息量，就可以在一篇报道中同时使用这两种叙事视角。

本部分的案例与评析皆选自《湖北日报》《农村新报》《羊城晚报》以及新华社 2020 年之后的新闻报道。在新闻叙事的视角上，这些报道已经逐渐改变居高临下的全知、通知式姿态，转向多元视角。以一种读者更愿意接受、更具有可读性的姿态来进行新闻写作，或许也是纸媒在不断改革中积累的宝贵经验。

三、坚持问题导向，观照社会现实

（一）案例概述

本主题从新华社、《新华日报》《工人日报》《湖北日报》和《山西日报》往期报道中，选取 5 个在文风建设方面体现现实关切、问题意识和朴实为民情怀的典型案例。其中有党员干部下沉社区进行基层治理的报道；有湖北疫后优化营商环境的报道；有针对安全生产检查常态化背景下，安全事故却频发的文字评论；有脱贫攻坚路上，习近平总书记与扶贫事业不解之缘的动人故事的报道；也有对当前网络空间审美等热点的评论。

【案例一】

《习近平的扶贫故事》①

这是发表在新华社全媒体头条的报道。该篇报道以习近平总书记看真贫的故事、账本的故事、茶和果的故事、"弱鸟先飞"的故事、县委书记"返岗"的故事、路的故事六个具有代表性的生动故事为例，展现人民领袖与扶贫事业的不解之缘。

【案例二】

《警惕"精致的形式主义"》②

这是发表在《新华日报》的文字评论，其针对普遍存在的形式主义问题发表评论，开篇以关于形式主义的往期新闻报道引入正题，总结"精致的形式主义"用"美颜"进行精心包装、打着"精细管理""绣花功夫"的幌子的新特点。从历史角度切入，说明形式主义具有很强的顽固性且善于用"基因重组"等欺骗性方式进行伪装，因此由来已久却尚未绝迹，并指出要坚定地反对形式主义。

【案例三】

《"自愿"不能成为职场伤害的"美丽借口"》③

这篇文字评论刊发在《工人日报》新闻评论版（05版）。记者关注一家游戏公司在效益良好且利润有较大增长的背景下，却要求员工"自愿"申请降薪这一事件，并以此为切入点，对当前职场员工权益保障问题进行反省反思并评论。倡导抵制以"自愿"之名损害员工的合法权益，并呼吁相关部门针对这一问题采取实际行动，在职场中建立良好的劳动关系，切实保障劳动

① 作者：新华社记者，刊发平台：新华全媒体头条。
② 作者：刘庆传、颜云霞，刊发平台：《新华日报》。
③ 作者：林琳，刊发平台：《工人日报》。

者权益。

【案例四】

《党员干部沉下去　治理水平提上来》①

这是发表在《湖北日报》的报道。这篇报道以咸宁、荆州、武汉的三个社区为例，具体阐释了全省机关企事业单位和在职党员干部下沉社区后、因地制宜推出的多项举措，突出了把党建贯穿于基层治理全过程、推动社区治理水平提升的成效。

【案例五】

《发现不了问题就是最大问题》②

这篇文字评论刊发在《山西日报》要闻版 04 版，文章开门见山，认为"安全检查不怕发现问题，最大的问题是发现不了问题，最大的隐患是发现不了隐患"。一针见血地指出安全检查常态化背景下各类安全事故频发的原因是缺少责任心和发现问题的专业能力。在文章最后，重申观点，与标题呼应，也进一步阐明防患于未然筑牢安全生产防线的重要性。

（二）案例评析

关注现实生活，贴近人民群众，坚持问题导向，是新闻工作文风建设的重要要求之一。习近平总书记指出："胸有成竹才能出口成章，找准症结才能对症下药，源于实践才能指导实践。"这就是说，有敏锐的洞察力和问题意识，才能更好地把握社会难点热点；注重实践过程，才能打下扎实的专业基础并积累丰富的素材内容；同时在呈现新闻作品时，主题集中明确，论述通俗易懂，才能提升传播力和感染力。

---

① 作者：彭小萍，刊发平台：《湖北日报》。
② 作者：陈力方（陈丽芳），刊发平台：《山西日报》。

1. 贴近人民群众，把握热点难点

2011 年，中宣部、中央外宣办、国家广电总局、新闻出版总署、中国记协五部门下发《关于在新闻战线广泛深入开展"走基层、转作风、改文风"活动的意见》，在全国新闻战线组织开展"走基层、转作风、改文风"活动。该活动的实施推动新闻工作者在新闻宣传实践中践行群众观点和群众路线，促进新闻单位深入基层、深入群众，进一步制度化、常态化，[①] 也要求新闻工作者的新闻实践要扎根基层，体察民情，展现朴实的为民情怀，回应群众关切。

新华社 2020 年 5 月 19 日在新华全媒体头条刊发文字通讯与深度报道——《习近平的扶贫故事》，该报道获得第三十一届中国新闻奖特别奖。报道选取习近平总书记从生产大队党支部书记到我国最高领导人 40 多年来的扶贫之路：看真贫的故事、账本的故事、茶和果的故事、"弱鸟先飞"的故事、县委书记"返岗"的故事、路的故事六个典型故事，报道素材鲜活，语言通俗易懂，真正做到让百姓愿意看、看得懂。鲜活的个体、具体的故事与中华民族实现伟大复兴的中国梦和脱贫攻坚有机结合，记录与反映脱贫攻坚过程中百姓的真实生活和心声，反映出习近平总书记作为大国领袖的为民情怀和使命担当，也体现出国与家的紧密相连。一个个生动故事的背后是记者贴近群众扎扎实实的采访，更是新闻工作者践行群众观点的体现。

《湖北日报》2020 年 11 月 18 日 01 版要闻——《党员干部沉下去　治理水平提上来》深刻的阐释：为民的事无小事，大量工作在基层。在湖北全面推行机关企事业单位党组织和党员干部"双报到"制度，全省 104 万余名党员干部参与下沉社区工作的背景下，该报道利于把党的建设贯穿基层治理全过程、完善共建共治共享的基层治理格局，推动社区治理水平提升。在文章结构上，三个具体案例逻辑清晰、条理清楚；在行文风格上，文笔优美、行文流畅，"湛蓝的天顶下，星光闪耀，如梦如幻"一句引入，让人仿佛身临其境，十分想阅读下去。文章有两处亮点是值得我们学习的，一是采用"感言"的形式，较为新颖，也与该部分

---

① 新华网. 全国新闻战线积极开展"走基层 转作风 改文风"活动［EB/OL］. https：//www.chinanews.com.cn/gn/2011/08-18/3268184.shtml.

的小标题形成呼应、有头有尾、结构完整；二是多处直接引用对话，增强了文章的真实性和说服力。

2. 理论联系实际，言之有理有物

习近平总书记在谈及文风问题时曾说："我们的文件、讲话和文章，力求反映事物的本来面目，分析问题要客观、全面，既要指出现象、更要弄清本质；阐述对策要具体、实在，要有针对性和可操作性。"① 在新闻报道过程中要弄清本质、找到针对性措施就要理论联系实际，一切从实践中来，言之有物亦言之有理。真正做到：少一些结论和概念，多一些事实和分析；少一些空泛说教，多一些真情实感；少一些抽象道理，多一些鲜活事例，从而吸引人，打动人，感染人。②

《新华日报》2020 年 10 月 12 日要闻 03 版的文字评论《警惕"精致的形式主义"》，获得第三十一届中国新闻奖一等奖。在该篇文章中，记者首先关注到多则新闻报道中抓餐饮浪费、农贸市场的精细化管理过程中引起热议的形式主义问题，凭借自身的新闻敏感捕捉到"形式主义"这一新闻选题的重要新闻价值和现实意义（将精致的形式主义比作用"美颜"功能修饰过的手机拍照一样）。用比喻的修辞手法，表达生动又一针见血地指出精致的形式主义的新特点。立足历史视角，记叙《资治通鉴》中反对形式主义典型案例的细节说明该问题由来已久，论述内容充实有纵深之感。指出"闻起来臭吃起来香"、善于"基因重组""变形变异"等原因使得形式主义尚未绝迹，语言朴实生动形象、直击要害。鲜明地指出坚决反对形式主义、官僚主义和弄虚作假。整篇报道，围绕值得警惕的形式主义问题展开，弄清形式主义本质并提出具体对策，语言平实晓畅却隽永深刻。主题深刻、论证结构清晰、层层递进、博古通今，具有极强的针对性和现实意义。

---

① 习近平. 努力克服不良文风 积极倡导优良文风（2010 年 5 月 12 日在中央党校 2010 年春季学期第二批入学学员开学典礼上的讲话）［EB/OL］. http：//www. gov. cn/ldhd/2010-05/17/content_1607428. htm.

② 人民日报评论员. 增强"四力"打造过硬队伍［EB/OL］. https：//baijiahao. baidu. com/s? id=1610587526243588825&wfr=spider&for=pc，2018-09-03.

3. 主题明确集中，立意高远深刻

在新闻文风建设过程中，如何选择受众感兴趣的议题，并在报道时让受众直观地感受到报道主题的内核与价值；如何用群众易于接受的方式和通俗易懂的语言宣传阐释宏大的命题都考验着新闻工作者。

《工人日报》2020 年 11 月 10 日发表的新闻评论《"自愿"不能成为职场伤害的"美丽借口"》获得第三十一届中国新闻奖二等奖。该文字评论在表达时用易于理解的话语来阐释这一问题。例如，在谈及企业健康发展要义时说道："任何企业要想健康、长久地发展，经营理念和企业文化首先要健康，这就像一个人如果脑子出了问题，做任何事都不可能正常。"这段话说明了经营理念和企业文化之于企业就如人脑之于人体一样重要，用形象的语言传递观点，给相关企业深刻的启发。报道主题表达明确集中，指出职场中存在的"996""715""白加黑"等多种问题，批评畸形的劳动关系，呼吁相关部门采取实际行动对部分企业进行整顿，对于该问题的评论和分析极具现实意义，有助于遏制不良职场风气，推动健康、和谐的劳动关系的建立，切实保障劳动者权益。

《山西日报》2020 年 10 月 12 日要闻版 04 版的文字评论《发现不了问题就是最大问题》荣获第三十一届中国新闻奖一等奖。文章篇幅短小但主题深刻，可谓是文风建设过程中，打造"精兵简政"的样板。记者开门见山摆出观点：安全检查不怕发现问题，最大的问题是发现不了问题，最大的隐患是发现不了隐患。记者探析安全检查常态化背景下安全事故频发的根本原因，一是责任心缺乏，二是缺少发现隐患的本领和能力。因此，解决这些问题要采取针对性的措施以筑牢安全防线和高质量发展的根基。文章主题鲜明，逻辑清晰，论述层层递进，不断深化主题。在文章结尾，再次阐明观点，呼应主题。在安全事故时有发生的背景下，该评论的刊发具有重要的参考价值和启发意义，体现媒体的社会导向和舆论引领的重要作用。对于相关部门和工作人员改进工作、保障社会生产安全具有重要意义。

（三）延伸思考

中国共产党百年文风的建设经验告诉我们：文风不正，危害极大。习近平总

书记曾指出不良文风的危害："它严重影响真抓实干、影响执政成效，耗费大量时间和精力，耽误实际矛盾和问题的研究解决。不良文风蔓延开来，不仅损害讲话者、为文者自身形象，也降低党的威信，导致干部脱离群众，群众疏远干部，使党的理论和路线方针政策在群众中失去吸引力、感召力、亲和力。可以说，一切不良文风都是不符合党的性质、宗旨的，都是同党肩负的历史使命相背离的。"① 多个优秀主流媒体平台的文风建设实践，对新闻从业者落实总书记关于文风建设的要求有以下启示：

一方面是真正关注热点难点，回应群众关切。文风建设的前提是坚持党的领导，传播党的声音。因此，需要积极传达党的方针政策，关注社会的热点难点。既要突出与人民群众息息相关的本地内容，也要宣传宏观政策方针，发挥宣传引领作用，服务发展大局。回望中国共产党的文风建设历程，走群众路线是文风建设的基本路径。② 瞿秋白在《谈谈工厂小报和群众报纸》一文中指出，新闻宣传"要脸向着群众"。2003 年 1 月，党中央提出新闻报道"三贴近"原则，即"贴近生活、贴近群众、贴近实际"。因此，主流媒体要有朴实的为民情怀，了解群众心之所系，走到人民群众中间，从群众生活中积累鲜活的素材、发现群众关切的问题、了解群众的现实需求，并用群众语言阐释问题，提出对策。

另一方面是理论联系实际，一切从实践中来，唯有如此才能做到言之有理，言之有物。早在 1842 年，马克思在致阿尔诺德·卢格的信中就说："少发些不着边际的空论，少唱些高调，少来些自我欣赏。"③ 以此表示对言之无物文章的不满。新时期的文风建设过程中，我们依然要反对"法国式虚荣"这一形式主义文风。所谓"法国式虚荣"，是指当时的一些革命派作家、理论家的文章中，过分讲究文字雕琢、形式变换等外在形式的铺排、渲染，而不注重内容内涵的一种不

---

① 习近平. 努力克服不良文风 积极倡导优良文风（2010 年 5 月 12 日在中央党校 2010 年春季学期第二批入学学员开学典礼上的讲话）［EB/OL］. http：//www. gov. cn/ldhd/2010-05/17/content_1607428. htm.

② 田森杰. 政治话语与改革行动：中国共产党新闻文风建设的双重轨迹［J］. 中国广播电视学刊，2021（12）：86-90.

③ 中共中央马克思恩格斯列宁斯大林著作编译局（编译）. 马克思恩格斯全集（第 27 卷）［M］. 北京：人民出版社，1972：436.

良文风。① 坚持一切从实际出发，实事求是，深入基层，深入一线，积累丰富的素材，做扎扎实实的采访，新闻报道才能触及根本，文风建设才能落到实处。

其次，要坚持"真实是新闻的生命"的原则。在保证真实性的基础上，全面、立体地开展新闻报道。要根据事实来描述事实，既准确报道个别事实，又从宏观上把握和反映事件或事物的全貌。② 新媒体时代，需特别警惕为了博人眼球、获得流量而弄虚作假、刻意扭曲事实。习近平总书记在党的新闻舆论工作座谈会上强调，新闻工作者要转作风、改文风，俯下身、沉下心，察实情、说实话、动真情，努力推出有思想、有温度、有品质的作品。要提升新闻作品的品质，就要坚决反对"长""假""空"和"正确的废话"，落实"短""实""新"的清新文风。反映真实的情况，敢于讲真话和道实话，用生动形象的语言，深入浅出的表达，打造出为群众所喜爱、具有立体传播效果的新闻作品。

此外，通过对优秀新闻作品的分析可知，"短""实""新"三者之间并不是相互区隔的，而是紧密联系、相辅相成的。用精简的语言、适当的篇幅和创新的形式呈现要义，坚决杜绝"下笔千言，离题万里"的问题。落实文风建设的要求，实现传播效果最优解。

2012年12月4日，中共中央政治局召开会议，审议通过了中央政治局关于改进工作作风、密切联系群众的八项规定。其中指出："要精简文件简报，切实改进文风，没有实质内容、可发可不发的文件、简报一律不发。""要改进新闻报道，中央政治局同志出席会议和活动应根据工作需要、新闻价值、社会效果决定是否报道，进一步压缩报道的数量、字数、时长。"新闻报道之前，要考虑新闻价值和传播效果，选取一个有意义的主题并围绕其展开，让受众快速了解新闻报道的内核，并用通俗易懂的语言对主题进行深入浅出的论述。这样主题集中的报道，虽内容简洁却具有深度。如果贪大求全，围绕多个主题展开，内容多是泛泛而谈，冗长却不触及实质与要害。

---

① 唐国战. 中国共产党文风建设历史考察 [D]. 长沙：湖南师范大学，2016：19.

② 人民日报. 坚持正确方向创新方法手段提高新闻舆论传播力引导力 [EB/OL]. http：//politics. people. com. cn/n1/2016/0220/c1024-28136187. html，2016-02-20.

四、数据视角丰富，真实全面立体

（一）案例概述

本主题从光明网、《经济参考报》《河北日报》《湖北日报》和《农村新报》往期报道中选取 6 个文风建设的典型案例。其中有武汉武商超市"换袋"过渡期的报道，有扶贫干部在基层故事的报道，有疫情期间国际货物入库过程的报道，有青海地区"隐形首富"非法采煤严重破坏当地生态的报道，也有脱贫攻坚战中涌现出的典型人物李保国的报道。相关案例灵活运用相关数据，报道角度独特，呈现出真实、全面又立体的报道效果。

【案例一】

《疫情当前，怎么火了一句唐诗？》①

这是发表在光明网的报道。该报道以疫情期间在网络爆火的一句唐诗——"青山一道同云雨，明月何曾是两乡"为切入点，深入分析这一爆火现象背后反映出的问题，并将这句诗与硬核的抗疫口号进行对比。报道分析其背后所体现的文明感，并对疫情期间出现的一些不文明行为进行批判，进而呼吁人们在疫情期间坚守文明社会的价值。

【案例二】

《钟华论：在民族复兴的历史丰碑上——2020 中国抗疫记》②

这是新华通讯社的文字评论，该报道全面记录了中国 2020 年抗疫阻击战，全面总结抗疫成果与经验。报道体现了中国共产党的正确领导与中国特色社会主义的制度优势，彰显出中华儿女团结一致，共克时艰的决心及中华民族

---

① 作者：王子墨，刊发平台：光明网。
② 作者：集体，刊发平台：新华通讯社。

在磨难中成长奋起、生生不息的伟大力量。

【案例三】

《"我和保国天天说话"》①

这是发表在《河北日报》的报道。该报道从李保国妻子郭素萍的微信朋友圈切入，报道了李保国同志作为新时期共产党人的楷模，一生情系穷苦百姓，致力于内丘县脱贫攻坚事业的感人事迹。李保国同志去世后，妻子郭素萍继续投身科技扶贫一线，李保国精神也被传承，社会上涌现出越来越多像他那样的人在乡村振兴的道路上前行。

【案例四】

《武汉商超进入"换袋"过渡期》②

这是发表在《湖北日报》的报道。该文对武汉商超陆续开始更换可降解塑料袋后的"换袋"过渡期进行报道。分析了"换袋"对消费者、便利店、商超乃至外卖平台等相关主体的影响。利用数据印证武汉人超市购物用袋习惯的改变和环保意识的提升。

【案例五】

《脚沾泥土践承诺——来自安陆扶贫一线的故事》③

这是发表在《农村新报》的报道。该报道选取三个具有代表性的扶贫干部故事，分别以小标题"病房里的喜讯""特殊的交流"和"一碗饺子"报道安陆市交通运输局驻木梓乡江河村扶贫工作队队员陈贻贤因病住院后，其帮扶对象胡加全对其的关心；安陆市住房和城乡建设局驻村干部殷宗发与其

---

① 作者：潘文静、冯阳，刊发平台：《河北日报》。
② 作者：肖丽琼，刊发平台：《湖北日报》。
③ 作者：戴蕾、杨鹏程、陈玉莹，刊发平台：《农村新报》。

帮扶的聋哑对象郭幺之间特殊的交流方式；村民老梅为安陆市气象局驻雷公镇横冲村工作队长尹少杰送来饺子的感人故事。记录扶贫干部的工作成绩，也反映出工作过程中干部与村民建立起的深厚情谊。

【案例六】

《无中生有　有中生优》①

这是发表在《农村新报》的报道，主要报道了郧西县关防乡沙沟村村民挖掘土地潜力，让农业"无中生有、有中生优"，强力推进食用菌、中药材、马头山羊、木本油料、茶叶、生态渔业等六大产业链，因地制宜做好农业的产业提质。

（二）案例评析

善用数据说话，一方面为新闻报道提供有力支撑，增强报道的准确性和客观性；另一方面，使得报道更有说服力，而不是缺乏"证据"地泛泛而谈。此外，在对新闻事件进行报道时，选取恰当的报道角度不仅会在很大程度上影响新闻产品的传播效果，还可以避免贪大求全导致的内容虚浮空泛。总结优秀新闻作品的文风特点，可以为新闻工作者改进文风提供经验和指导。

1. 数据信源丰富，信息真实可信

《〈华尔街日报〉是如何讲故事的》有这样一段话："人们永远在思考哪些元素让一个故事从本质上变得有趣：如何在瞬间吸引观众的注意力；如何安排故事情节，让故事具有持续的吸引力；以及如何让故事深深刻在人们的记忆之中。"②恰当选取并使用数据，可以直观传递重要信息，丰富新闻报道的元素。选取可靠信源也可以使得新闻报道有据可"依"。

---

① 作者：肖敏、武国顺、杨洪霞，刊发平台：《农村新报》。

② ［美］威廉·E. 布隆代尔.《华尔街日报》是如何讲故事的［M］.徐扬，译. 北京：华夏出版社，2006：1.

《农村新报》2021 年 10 月 15 日 01 要闻版《无中生有 有中生优》，文章主要通过三个小标题"生态冷水稻 每亩纯收 2000 多元""百味马头羊 电商走四方""'好香口'蔬菜全程智能监管"反映当地产业的发展，其中采用大量的数据细节描述当地产业的发展，例如"24 小时内可发往全省，48 小时内发往全国大部分地区""郧西全年蔬菜种植面积 30 多万亩，年产 40 多万吨，产值过 10 亿元"等，多方数据印证当地的农业经济快速发展。用数字直观、简洁地反映当地人挖掘土地潜力，因地制宜发展农业的成果，为其他农村地区提供发展经验。论据确凿，增强了文章说服力。

新华通讯社发表的文字评论《钟华论：在民族复兴的历史丰碑上——2020 中国抗疫记》荣获第三十一届中国新闻奖二等奖。评论结构清晰，内容"纵横交错"具有深度。纵向上，记者以时间为轴，用数字清晰地梳理出抗击新冠疫情的重要时间节点与阶段性成果。横向上，报道以丰富的数据支撑论证，使得论证充分有力且更加直观。例如，"党中央一声令下，460 多万个基层党组织、9000 多万名党员迅速行动起来，成为抗疫中坚力量"，体现党中央的正确领导和中国特色社会主义的制度优势。"截至 4 月中旬，全国规模以上工业企业平均开工率达 99%，民营企业复工率超过 90%，中小企业复工率超过 80%"，呈现复工复产的加快推进。数字的使用，使评论文风清新且更显情理交融，让读者更深刻地记住这场抗议阻击战的艰辛历程与重要成果，还能彰显中国力量与中国精神，传递出激励人心的正能量。

2. 视角精当独特，解读全面立体

部分新闻报道盲目追求"大而全"，报道角度虽多但是每个角度都浅尝辄止，不仅缺乏深度还冗长无味。受众在阅读时不知要义所在，进而影响主流媒体的的权威性和公信力。选择合适的报道视角不仅可以优化传播效果，还可以做到微言大义，最大程度发挥媒体的宣传作用。

《湖北日报》2020 年 11 月 26 日 08 经济版《武汉商超进入"换袋"过渡期》，报道第一部分从记者观察的视角切入，描写了收银员询问顾客是否有塑料袋、年长者或女性多自备购物袋、无袋顾客"兜着走"等细节，做到了真实、细腻地反映武汉"换袋"过渡期。同时以武商超市数据作为客观材料支撑，既有具体现象，又有整体统计，既有主观印象，又有客观数据，文章内容完整自洽。第二部分则以价格为导向，分析"换袋"对便利店、商超乃至外卖平台的影响，信源也不局限于商超、不局限于武汉，这样的报道视角更宽，思路更广，有利于读者对武汉"换袋"整体环境的把握，也起到良好的倡导效果。

光明网 2020 年 2 月 12 日发表的文字评论《疫情当前，怎么火了一句唐诗?》获得第三十一届中国新闻奖三等奖。记者敏锐捕捉到唐诗"青山一道同云雨，明月何曾是两乡"爆火反映出的深层问题，以此为切入点和线索串联起整篇内容，并将这句充满韵味的唐诗与疫情期间"今年上门，明年上坟""拜年就是害人，聚餐就是找死""带病回村，不孝子孙"等常见的硬核抗疫口号进行对比。评论指出并反思在抗疫过程中出现的泄露他人信息、歧视湖北人等不文明行为；分析这句唐诗背后体现出的文明感和传统文化的韧劲儿与穿透力，体现出其背后"对法治的信仰，与同胞的共情，对个体权利的尊重"；呼吁在疫情期间我们应当坚守文明社会的价值。这篇评论角度选取巧妙精当，切口虽小，但观点明确，分析层层递进，解读深刻全面，文字也十分优美。该评论在特殊时期起到良好的舆论引导和传播效果，体现出媒体的坚守与担当。

3. 细节刻画饱满，论述深入浅出

反对"假大空"的文风，其中重要一点就是提倡通俗易懂，形象生动。语言表达无需辞藻华丽，但要能够抓住细节，以小见大，深入浅出，易于理解。

《河北日报》2020 年的 10 月 18 日要闻版 1 版（转 4 版）的文字通讯《"我和保国天天说话"》获得第三十一届中国新闻奖二等奖，该报道巧妙选取李保国同志的妻子郭素萍的朋友圈留言作为切口，让我们了解李保国同志作为共产党员的楷模和知识分子优秀代表，一生致力于内丘县脱贫攻坚事业的光荣事迹。文中多处直接引用郭素萍的朋友圈留言，文风鲜活，语言真挚朴实，却感人至深，蕴含着郭素萍对丈夫深深的思念，表现出他们夫妻二人对于科技扶贫事业的热爱和坚守，以及当地对于李保国精神的传承。全篇没有使用华丽的辞藻，却刻画出李保国深入人心的光辉形象，宣扬李保国精神，体现共产党人的初心和使命担当，也激励着更多人投身于乡村振兴和脱贫攻坚的伟大事业。这是新闻工作者践行新时期文风建设和"脚力、眼力、脑力、笔力"要求、媒体发挥宣传

导向作用的佳作。

《农村新报》2021 年 1 月 19 日 01 版《脚沾泥土践承诺——来自安陆扶贫一线的故事》一文，在讲述扶贫干部故事时详实记录贫困户的各项脱贫数据，如"胡加全买回第一批 11 头优质黄牛""村集体经济收入达到 12.8 万元""36 户脱贫家庭就有 30 户发展了种养殖产业，单养殖的土鸡总数就达 8000 多只"等。文章分别介绍三个扶贫干部的事迹时都以"小事"开头，贫困户胡加全给病床上的陈贻贤打电话、殷宗发通过敲击窗户的"暗号"同聋哑贫困户"郭幺"通话、尹少杰收到一碗热气腾腾的饺子，迅速拉近读者与扶贫干部之间的距离。通讯员对于细节的选取与处理十分到位。

（三）延伸思考

1942 年，毛泽东发表了题为《整顿党的作风》的演讲，强调文风与党的作风紧密相关，并特别提到反对"党八股"。之后，他还专门发表《反对党八股》一文，对党八股作了全面深入的分析和批判。他列数党八股"害人不浅"的罪状：空话连篇，言之无物；装腔作势，借以吓人；无的放矢，不看对象；语言无味，像个瘪三；甲乙丙丁，开中药铺；不负责任，到处害人；流毒全党，妨害革命；传播出去，祸国殃民。因此，毛泽东指出："洋八股必须废止，空洞抽象的调头必须少唱，教条主义必须休息，而代之以新鲜活泼的、为中国老百姓所喜闻乐见的中国作风和中国气派。"① 要坚决反对党八股，提倡马克思主义中国化文风。

毛泽东的文风建设思想时至今日仍然具有十分重要的参考价值和指导意义。进入中国特色社会主义新时代，我国日益走向世界舞台的中央，新闻舆论工作取得新成就，也呈现出新气象。近几年，新冠疫情这一突发公共卫生事件的暴发，使得新闻传播从业者面临更加复杂的传播生态，这对文风建设和新闻工作者提出新的要求。抵制党八股，改正不良作风，推动文风的深层次革新，提升自身专业素养，是新闻舆论工作队伍建设的重中之重，也是提升新时期新闻宣传报道的质量和水平的关键所在。

---

① 中共中央文献研究室，中央档案馆．建党以来重要文献选编 1921—1949（第 19 册）[M]．北京：中央文献出版社，2011：68．

　　新时期反对党八股，落实到具体的实践中，仍要认真学习和参考毛泽东在延安整风运动时的讲话要求——学习列宁做宣传工作的精神和方法、季米特洛夫的宣传思想和鲁迅的写作文风。值得注意的是，毛泽东还特别提及鲁迅复《北斗》杂志社讨论怎样写文章的一封信，其中写道："留心各样的事情，多看看，不看到一点就写""写不出的时候不硬写""写完后至少看两遍，竭力将可有可无的字、句、段删去，毫不可惜。宁可将可作小说的材料缩成速写，决不将速写材料拉成小说""不生造除自己之外，谁也不懂的形容词之类"等数条值得参考的文章规则。① 党的新闻工作者落实文风建设要求的具体方法，简而言之就是要下功夫，善于观察；有责任心，而不是应付了事；"删繁就简三秋树"，而不是写得像懒婆娘的裹脚带又臭又长；语言通俗易懂而不是讲"听不懂的套话"。

　　其次，要坚持"守正创新"。新时代，新气象，呼唤新文风。要创新讲故事的方式，提升讲故事的能力。例如，近几年，有学者提出数据驱动讲故事的新模式，强调培养新闻传播人才的数据素养、数据思维以及用数据讲故事的能力，用简洁的数字反映复杂的新闻事件，但同时也避免事件的本质被数据所掩盖。报道的时候不循规蹈矩、千篇一律，而是寻找独特恰当的报道视角，精准反映问题的本质，同时丰富新闻作品的创作形式。

---

　　① 中共中央文献研究室，中央档案馆．建党以来重要文献选编 1921—1949（第 19 册）[M]．北京：中央文献出版社，2011：79.

第六章　媒介融合

"媒介融合"这一概念的提出始于 20 世纪 80 年代的美国，是指各种媒介呈现出多功能一体化的发展趋势。近年来，这一概念传入我国，经学者阐释、政策指导、多年发展，已成为我国传媒业生机勃发的新兴业态景观，亦被认为是互联网新媒体背景下传统媒体至关重要的突围之路。

传统媒体如何实现高质量、深层次、广领域的融合发展？这无疑是新闻行业经久不衰的议题。2014 年 8 月 18 日，习近平总书记在中央全面深化改革领导小组第四次会议上的讲话中提出："推动传统媒体和新兴媒体融合发展，要遵循新闻传播规律和新兴媒体发展规律，强化'互联网思维'，坚持传统媒体和新兴媒体优势互补、一体发展，坚持先进技术为支撑、内容建设为根本，推动传统媒体和新兴媒体在内容、渠道、平台、经营、管理等方面的深度融合，着力打造一批形态多样、手段先进、具有竞争力的新型主流媒体，建成几家拥有强大实力和传播力、公信力、影响力的新型媒体集团，形成立体多样、融合发展的现代传播体系。要一手抓融合，一手抓管理，确保融合发展沿着正确方向推进。"当今社会，主流媒体作为激荡时代洪流的引路者、指南针，在媒介融合发展中应起到示范作用，以适应变革的创新思维为指导，勇于尝试和破壁，积极打造符合时代召唤的新型主流媒体。

一、图文有机结合，信息可视传播

（一）案例概述

本主题从《人民日报》、新华社、新华网、《湖北日报》、河北新闻网、《南方日报》、南方网中选取 7 则以图文结合、信息可视形式传播的新闻案例，其中既涉及时政、经济，也有文化、民生、教育等题材，内容涵盖较广。

【案例一】

《数十载追寻祖先足迹　长江畔破解文明密码》①

　　这是《湖北日报》刊登的一版长江文明考古成果展览。2020年5月，国家文物局将长江中游文明进程研究项目正式纳入"考古中国"重大研究项目，由湖北省牵头，与湖南、安徽、江西、河南等省共同实施。在此背景下，该专版通过对"屈家岭""城河""石家河""金道锡行""古人类发祥地"等考古发现的详细介绍，以事实来证明长江中游文明在中华文明起源和多元一体发展历程中所起的重要作用。该报道运用丰富的图文内容，以"一版之地"对湖北省的长江文明考古成果进行一场沉浸式的"微型展览"，呈现十几代湖北考古人孜孜不倦的成果。

【案例二】

《手绘长图｜它就是"德尔塔"》②

　　这是来自新华网的一则图文报道。"德尔塔"毒株是新冠病毒的重大突变毒株之一，也是彼时全球最流行的毒株之一。新华网的这篇报道，用一系列信息图，清晰直观地阐释"德尔塔"病毒的概念、与原始病毒的区别、传染力等关键问题，同时，还用漫画和醒目的文字标出防范"德尔塔"病毒的重要手段。

【案例三】

《河北网民画像来了！图解〈2021年度河北省互联网发展报告〉》③

　　这是河北新闻网刊登的一则数据新闻，主题是以信息图的形式图解《2021

---

① 作者：海冰、张君、黄敏，刊发平台：《湖北日报》。
② 作者：集体，刊发平台：新华网。
③ 作者：集体，刊发平台：河北新闻网。

年度河北省互联网发展报告》，对河北省网民的画像进行多方面、多角度的立体刻画。该图解立足报告整体，解读细致入微，数据配以饼状图、条形图、加粗高亮，以直观化、可视化的效果呈现宏大的时代发展叙事。

【案例四】

《相约北京冬奥 共赴冰雪盛会》①

这是《人民日报》2021年2月4日的体育版，主题是北京冬奥会开幕倒计时一周年特别报道。其中，记者采访正在备战的运动员和教练、医生、组委会工作人员，通过不同的视角营造出冬奥会紧锣密鼓筹办、万众瞩目期待的氛围。同时，报道还用条形图、重点数据加粗、高亮等形式，可视化地呈现冬奥会筹办的各项进程。

【案例五】

《紧急救援 逆火前行》②

这是《南方日报》刊登的一则新闻摄影作品，荣获第三十届中国新闻奖"新闻摄影"类三等奖。记者采用逆光的角度拍摄，以较暗的消防员背影和

---

① 作者：集体，刊发平台：《人民日报》。
② 作者：郑家裕，刊发平台：《南方日报》。

草地为近景，以熊熊燃烧的山林大火为远景，使画面的对比增强，呈现出震撼人心的力量。这幅新闻摄影作品生动地记录下消防员奋不顾身、直奔火场的实景，获得良好的社会传播效果，被多家媒体转载。

【案例六】

《习近平在陕西省平利县考察脱贫攻坚情况》①

　　这是新华社刊登的一则新闻摄影作品，荣获第三十一届中国新闻奖"新闻摄影"类一等奖。作品拍摄于 2020 年 4 月 21 日，疫情后，中共中央总书记、国家主席、中央军委主席习近平来到陕西省安康市平利县老县镇，在茶园考察脱贫攻坚情况。作品构思精巧，人物形象鲜活生动，成功抓拍到从"总书记"至"村支书"等"五级书记"同框的珍贵瞬间。新闻图片体现了作者对新闻现场的精准把控，画面中五位书记神态生动、主次分明，环境和前景人群恰当地衬托了主体人物。

【案例七】

《南粤水灾》②

　　这是选自南方网的一则新闻摄影作品，为系列组图之一，荣获第二十九届中国新闻奖"新闻摄影"类二等奖。作品拍摄于 2018 年 9 月 2 日广东汕

---

① 作者：燕雁，刊发平台：新华社。
② 作者：集体，刊发平台：南方网。

头连降暴雨时，记录了南粤人民抗击洪水灾害的珍贵瞬间。作品中，一排一排的潮汕特色老宅群被洪水围困，行列整齐，形成具有冲击力的视觉效果。

（二）案例评析

1. 图文览乾坤，文旅建设身临其境

图文报道是报刊媒体的经典形式和传统强项，亦是主流媒体视觉建设的重要领域。在媒介融合时代，要巩固和建设这一重要领域，主流媒体需要做到：

其一，转变思维，从"图文并茂"到"图文并重"。自近代报刊诞生以来，图文报道已经历一个自"图文并茂"到"图文并重"的时代。① 在中华人民共和国成立以来的相当长一段时间内，文字仍是报刊的"主角"，有图有文即可称之为"图文并茂"。此时，图片仅作为文字的补充，对其作进一步的解释说明，是名副其实的"配角"。若图片所占版面太多，则可将其删去。在此背景下，图片的故事性、主体性，以及单独作为一种新闻载体的可能性，并未受到重视。上世纪 80 年代开始，随着视觉媒介的极大普及和当时舆论宣传的现实要求，我国新闻传播事业逐渐过渡到"图文并重"的时代。1990 年的第一次全国报纸总编辑新闻摄影研讨会就提出一个口号，"图文并重，两翼齐飞"。这一要求提出已有 30 余年，但观照人们平日所见的许多新闻报道，其思维仍是停留在"图文并茂"

① 许林 ."图文并茂"不等于"图文并重"［J］. 新闻战线，2003（01）：60-62.

阶段，图片与文字关联性、互补性不强，图片未能很好地抓住文字报道的核心，即便删之，也丝毫不影响报道的完整性，留下也不过空占或点缀版面。因此，在主流媒体的图文报道中，图片应受到重视，并非笔至此处锦上添花、删之亦无伤大雅的元素，而是自有其新闻价值，可赋予报道更强大的生命力、传播力。在选择、组织图文报道时，媒体工作者当需注意这一点。

其二，着眼整体，从机械组合到融为一体、合而为一。习近平总书记在"2·19"重要讲话中指出："媒体融合发展关键在融为一体、合而为一。"这一论断启示我们，图文融合关键在一个"融"字，图与文皆服务于整体，有机地组织、排版，使其相辅相补相得益彰，方可实现一加一大于二的传播效果。《数十载追寻祖先足迹　长江畔破解文明密码》作为长江文明考古成果展览，紧扣"览"之一字，将一个个型制各异、造型奇巧的文物以图片形式呈现，有序排布，精美设计，再辅以关键的文字资料，图文相间，浑然一体，令读者仿佛身临其境，观看一场跃然纸上的微型文博展览。

2. 巧用信息图，民生大事一目了然

新闻工作为人民服务，为社会主义服务，为全党全国工作的大局服务。坚持"三为"方向，是我国社会主义新闻事业的宗旨，也是主流媒体的重要责任。新闻是沟通民众与社会信息的重要渠道，关系国计民生的新闻更应以民众愿读、能读、易读、爱读的形式传播。针对杂芜纷繁的信息，可视化呈现大大提升其传播力。

信息图是新闻报道常用的可视化表现形式之一，是报道者用以解释复杂信息、数据、知识的图像。一幅好的信息图作品，需要做到信息突出、引人注目，才能使读者在第一时间内获取报道者所希望传达的核心信息。在兼顾视觉美观的同时，要厘清内容和形式、本和末的关系，警惕喧宾夺主、复杂晦涩、信息冗余等误区。优秀的信息图应该到达"一目了然"的境界，"每一个优秀的数据可视化作品（包括信息图）都应该直接和我们的眼睛对话"①。本主题选取的案例《手绘长图　｜　它就是"德尔塔"》就很好地体现了清晰、简明的特征，将关乎

---

① 杜怡．信息图的四宗罪（及如何破）［EB/OL］．http：//djchina.org/2013/10/18/why-we-hate-infographics.

人民生命健康的大事要事以最直观的形式呈现出来，具备一幅优秀信息图作品应有的质量。

3. 数据可视化，宏观叙事注入灵魂

数据新闻，具体来说即通过挖掘和展示数据背后的关联与模式，利用丰富的、具有交互性的可视化传播，创作出新的新闻报道方式。它以精确的事实数据、宏观的叙事角度为传统新闻叙事开拓新的道路，被认为是当下新闻业实现突围的重要方向。传统新闻报道以文字为主，着重深入个案，做细致入微的剖析和特写，不足在于叙事方式偏向主观，缺乏客观性和普遍性。而数据新闻的优势在于其来自大规模的抽样调查，具有一般规律性和代表性，可以对事物和现象做充分而客观的宏观报道。因此，数据新闻在宏观叙事上的优势，弥补了传统新闻的不足，为新闻报道注入新的发展活力。①

提到数据新闻，就不得不提到数据可视化这一重要问题。如何挖掘和展示庞杂数据背后的关联与模式，实现丰富、直观、高效的可视化传播，是数据新闻发展的关键。一般来说，常见的数据新闻可视化形式有：可查询的交互地图、动态图表、信息图等。交互地图引入可切换的空间维度，使读者可以从整体来把握信息；动态图表引入时间维度，使读者可以纵览线性的事态发展过程；信息图则胜在直观，遵循视觉传播的规律，用最简明的方式呈现最核心的信息。不同的数据可视化形式各有其特点，但究其本质，都有着相同的出发点和设计宗旨——将数据新闻的可读性和传播力最大化。

本主题选取的《河北网民画像来了！图解〈2021年度河北省互联网发展报告〉》这一案例，通过将关键的数字予以加粗标红，运用饼状图、条形图等数据可视化手段，将河北省互联网发展现状进行直观的呈现。《相约北京冬奥 共赴冰雪盛会》这一案例也紧扣来源权威、切实可信的数据，通过条形图、加粗高亮等可视化形式将其呈现，为冬奥会召开奠定良好的舆论基调。

对于主流媒体而言，把握正确导向、壮大舆论阵地的宏大责任要求其掌握宏观叙事的能力，这就需要一线记者在实际工作中，培养敏锐的数字嗅觉，精进数

---

① 郎劲松，杨海. 数据新闻：大数据时代新闻可视化传播的创新路径 [J]. 现代传播（中国传媒大学学报），2014（03）：32-36.

字技能，探究数据新闻可视化的更多方式和可能。

4. 镜头万花筒，新闻摄影彰显温度

新闻摄影是新闻报道的重要形式，具有纪实性、真实感、临场感等独特优势。在视觉呈现上有着无可替代的作用。成功的新闻摄影无疑有助于提升新闻的传播效果，以图片之品质提升新闻品质，以图片之价值营造强势传播效果。新闻摄影要呈现出优秀的新闻作品，至少需要做到以下两点：

其一，新闻摄影具有艺术性、新闻性的双重属性，要平衡兼顾。即要求新闻摄影在不妨碍新闻价值、新闻规律的前提下，尽可能实现视觉上的美观感和形象性。本主题所选取的《紧急救援 逆火前行》这一案例中，新闻摄影图片构图独特，颜色鲜明，对比强烈，既具有艺术上的美观感，又服务于报道整体，以图片叙事，很好地兼顾艺术性和新闻性。

其二，如姜学魁、孙茂国在对《大连日报》改版创新的研究中所指出："让策划走进镜头，用观点照亮图片，使画面吸引读者。"① 新闻摄影不是即兴、随意、孤立的，要做到策划贯穿始终，主题指挥镜头，观点呼应作品。本主题选取的案例《紧急救援　逆火前行》《习近平在陕西省平利县考察脱贫攻坚情况》都做到了这一点。前者展现消防员的义无反顾和勇往直前，采用逆光拍摄的独特角度，将强烈的光影对比完美呈现，令观者心灵受到震撼；后者记录总书记考察脱贫攻坚情况的精彩瞬间，通过前后景深对比，人物鲜明，主次得当，重点突出，展现领导干部心怀人民、运筹帷幄的风采。这些作品真正做到了策划走进镜头，内容点亮图片。

（三）延伸思考

互联网时代，海量信息以指数级趋势爆炸式增长，充斥着人们生活的方方面面。媒体对信息的生产加工过程，也在不断追求速度更快、内容更多、周期更短。然而，人们有限的注意力和信息的无限增长之间不可调和的矛盾，决定着如何实现受众对于信息的高效接收，必然成为摆在所有新闻舆论工作者面前的重要

---

① 姜学魁，孙茂国. 用"新闻图片"营造"强势传播"——《大连日报》以视觉之美提升主题报道影响力传播力 ［J］. 中国记者，2015（11）：126-127.

命题。因此，新闻传播形式趋向更加直观、更加吸引眼球、更加容易接受的变革，就显得尤为迫切。在此背景下，新闻可视化应运而生。

具体而言，新闻可视化是综合了现代信息技术、数据化制作和可视化生产等多种应用而形成的一种新形式的新闻报道。目前，学界对于新闻可视化尚没有明确定义。但当今社会，众多媒体早已掀起新闻可视化的热潮。这是新闻传播手段适应当代碎片化、轻阅读背景的一种自我调适，也是新闻业革新不可阻挡的趋势。究其根本，新闻可视化的目的和作用在于提高新闻信息的传播力。

其一，可视化报道的信息传播效率强于传统文字报道。人类大脑所拥有的强大图像处理能力，使得知觉系统对图像信息有着比文字信息更强的把握能力。基于这一特点，可视化新闻应运而生，目的在于直观、快速地传达图形化信息。

其二，可视化报道的"悦读"体验适应受众需求。可视化新闻在遵循新闻生产规律的基础上，通过大量的数据分析、图形加工制作，把原来扁平、晦涩、长篇累牍的文字和数据信息转变成为图像化、立体化甚至交互式的新闻报道，使得受众在接受过程中获得内容和形式都更加丰富、更为优质的新闻作品。

其三，可视化报道让受众在浩繁的数据海洋中发现与现实社会相联系的逻辑和规律。数据本身是体量庞大、形式繁杂而难寻规律的，而可视化叙事通过线条、形状、图示、统计图、高亮标记，将其以直观、清晰的形式呈现给受众，在不改变数据的前提下对数据进行意义上的挖掘，让看似无序的数据与受众生活息息相关的种种串联成一条条线索，使得受众能够更为简单、便捷地将数据应用到现实生活当中，服务并指导其生活。①

二、创新版面布局，提升用户体验

（一）案例概述

本主题从《浙江日报》《新华日报》《河北日报》《解放日报》《人民日报》和《中国妇女报》中选取 6 则在版面布局上具有特点的新闻案例，其中既有色彩、图形、排版、设计，也有稿件编排方面的案例，类型丰富。

---

① 刘杰．数据新闻可视化叙事初探［J］．科技传播，2013（16）：26-27.

【案例一】

《2020"互联网之光"博览会开幕：
透过这扇窗，看见未来》①

这是《浙江日报》2020年11月23日的6至7版，该版面获第三十一届中国新闻奖"新闻版面"类二等奖。该版面聚焦"互联网之光"博览会，以打通版面的形式，呈现博览会的各类展品和举办历程。内容形式丰富，包括图片、文字消息、评论，版面设计新奇美观，结合"透过这扇窗，看见未来"的主题，将版面整体设计成一面打开的窗，古典纹样与现代元素相结合，使得版面同时具备空间和时间上的纵深感。

【案例二】

《因为有你　山河无恙——致敬江苏援鄂战"疫"英雄》②

这是《新华日报》2020年4月14日"因为有你 山河无恙"专题报道中的一个版面，该版面获第三十一届中国新闻奖"新闻版面"类二等奖。版面逐一列出2813名江苏援鄂医护人员的全名单，并别出心裁地将其排列成一名头戴护目镜、身穿防护服的医护人员半身像。版面摒弃井然有序、整整齐齐的排列方式，而是充分运用视觉元素，在吸引读者眼球的同时，服务于

---

① 作者：集体，刊发平台：《浙江日报》。
② 作者：集体，刊发平台：《新华日报》。

该专题新闻报道的主题，别具匠心地致敬最美逆行者。视觉运用与报道主题交融，加深读者印象。

【案例三】

《聚焦京雄城际铁路全线开通运营·特别报道》①

这是《河北日报》2020 年 12 月 28 日的 02 版，该版面获第三十一届中国新闻奖"新闻版面"类三等奖。这一版面是对京雄铁路全线开通运营的专

① 作者：集体，刊发平台：《河北日报》。

题报道，视觉元素运用较为新颖、恰当。以绘画的方式形象再现铁路的各个站点，通过有指向性的箭头引导读者阅读，使得版面整体上一目了然，兼具可读性和观赏性。文章的布局安排合理清晰且美观大方，吸引读者目光，提高阅读体验，以此让版面的外在形式更好服务于传播内容，提升文章传播力。

【案例四】

《解放日报》2019 年 10 月 2 日①

这是《解放日报》2019 年 10 月 2 日的 1、4 通版，该版面获第三十届中国新闻奖"新闻版面"类一等奖。该版面在全国党报中首创竖通版版式，版面的立意围绕毛泽东同志 70 年前的"占人类四分之一的中国人从此站立起来了"宣示画面展开，新颖而具巧思。同时，版面整体色彩和谐，恢宏大气，视觉冲击力强。

---

① 作者：集体，刊发平台：《解放日报》。

【案例五】

2020年1月2日《人民日报》要闻2版①

　　这是选自《人民日报》2020年1月2日的一个要闻版面。该版面详细梳理全面小康收官之年的阶段性成果，以丰富的视觉元素、灵动的色彩搭配，充分展现"十三五"规划的完成情况，突出呈现全面小康征程上的伟大历史性成就。

【案例六】

《她们，以勇气和奉献换得山河无恙》②

　　这是2020年10月23日《中国妇女报》纪念中国人民志愿军抗美援朝出国作战70周年特别报道的2至3版，该版面获第三十一届中国新闻奖"新闻版面"类三等奖。版面中包括多篇报道和多幅新闻图片，回顾了抗美援朝战争中广大中国妇女的伟大事迹，歌颂其为保家卫国作出的卓越贡献。

---

① 作者：集体，刊发平台：《人民日报》。
② 作者：集体，刊发平台：《中国妇女报》。

整体版面以红色为底，气势恢宏又富有历史感，图文并茂，资料丰富，层次分明。

（二）案例评析

1. 调动视觉元素，服务新闻本质

报刊版面由新闻报道与各色各样的视觉元素构成。通常来说，一般报刊版面包含的视觉要素有：色彩、图形、线条、空白、图文布局、字体、字号等。这些元素本身看似并不承载信息，却与信息的传播和接收息息相关，经过设计和组织，甚至可以起到丰富信息内涵的作用。因此，主流媒体在进行排版和设计时，应当把视觉元素和新闻内容结合起来，进行一体化的思考。力求做到：

其一，单个元素服务于整体版面。设计法则中有着举足轻重地位的"格式塔原理"，就强调了整体的重要性。人的视觉在观察事物时，整体总是比部分更先被识别。因此，单个元素的组织首先要遵循整体的诉求，色彩和谐，线条流畅，井然有序，才能达到视觉上的统一与美观。如本主题选取的《2020"互联网之光"博览会开幕：透过这扇窗，看见未来》这一版面，使用了乌镇水乡的窗棂元素，呼应了习近平总书记赋予浙江"重要窗口"的新使命新要求。同时运用CPU和电路图等互联网科技设计元素，提升了版面的现代感。

其二，整体版面服务于新闻本质。美国密苏里新闻学院的达里尔·莫恩（Daryl Mohn）指出："要挖掘报纸视觉媒介的潜力，就要调动组版的所有视觉元素来表现新闻的变化本质。"① 版面设计之于新闻报道，好比是"形"与"神""表"与"里""形式"与"内容"之关系，归根结底是版面为新闻服务，而非喧宾夺主、本末倒置。本主题选取的案例《因为有你 山河无恙——致敬江苏援鄂战"疫"英雄》运用完形视觉原理，寓字于形，将文字信息与图形相结合，用浑然一体的医护人员半身像和一个个名字致敬最美逆行者。《2020"互联网之光"博览会开幕：透过这扇窗，看见未来》将整体版面设计成一扇打开的窗，融合古典水乡风貌和现代化互联网科技感，鲜明地呼应博览会"透过这扇窗，看见未来"的主题。

2. 引入用户思维，优化阅读体验

用户思维是互联网思维的核心内容之一，顾名思义，就是"站在用户的角度来思考问题"的思维。互联网时代，传统媒体时代的"读者"变成"用户"，他们不再是没有面目、没有声音、被动接受媒介内容的群像，而是具有自主性、独立性、多面性的个体。在此背景下，"用户思维"也越来越受到重视。而这一思维体现在媒体版面设计上，主要为新闻工作者提供了两个方面的启示：

其一，以设计呈现"易读性""悦读性"，关注用户体验。长期以来，我们一般认为新闻价值由时新性、重要性、接近性、显著性和趣味性五个要素组成。然而，互联网时代，用户获取信息的方式、技术、手段、特征都有了翻天覆地的变化，新时代的用户较以往具有更强的空间流动性。在此背景下，西方报纸于20世纪初就开始着手改变对版面新闻价值的判断标准。较具代表性的例子是当时《多伦多星报》的副总编约翰·布鲁克斯（John Brooks）总结的五条标准：①易读性；②关联性；③时效性；④紧迫性；⑤煽动性。不难发现，与我们以往的经验不同，"易读性"超越其他诸要素排在第一位。先勿论这一排序在我国语境下是否合理，其背后折射的无疑是编辑眼光的一次重大转向。基于这一启示，对主流媒体来说，以版面设计提升易读性，不失为提升用户体验的有效方式。如本主题选取的《她们，以勇气和奉献换得山河无恙》这一案例，以红色为主色调，

---

① 陈雪奇. 整合版面视觉语言研究［D］. 成都：四川大学，2004：18.

兼具恢弘的英雄气和厚重的历史感，板块划分井然有序，工整易读。《聚焦京雄城际铁路全线开通运营·特别报道》这一案例将受众脑中概念化的"城际铁路"具象为手绘图片，用有指向性的箭头引导视线，使得现代化铁路建设成就跃然纸上。

其二，以排版提示"须读"，帮助用户判断。强调用户思维，不仅仅要站在用户的角度思考，更要帮助其在纷繁杂芜的信息中做判断。任何产品的最终目的都是帮助用户快速获取到自己的真正所需。由中国新闻出版研究院组织实施的第19次全国国民阅读调查结果显示，在传统纸质媒介中，我国成年国民人均每天阅读期刊时长为 2.96 分钟。① 相比其他阅读媒介的平均接触时间，我国国民读报时间相当有限。因此，版面设计应当在一定程度上引导读者阅读对他们来说具有重要性、实用性的报道。对于涉及国计民生、与民众息息相关的新闻，通过视觉元素加以强调，也是用户思维的一种体现。

3. 稿件组合发力，凝聚深化主题

组合报道是一种针对同一新闻事实或同一新闻主题所进行的全方位、立体化的深度报道。在当今的媒介发展背景下，组合报道是主流媒体加强传播力建设的重要举措之一。

其一，短期来看，组合报道可以针对特定主题联合发力，凝聚深化主题。在重大社会事件、重大议题、党和国家的重要会议、节日庆典等关键的时间节点，稿件组合发力可以形成规模效应，通过集中报道、同步刊登，增强凝聚力。稿群之间相互配合，相辅相成，以达到彰显主旋律，奏响时代强音，巩固、壮大主流舆论阵地的效果。如本主题所选取的《她们，以勇气和奉献换得山河无恙》这一案例就采用同题集中的稿件组合方式，形成宏大、细琐叙事的组合拳，增强稿件之间的凝聚力，使报道主题得到深化，同时达到相互配合、节约版面的作用。

其二，长期来看，组合报道是纸媒树立品牌、加强竞争力建设的重要手段。早在 2004 年《中国青年报》推出的深度报道版面——特别报道版，就采用组合

---

① 中国新闻出版研究院全国国民阅读调查课题组，魏玉山，徐升国. 第十九次全国国民阅读调查主要发现 [J]. 出版发行研究，2022（05）：21-25.

文体的深度报道模式。该版创办后很快成为《中国青年报》的品牌版面。① 时至今日，各大主流媒体基本都建设起刊登组合报道的专刊，但其中，具有标识性、异质性的品牌版面却少见。可见，新闻工作者仍需加强组合报道功力，在进行组合时，需注意报道的结构性和各篇稿件的相关性，发挥主题统领作用，充分协调主、次稿件，打造优质的组合报道品牌版面。

（三）延伸思考

互联网迅猛发展，已从单纯的工具属性衍生出社会属性、价值属性，并在方方面面影响甚至重塑着用户的思想观念。在此背景下，"互联网思维"早已成为学界、业界老生常谈的名词。万物皆可"互联网"，新闻业亦不例外。早在2014年，习近平总书记就提出要"强化互联网思维，坚持传统媒体和新兴媒体优势互补、一体发展"。而"互联网思维"中，第一位，也即最重要的因素，便是"用户思维"。

为什么是"用户"？传统媒体时代，广播电视和书籍报刊的受众被称为"听众""观众""读者"，这些称呼指向着一个共同的特性——"接受"。进入互联网和新媒体时代，"用户"一词代替以上诸词成为指代"受众"的常用词。从被动的"受"发展到具有选择性的"用"，这一鲜明的过渡，实际上昭示当下人们对受众认识的质变，以及媒体与受众关系、内容生产思维与生产方式的重大转向。具体来说，要适应时代和现实的变化，媒体的"用户思维"需包括以下两个方面：

第一，正确认识媒体与用户的关系。早在前几年，有学者便提出，新媒体对传统媒体的冲击，最深刻的影响体现在媒体和用户的关系上。② 过去，媒体在传受关系中占据着主导权，对于媒体生产的新闻内容，受众往往只能在有限的选择空间内被动接受。但在互联网时代，海量的信息与注意力的稀缺决定了用户成为新旧媒体争相抢夺的珍贵资源，用户占据主导地位，转而由媒体主动向用户推送其可能需要或感兴趣的内容，是否接受的判断权则最终掌握在用户手中。"用户中心"的新闻生产思维，成为大势所趋。在此背景下，主流媒体必须重新审视自

---

① 王素洁. 中国青年报"特别报道"版组合报道研究［D］. 北京：北京体育大学，2012.

② 陈力丹，史一棋. 重构媒体与用户关系——国际媒体同行的互联网思维经验［J］. 新闻界，2014（24）：75-80.

身与用户的关系，意识到用户不会"从天而降"，从而树立起竞争意识和服务意识，主动去寻找用户、分析用户、拓展新用户、稳定老用户。

第二，重视用户体验，提升用户粘性。对于未来的媒体而言，用户才是其最重要的资源。媒体通过为用户提供一系列具有独特竞争力的服务，使其产生粘性，由此获利，这就是"用户体验"的力量。对于新时代的媒体来说，在"用户体验至上"理念的指导下，主流媒体不仅要拓宽信息来源、传播渠道，更重要的是收集用户阅读习惯、生活方式，分析用户需求，给用户画像。在了解用户的基础上，精确投递，才能将更好的新闻产品迅速传递给目标用户，与用户共鸣、共创价值、共享价值。①

三、一码扫出万象，构建互动场景

（一）案例概述

本主题从《人民日报》《福建日报》、"新湖南"客户端、《湖北日报》《陕西日报》中选取 6 则灵活运用二维码和超链接，引入短视频、H5 动画、动态信息地图等多种新形式，丰富报道形式的案例。

【案例一】

《中非合作，交流农业"致富经"》②

　　这是《人民日报》驻南非记者采写的一则通讯，主要呈现了中非合作论坛成立 20 多年来，中国同非洲国家各领域合作不断深化的背景下，农业合作取得的积极进展。这则通讯除配有相关图片信息外，消息还附有视频二维码，读者扫描二维码即可观看相关视频。将图片、文字、视频多种形式的丰富信息，结合在同一则通讯之内，有效丰富版面语言，增强可读性。

---

　　①　陈力丹，史一棋．重构媒体与用户关系——国际媒体同行的互联网思维经验［J］．新闻界，2014（24）：75-80.
　　②　作者：吕强，刊发平台：《人民日报》。

【案例二】

《复兴大道70号》①

这是选自《人民日报》客户端的一则H5动画，该作品获第三十届中国新闻奖"创意互动"类二等奖。作品以庆贺新中国成立70周年为主题，采用"一镜到底"的形式，通过宏观的场景和丰富的细节，回望新中国成立70周年以来的光辉成就，展现时代变革的浩荡洪流，富有沉浸感和互动感。整个作品覆盖500多个历史事件和场景，包括4000多个人物、500余座建筑、200余件物品，创造了同类新媒体作品的最大尺寸和最全内容，被网友赞为"当代版清明上河图"。

【案例三】

《下党开启"一键美颜"！你来帮她变变看》②

这是选自《福建日报》官方微信公众号的一则H5新闻，该作品获第三十届中国新闻奖"创意互动"类三等奖。作品讲述了福建省下党乡30年来建设美丽乡村的巨大成就，从旧貌到新颜，从黑白老照片到彩色新风景，只需要动动手指，一键操作。作品以小见大，展现出我国脱贫攻坚、乡村振兴取得的进展和成效。

【案例四】

《苗寨"十八"变》③

这是选自"新湖南"客户端的一则H5新闻，获第二十九届中国新闻奖"新媒体创意互动"类二等奖。作品讲述了在党和政府精准扶贫的大背景下，湖南十八洞村15年来的美丽巨变。通过5个普通村民的个体故事，折射出

---

① 作者：集体，刊发平台：《人民日报》客户端。
② 作者：集体，刊发平台：《福建日报》官方微信公众号。
③ 作者：集体，刊发平台："新湖南"客户端。

时代的变化和发展。作品元素丰富，一方面运用当地村民创作的原汁原味的苗歌和当地特色方言，以一方水土乡情为小切口，展现脱贫致富奔小康的大主题；另一方面运用全景航拍、H5等技术手段，将多种元素巧妙融合于一体，为观众带来沉浸式的观看体验。

【案例五】

《湖北日报》关于武汉每日疫情情况通报①

这是《湖北日报》2021年8月11日、12日、13日关于武汉每日疫情情况的通报。当时，武汉出现少量确诊病例，在全市疫情精确防控的背景下，《湖北日报》每天及时通报新增情况，并在通报中附上可扫码查看的链接，链接内呈现确诊病例精确至分钟的行动轨迹。

【案例六】

《四川 ｜ 在新征程上奋力谱写治蜀兴川新篇章》
《重庆 ｜ 努力推动高质量发展、创造高品质生活》
《贵州 ｜ 开创百姓富、生态美的多彩贵州新未来》三则②

这是《陕西日报》的一个时事版面。在这一版面空间内，"奋进新征程建功新时代"一栏刊登了三则消息摘要。其中，《四川 ｜ 在新征程上奋力谱写治蜀兴川新篇章》《重庆 ｜ 努力推动高质量发展、创造高品质生活》《贵州 ｜ 开创百姓富、生态美的多彩贵州新未来》三则转载报道都配有二

---

① 作者：余毅瑾、严芳婷，刊发平台：《湖北日报》。
② 作者：集体，刊发平台：《陕西日报》。

维码，读者可以扫码阅读全文。这一做法有效节约版面，也使得读者可以根据兴趣自主选择是否深入阅读，一举两得。

（二）案例评析

1. 图文视频并举，丰富版面语言

近年来，短视频迅速发展，正在作为一种新的媒介生态走向主流。在新闻报道领域，短视频新闻同样以其独特的优势备受青睐，逐渐异军突起，成为受众获取新闻的重要渠道。常言道"眼见为实"，视频之所以受到人们的青睐，因其有着超越图文的真实性、临场感。人们相信所谓的"无视频，不真相"。视频新闻细节丰富的画面、真实的动态、精心挑选的配乐，决定了其往往比静止的图文更有震撼人心的力量。

在传统媒体时代，主流媒体或以纸质报刊的形式呈现，以图文见长；或以电视新闻呈现，以动态见长。然而，移动互联网技术的发展，使得跨媒介结合成为可能，图文、视频两种形式的媒介载体，得以在一页白纸上并举，相辅相成，互为补充。如本主题选取的《中非合作，交流农业"致富经"》这一案例，就采用"图文报道+扫码观看视频"的形式，兼采二者之长，使得原本单一的版面语言得到丰富，真正实现"动静相宜、视听结合"。

2. H5 动画场景，沉浸多维互动

H5 是 HTML5 的简称，它是标准通用标记语言（Standard Generalized Markup Language）的第五次修改版。在技术层面具备跨平台、设备兼容、性能集成、高效连接等多种特性。近年来，H5 的强大优势使其在新闻报道领域被广泛应用，这些应用主要集中在五个方面：新闻可视化、互动传播、解读新闻、整合资料和专题报道①。而相较于其他媒介载体，H5 在新闻报道上也具有其独特的优势：

其一，场景化——消除距离，营造沉浸感。H5 往往以移动终端为传播载体，

---

① 詹新惠. H5 产品的基本样式及其在新闻领域的应用 [J]. 新闻与写作, 2017（06）: 75-78.

通过一张小小的二维码，将用户链接到立体化、可视化的新闻场景中。这样，用户不再是旁观的"读者"，而是亲眼目睹、亲身经历、亲手操作的"参与者"。由此，消除用户与新闻事实的距离，让用户沉浸其中，提高信息接受度。如本主题选取的《复兴大道70号》这一案例，就使用H5技术，生动鲜活的动画与文字内容相辅相成，丰富报道形式，增加与读者的多维互动感。

其二，互动性——社交分享，提升传播力。H5新闻藉由一张小小的二维码便可方便、高效传播，其强大的传播性能使其成为社交平台的常客。如中国新闻奖"新媒体创意互动"一等奖作品《"军装照"H5》，借助人脸识别、融合成像等技术，制作互动H5，帮助网友生成自己的虚拟"军装照"，在微信朋友圈广泛传播。

3. 信息动态呈现，跟踪事件变化

世界是发展的，万事万物无时无刻不处在变化之中。这一朴素的道理道出"运动绝对性"的客观规律。作为社会的镜子，新闻亦担负着反映社会环境动态变化的重要责任。因此，动态媒介在新闻报道中往往有着得天独厚的优势，这一优势在2020年新冠疫情之后愈发彰显。在新冠疫情中，众多媒体利用融媒体技术，创新报道形式，为笼罩在疫情阴影下的社会大众提供拨开迷雾的信息明灯。如"丁香医生"推出的"新冠肺炎全球疫情地图"，就是其中具有代表性的优质作品。

然而，对于纸媒来说，信息的动态呈现却是其天然短板。作为静止性媒介，纸媒在新闻报道时往往只能截取社会信息在某个特定时间点的某一个截面，而无法实时反映其变化。随着技术的进步和媒体融合的发展，这一局面得到改变。一张二维码，就可以链接静止性的纸媒与动态性的新媒体。如上文选取的案例——《湖北日报》关于武汉每日疫情情况通报，就很好地做到这一点。一方面，由报纸呈现每日疫情信息，报道严肃精确，切面细致入微，树立抗疫信心，稳定安抚民众情绪；另一方面，由二维码链接动态信息，查看确诊病例详细至分钟的行动轨迹，精确跟踪流调进程，紧跟事件变化。两方面互为补充。

4. 标题链接内容，信息灵动可选

传统纸媒引入二维码链接，在阅读体验上同样有其优势。

其一，补足传统媒体线性叙事的缺陷，为读者提供自主选择的可能性。传统媒体按照线性的编排模式叙事，线索清晰，逻辑流畅，但缺乏自主性。二维码的插入改变了这一局面，扫码方可阅读，使用户获得操作自主性。

其二，充分利用版面，有效节省空间。二维码所占篇幅小，可链接的信息却浩如烟海，与"芥子纳须弥"有异曲同工之妙。如本主题选取的案例《四川 ｜ 在新征程上奋力谱写治蜀兴川新篇章》《重庆 ｜ 努力推动高质量发展、创造高品质生活》《贵州 ｜ 开创百姓富、生态美的多彩贵州新未来》三则，由于版面有限，编辑巧妙地通过二维码扫码阅读全文的方式节约了空间，仅刊登部分精简新闻内容，一方面读者不仅可以一目了然地浏览关键信息，另一方面也能向感兴趣的读者提供进一步阅读的途径。排版恰当地利用两种媒介的优势，丰富报道层次，提升报道的可读性。

（三）延伸思考

网络新媒体时代，技术的发展和现实需要使得"互动新闻"成为新闻报道发展的一个热点。"互动新闻"也称"交互新闻"，美国学者尼基·厄舍（Nikki Usher）所著的《互动新闻》一书中将其定义为"一种通过代码来实现故事叙事的视觉化呈现，通过多层次的、触觉的用户控制，以便实现获取新闻和信息的目标"[1]。我国学者认为互动新闻可以依据互动方式的不同，分为三种不同的类型——即数据控制型互动、场景控制型互动以及内容控制型互动。这三种类型分别体现互动新闻与数据新闻、沉浸式新闻、媒介融合的交叉，也为业界发展互动新闻提供了路径和方向上的启示。[2]

其一，可供使用和操作的数据新闻。数据新闻通过采集、分析、呈现数据来驱动新闻报道，而互动技术的引入可以使其在一个全新的层面上发挥数据的最大效用。如果说浏览阶段的数据新闻是静态的、书本式的参考物，那么互动阶段的数据新闻则是可操作和循环使用的实用工具。如《互动新闻》第一章开头所提及的例子：尼基·厄舍夫妇在《纽约时报》的互动新闻产品"租/买计算器"上，

[1] ［美］尼基·厄舍. 互动新闻：黑客、数据与代码［M］. 郭恩强，译. 北京：中国人民大学出版社，2020：25-26.

[2] 王妍，李霞. 互动新闻的前世、今生与未来：媒介变迁与互动新闻演进研究［J］. 现代传播（中国传媒大学学报），2019，41（09）：65-69.

输入月租金、潜在的房子首付、房屋成本，以及物业税和抵押贷款利率等信息，时报计算器很快通过计算得出结论：如果他们计划在华盛顿特区长期居住，那么买房要比租房的性价比更高。①

其二，可供进入和参与的场景新闻。随着虚拟现实技术（VR）的发展，在新闻报道中构建沉浸式场景成为全球新闻生产的一个显著趋势。新闻场景不再作为新闻叙事的背景板，而是被视为构建现场感的重要元素。在此背景下，互动技术的引入使得用户在场景中除了走马观花式地浏览和旁观，还能够参与其中，通过鼠标的点击或肢体的体感动作，与场景中的人、事、物发生作用和联系，新闻体验得到极大程度的丰富。

其三，可供自主选择和构建的多媒元素新闻。非交互式的新闻往往直接为受众提供"新闻成品"，文字、图片、音频、视频等多种媒介元素如何组合，如何编排构建成整体叙事，由新闻工作者全权决定。引入互动技术，为每种媒介元素提供一个可选择的接口，用户就可以自主选择接收哪些元素，进行新闻叙事的自主构建，实现个性化的新闻体验。

归根结底，互动新闻的本质是提供一种开放式的"新闻想象力"：在没有事先预设的情况下，提供充分的条件和路径，允许用户对内容进行多层面、多组合的自主探究。给用户尽可能多的自主性，让用户能够自己讲故事，才是互动新闻最核心的要义。②

四、两微一端联动，组合矩阵协同

（一）案例概述

本主题从《湖北日报》电子报纸及其微信公众号、官方微博号、"湖北日报"App 中选取两则多端分发、联动传播的新闻案例。数量不多，却具有代表性和典型性。

---

① ［美］尼基·厄舍. 互动新闻：黑客、数据与代码［M］. 郭恩强，译. 北京：中国人民大学出版社，2020：25-26.
② 陈昌凤，胡曙光. 让用户自主讲故事的互动新闻——从尼基·厄舍《互动新闻：黑客、数据与代码》一书谈起［J］. 新闻记者，2018（10）：37-42.

【案例一】

《大战大考——记录2020》①

　　这是《湖北日报》在2020年12月24日、25日、28日、29日、30日、31日，连续推出的系列特刊。包括"战疫""抗洪""战贫""经济发展战""民生保卫战""创新"6个主题，系统回顾2020年一系列"大战大考"中涌现的中国力量和中国担当。除了在报纸上推出纸质版之外，微信公众号上也同步推出推文——将电子报加以展示。同时，借助超链接技术，用户点击电子报之后还会跳转到湖北日报App，从而能够阅读更加适配于移动端界面设计的报道内容。

【案例二】

《湖北日报》2020年年终系列报道

　　《湖北日报》微信公众号于2020年12月30日发布由武汉市委宣传部推出的正能量短视频《武汉·在一起》②，2021年1月1日发布自制短视频《2020→2021·拼》③。两个视频都聚焦于新冠肺炎疫情冲击下的武汉，由年初的大城封锁、一片萧条，到年末的大城重启、人声鼎沸，梳理、展示了抗疫过程中令人难以忘怀的感人事迹。除此之外，《湖北日报》微信公众号还于2020年12月30日推出《40个场景回看这一年这一城》④，以海报的形式发布40张年度场景。2020年12月31日推出《2020年哪一个瞬间，让你最难忘？》⑤，选取35张海报分别展示2020年难忘的瞬间和人物。海报具有

①　作者：集体，刊发平台：《湖北日报》。
②　作者：武汉市委宣传部，刊发平台：《湖北日报》微信公众号。
③　作者：集体，发布平台：《湖北日报》微信公众号。
④　作者：集体，发布平台：《湖北日报》微信公众号。
⑤　作者：集体，发布平台：《湖北日报》微信公众号。

图文并茂的特点，基于优秀的摄影作品和和谐的字体点缀，静态的海报也承载着浓浓的感情色彩，读来令人动容。

《湖北日报》官方微博也在此时通过街头采访的形式，来关注时代洪流下每一个独立的市民个体。2020 年 12 月 31 日@湖北日报官方微博推出街采视频《2021，我们来啦!》，将镜头转向我们身边的普通人，比如小学生、大学生、外卖员、清洁工阿姨，通过他们的个体视角来回忆 2020，展望 2021。通过街采的形式，将个人叙事和宏观叙事联系起来，观照 2020 年新冠肺炎疫情这一宏大话语下的个体生存现状，从而能够带给观众更强的贴近性。

(二) 案例评析

1. 多端分发，跨媒传播

移动互联网时代下，用户阅读习惯转变，传统媒体面临着前所未有的挑战。这些挑战，主要来自微博、微信、App 客户端（即所谓"两微一端"）等为代表的新媒体。因此，传统媒体要实现"媒体融合"，关键在于打通两微一端，破除媒介壁垒，使传统媒体焕发"年轻生机"，使主流声音进入新兴阵地。

本主题选取的案例《大战大考——记录 2020》做到了这一点，采用多端分发的形式，将电子报纸分发至微信公众号，同时附加以 App 阅读跳转链接，使得该系列特刊得以进入移动端用户的内容池中。这一举措，实现新旧媒体联动，扩大特刊传播范围，进一步增强特刊的传播力和影响力。

2. 同题联动，组合矩阵

在重大社会事件、重大议题、党和国家的重要会议、节日庆典等关键的时间节点，同一重要主题下，不同具体报道联动，形成规模效应，可以达到加深读者印象，塑造氛围，凝聚力量，深化主题的强大效果。在传统版面的新闻编排上是如此，在融合媒体时代的跨媒体传播上，亦是如此。值得注意的是：

其一，要因端制宜，适应不同媒介的传播特性和受众偏好。在碎片化阅读的微信公众号采用简单易读的短视频和图文形式；在社交属性强的微博，采取话题性强的街访视频形式。虽形式不同，但都聚焦主题，为主体服务。

其二，万变不离其宗，多篇报道为主题服务，凝聚向心力，形成同心圆，构建全媒体传播组合矩阵，打出宏大叙事组合拳。在这一点上，本主题选取的《湖北日报》2020年年终系列报道这一案例做得较好，围绕着年终回顾、辞旧迎新这一核心主题，《湖北日报》微信公众号、@湖北日报官方微博，同时推出多条视频报道、图文报道，高频推送、同时联动，营造主题氛围，实现大范围的主题传播。

（三）延伸思考

"中央厨房"原是餐饮业的一种管理模式，指统一采购、统一配送、统一烹制的大厨房，其最大优势在于通过集中规模采购、集约生产降低成本。近年来，媒体融合中流行的"中央厨房"概念，特指传统媒体转型过程中，通过内容的集约化制作实现信息的多级分发，以提高传播效果，节约传播成本。各地的"中央厨房"实践不尽相同，但"新旧融合、一次采集、多种生成、多元发布"是其基本共识。① 作为一种新型采编方式，"中央厨房"模式具有节约成本、提高生产效率、提升传播时效、形成舆论合力、营造新媒体思维等优势，在媒体深度融合中是一种值得尝试的方法与手段。② 近年来，我国各大主流媒体纷纷建设起"中央厨房"，其中，人民日报"中央厨房"是具有代表性的典型案例。从2015年全国"两会"首次试运行始，中央厨房推出一系列独家深度稿件、图片图表、视频、H5产品等，创新新闻报道方式，取得良好传播效果，成为人民日报社推动媒体融合发展的重要平台，也吸引业界的广泛关注。

如今，"中央厨房"已如雨后春笋般遍地涌现。对于媒体来说，如何让"中央厨房"端出一桌好菜，仍需从理念创新上下工夫。

其一，树立分众理念。传统媒体的用户相对固定，他们往往为某个特定媒体的长期受众，定位基本一致，画像较为单一。在信息采集和生产过程中，很少存在"众口难调"问题。但"中央厨房"的框架下，新闻工作者要面向来自多个

---

① 姚丽亚. 基于"中央厨房"模式的新闻生产理念创新 [J]. 新闻界, 2015 (14)：63-67.

② 陈国权. 中国媒体"中央厨房"发展报告 [J]. 新闻记者, 2018 (1)：50-62.

终端的分众用户。这一情况，除了在技术层面，在报道形式、风格、手段等层面也对记者提出全新的要求。因此，要树立分众理念，并将其贯穿于信息采集全过程，以分众赢得大众。

其二，树立产品理念。当今时代，随着技术的飞速发展和用户特征的变迁，新闻产品化已成为现实。从新闻作品转向新闻产品，意味着新闻工作者要从作品创作思维转向产品制造思维。新闻工作者转型为"产品经理"，将目光从新闻内容本身转向消费者和市场。因此，要树立产品理念，遵循产品生产规律和经营规律，以产品赢得大众。

其三，树立用户理念。随着新闻从"作品"转向"产品"，受众也从"读者"变成"用户"，一词之差，折射出媒体与受众关系和地位的新变化。曾经的"读者"是被动接受者，如今的"用户"却是主动使用者；"读者"是类型化的概括，"用户"则是区分度极高的个体①。因此，要以用户思维取代受众思维，满足用户个性化需求，以体验赢得大众。

---

① 叶青青．网络与新媒体财经报道［M］.上海：复旦大学出版社，2019：7.

第七章 采写优化

前面六章分别从不同报道类型与理念的角度论述地方主流媒体如何讲好中国故事。本章从业务角度出发，依次从逻辑、叙事、字词三个层面展开，剖析以《湖北日报》和《农村新报》为代表的地方主流媒体在新闻采写上的不足，以期提升新闻稿件质量，进而提升地方主流媒体的传播力、引导力、影响力、公信力。

一、逻辑不够严密

（一）观点材料不匹配

新闻观点是指消息、通讯等新闻作品中表达的某种思想与情感，[①] 是记者对作为新闻事件基本表现形式的新闻素材所作出的分析与判断。新闻观点与新闻素材之间是证明与被证明的关系：新闻观点以新闻素材为基础，在新闻素材的选取、展开与排列过程中得到证明；而新闻素材则以新闻观点为统率，通过具体的文本呈现，不断对新闻观点作出证明。

在实际采写过程中，这一证明与被证明的关系常常被有意无意忽视或扭曲，即出现"观点和材料不匹配"的情形，具体来说，又可以分为"观点的支撑材料不足"和"题文不符"两种类型：前者指新闻观点清晰而证据不足，后者指概括性标题和叙述性正文实质不一。

观点与材料不匹配时，读者容易对新闻的要点产生困惑，稿件的传播效果也可能大打折扣。

---

① 黄团元. 观点新闻与新闻观点［J］. 新闻与写作，2001（06）：21-22.

1. 观点支撑材料不足

【案例一】

《湖北日报》2021年1月13日02版《一年获批两个一类创新化药》第三个小标题为"逆袭"，对应的正文内容是：在国家和省级新政的支持下，东阳光长江药业研发成功磷酸依米他韦胶囊的过程。

"逆袭"一词一般指代势力较弱的一方通过种种努力实现了困境中的突围，读者在第三小标题部分几乎感受不到逆境或困难所在，自然也无"逆袭"一说。

【案例二】

《湖北日报》2021年3月24日07版《樱花成湖北春季商业大IP》一文中，第一部分标题为"满城尽撒'樱花粉'"，但该部分正文只列举了地铁8号线、武汉大学门口的便利店以及街道口的星巴克对樱花IP的商业开发，并未传递出"满城"的事实信息和空间概念。

【案例三】

《湖北日报》2021年3月22日07版《湖北交通扶贫惠及800万人口》一文，侧重介绍近五年来各级交通运输厅对加快扶贫公路建设作出的贡献以及受到的表彰，却并未交待这些扶贫公路给当地老百姓日常生活带去的改变。因此，标题中"惠及800万人口"这一说法缺乏足够的事实支撑。对此，记者应实地探访，收集更多相关事实案例，例如挖掘348国道对宜昌夷陵区南津关村的脱贫攻坚带来的积极影响，应作详细描述。

【案例四】

《湖北日报》2021年3月25日01版《陆羽文章如何做》一文从文化、产业两个方面对天门和湖州两地的茶业发展作了比较探究，见解独到，但是，文章在内容完整度和清晰度上仍有待加强。例如，第一部分"茶文化与茶产业'融合'之道"中，论点清晰而支撑不足。针对天门"缺少产业支撑"一点，仅给出天门大力发展文化旅游业的案例，读者无法判断天门有没有湖州市"一二三产业融合发展的模式"，天门市是完全没有，还是有而不精。第三部分"视品质为生命，不以规模论英雄"中，仅给出了安吉白茶的发展模式，对天门模式只用一句"走规模化发展的路子"描述，而没有诸如地理条件、政策条件等内容的补充。综上，文章直接发问"湖北茶文化发展如何走"，只能被视作疑团，无法牵动思考。

【案例五】

《农村新报》2021年7月6日08版《崇阳法院巧解两名残疾遗孤监护难题》，标题中的动词既然是"巧解"，文中按理应当说明难题"难"在何处，巧解"巧"在何处。阅读全文可知，难题主要在于遗孤父母均因车祸殒命，两名遗孤本身又有重度精神疾病。那么解法是什么呢？文中所述为"村民委员会指定姐弟俩的堂哥王志民作为监护人""王志民对依法履行监护职责作出书面承诺""崇阳法院……隔三岔五就会到姐弟俩家里看看"。但事实上，这三点解法都是基层组织面对遗孤案例时的常规手段，很难看出"巧"在何处。

此外，崇阳法院在本案中的工作成果是：（1）依法审判肇事者；（2）为村委会的决议赋予法律效力；（3）对两名残疾遗孤的人道主义照顾（而且这照顾措施只是一语带过）。这三点也都属法院的正常工作范围。

全文基本采用顺叙，既没有突出难题之"难"，也没有其他"不巧"的解决方案来衬托现有方案之"巧"。此语境下，解决方案是应有之义，无"巧"之由来。

【案例六】

《湖北日报》2021年10月3日头版文章《世界十大跨海桥半数"二航造"》运用翔实案例为读者展示了中交二航局在我国、乃至世界建桥工程中立下的"赫赫战功"。但在"原创技术打破'不可能'"这一小节中，记者介绍建设苏通长江大桥遇到的困难时却稍显仓促。"在豆腐上插筷子""4项世界级技术难题"等都只是一笔带过，读者无法清晰认知到建设这座大桥所面临的严峻困难，以及如何去突破瓶颈，让不可能变成可能。

2. 题文不符

【案例一】

《湖北日报》2020年11月6日02版要闻版《被"挖"走的专家又回来了》一文，标题中虽然用引号强调了"挖"这一动作，但是稿件正文对于"挖"探究得并不深。

文中报道了退休后又重新工作的刘某、租赁房协调后入住的胡某以及政企协作搭建的人才平台，记者想表达的意思是武汉市青山区一系列举动有助于留住人才，帮助他们继续发挥光和热。然而，稿件中选取的几位主人公，并不是被"挖"走后回来的，并不具备"走了又回来"的情况。更何况，大学生群体虽然是具备一定专业技能的人才，但远远不及标题中提到的"专家"水准，如此命题，有"夸大"之嫌。

【案例二】

《农村新报》2021年1月26日07版《高度防疫，轻松过年》一文，从标题来看，文章主旨应在于介绍乡村防疫工作。

正文中写道："响应防疫要求，我们老两口不准备和两个儿子一起过年，但孩子们都孝顺，有好吃的好喝的，就做好后给我们送过来。"此处内容与乡镇防疫相关，此后内容方向却发生偏移："'仓储物流项目，加上扶贫综合大楼出租、农科所土地流转，一年租金收益达34.6万元。'郑晓葵透露，物流基地已成功带动30名村民家门口就业。"诸如此类的大段篇幅和材料被用于展示扶贫工作和项目，偏离了防疫的主题，在衔接上也显得较为生硬。

【案例三】

《农村新报》2021年6月18日01版《速度力度温度——在潜江感受虾稻产业高质量发展》一文，按照标题意思，读者应当从"速度""力度"

"温度"三个角度理解潜江虾稻产业高质量发展。正文第二段再次提到："让人感受到潜江虾稻产业高质量发展的速度、力度、温度。"

然而，正文的两个小标题分别是："虾稻产业在潜江快速发展，靠的是驰而不息、二十年如一日久久为功的韧劲"与"稻虾产业红红火火，让虾乡人民有了满满的获得感、幸福感、归宿感"，不仅对应不上标题暗示的三段式重点，也很难同"速度、力度、温度"直接对应联系起来。

3. 延伸思考

新闻观点来源于新闻素材却又高于新闻素材，起到总领全文的作用。在凝练新闻观点时，应当确保有足够的支撑材料反映新闻观点。

结合上述案例，我们发现：从众多新闻事实中选取部分具有代表性的事实片段充当全文核心观点，这一做法并不鲜见。如果操作得当，的确能起到抓人眼球的效果，但大多数情况下却适得其反，犯了以偏概全的逻辑错误，这导致观点同素材不甚匹配，甚至引发新闻失实风险。

（二）结构布局不合理

新闻结构是指新闻报道的谋篇布局，一般包括标题、导语、主体和结尾等部分。新闻结构的具体应用主要体现在对新闻素材的排列组合上，这反映了记者对新闻事实之间逻辑关系的理解与考量。

结构布局不合理主要包括以下几种情形：首尾缺乏呼应、新闻素材顺序安排不合理、副刊素材选取不合理等现象。

1. 首尾缺乏呼应

【案例】

《湖北日报》2020年11月19日03版要闻《5G"联姻"工业 场景新鲜奇妙》一文时效性非常强，中国5G+工业互联网大会19日开幕，这篇报道当日出炉，可谓紧跟时事热点。

记者在18日就前往武汉光谷科技会展中心进行了探馆，重点讲述了直播新技术、5G 机器人和智能化工业生产三个亮点，让群众惊叹科技进步的同时，也为读者提前了解会展中心的热门项目做了铺垫。美中不足的是，文章结尾处没有对全篇做一个总结，仍然停留于对具体技术的介绍，这样的"戛然而止"较为突兀。

2. 新闻素材顺序安排不合理

【案例一】

《农村新报》2021 年 3 月 23 日头版头条《提质增效再创新》，在新闻要素编排上采用"主新闻事件—新闻背景—副新闻事件"的行文结构。记者的用意可能在于强化主新闻事件，并将副新闻事件化作背景。但结合文意可知，副新闻事件"开捕仪式"仅发生在主新闻事件"产业大会"后一天，目的是为了佐证"潜江再次走在前列"这一分论点。若将副新闻事件放在篇幅极长的新闻背景之后，容易让读者忽视这个事件，也不易联系起开头的主事件。故建议仍按照倒金字塔结构将两个事件编排在一起，且两个事件之间存在时间和内容上的有机关联，并不显突兀。

【案例二】

《湖北日报》2021 年 4 月 9 日 01 版《枝江"14580"，专管百姓门口事》一文中，标题和导语都提到枝江"14580"模式，其中，第一部分前半段已在讲述"14580"模式实施的"剪影"，可直到第一部分末尾才交代何为"14580"，不免让读者不知所云。因此，建议将这一关键信息前置。

【案例三】

《湖北日报》2021 年 5 月 14 日 03 版要闻报道《武昌警邮联手守住老人百万巨款》在"老人前期不听劝阻执意转账"的过程上花费较多笔墨，而对事件重点"老人意识到被骗"上描述较少，仅用"电话拨通后，这名'信托公司'经理拒不回答民警提出的任何问题，也不愿意到派出所当面介绍情况"两句话交代对方拒不配合民警后，老人态度就发生 180 度转变。有顾此失彼之嫌。

3. 新闻素材选取不合理

【案例】

《湖北日报》5月5日01版要闻《松滋"初心故事会"身边人唱主角》，从覃家小院的主题党日活动开始引入，起到设置悬念和吸引读者阅读兴趣的作用。但文章第二自然段多次提到并阐释"升国旗"这一覃家小院传统，与本文主题"初心故事会"关系不大，读来稍感多余。建议删减对于覃家小院升国旗的解释，适当增加初心故事会主角覃章金的事迹介绍，更好地突出主题。

4. 副刊素材选取不合理

【案例】

《农村新报》2020年11月15日08版乡事乡情《重游涨渡湖》是一首标准的七言律诗，这首诗采用的是"仄起式"，即："仄仄平平仄仄平，平平仄仄仄平平。平平仄仄平平仄，仄仄平平仄仄平。"虽然对仗并不完全工整，但也勉强算得上合格，尾联化用"晴方好"为点睛之笔，可惜时节不太搭。本版面上一篇文章《父亲烫豆皮》开头第一句就是"立冬一到"，结尾呼应是"幸福的年景"，转头往下看这首诗却是"夏日""蓝天白鹭""晴方好"，考虑到刊登日期为十一月中旬，故认为刊登此诗不太符合时令。

5. 延伸思考

一篇新闻作品的结构布局往往直接影响到读者对新闻事件的感知。结合上述案例来看，记者对新闻作品谋篇布局时应当选取恰当的素材，并将各素材以一种便于读者阅读和理解的方式进行排列组合。

（三）信源选取不妥帖

信源选取不妥帖问题在新闻采访写作中时有出现，它存在多种表现形式，往往难以规避。就新闻采访而言，求证渠道片面单一、信源权威性待考证、记者观点先行等现象都较为常见。这些现象发生的原因也较为多样，如新闻选择的认知偏差、转载与"合理使用"的模糊性等。鉴于此，本书主要列举了观察稿信源单

一、客体信源缺失、信源不当等三个层面探讨新闻信源的规范采用问题。

1. 观察稿信源单一

【案例】

　　《湖北日报》2020 年 11 月 12 版要闻《5G 折叠屏手机武汉造全球销》一文讲述了新动能成长集聚，新经济"勇挑大梁"，高技术制造业此类新兴产业逐步发力，成为推动湖北产业结构优化、转型升级的重要力量。该篇消息虽使用大量精确且具有时效性的数据，但仍存在信源单一的问题，全文仅使用了省经信厅一个信源，如"省经信厅认为""省经信厅相关人士表示"。记者可以采访新兴产业的管理、工作人员，询问他们在转型升级过程中遇到的实质性困难与问题，从而获取更丰富的事实性信息，进一步增强新闻的可读性和趣味性。

2. 客体信源缺失

【案例一】

　　《湖北日报》2020 年 11 月 18 日 10 版鄂州观察《鄂州基层派出所悄然变身》一文，描述了《湖北日报》全媒记者深入鄂州市基层警营，探访这里正在发生的变化，分别以"律师进所化解矛盾""警民联防告别'空心化'""数据赋能增效减负"三个小标题构建文章脉络，以此行文。但值得注意的是，文中采访了律师、公安局局长和派出所所长，但并未对人民群众进行采访，这是一个较大的遗憾和缺陷，因为公安系统改革最终的落脚点还是为人民服务、提升其幸福感和安全感，没有涉及人民的反馈，便不能凸显出"行动真正落到实处"这一关键点。在文章内容中，若能适当增添老百姓的行为或话语，则更亲切且更具感染力。

【案例二】

　　《湖北日报》2021 年 5 月 6 日 01 版要闻《"三化"党建社区行活动走进汉阳百余社区》一文，仅介绍了"'三化'党建汉阳社区行"活动的总体情况，笼统地列举了该活动的成果成效，仅有的信源也只是汉阳区委主要负责人。这样一来，一方面，行文有些像汇报材料，没有写到百姓真正关心的问题。另一方面，文中的成果以政策执行者的视角展现，百姓真正感受到实惠了吗？这是需要思考的问题，建议增加信源采访。

3. 信源不当

【案例一】

《人民日报海外版》2020年12月23日评论文章《智能时代多等等老年人》引用新闻的真实性可能引起读者误解："姑娘，我在这儿搞了快一个小时，怎么就是取不出来票？你帮我看看。"老人在取票机前折腾近一小时却没有询问工作人员或其他乘客，也没有其他乘客主动帮忙，而是恰恰被记者遇到。当然，也可能是记者受亲历事件的触动而开展的报道。

【案例二】

《湖北日报》2020年12月26日02版要闻报道《我省审计迈入大数据时代》一文讲述《湖北日报》全媒记者在省审计厅采访看到：新时代审计人，新风扑面而来；审计专家们咬定要向高科技要生产力这一思路谋出路；要武装头脑，熟练运用大数据。通篇文章下来，思路清晰、脉络分明，美中不足之处在于最后一段"一名老审计由衷地说，我省审计工作已全面迈入大数据时代"，用匿名"老审计"的话总结概括，可能显得力度不足，不能很好地收住全文。

【案例三】

《湖北日报》2021年2月1日01版《武汉城市圈环线高速全线通车》文末引用"武汉理工大学教授陶德馨"的观点，但未点明该教授涉及的专业领域，若能补充"物流学院"或改用其他关联性更强的前缀来交代信源，则更加完美。

4. 延伸思考

"信源"又被称为"消息来源""新闻源"，指的是对那些已经发生、正在发生和将要发生的新闻发出的信号或简要的描述信息，表现形式是零碎的、片段式的，可能是一句话、一段故事、一种景象。① 一些学者将新闻信源分为"人""物"两类，"人"主要包含：当事人、目击者、专家学者，"物"主要指能够佐证信息真实度、可信度的"物证"。② 信源问题是非常值得新闻业界学界探讨的话题，新闻信源在很大程度上影响报道如何实现"真实、平衡、客观"，也在一定程度上显示了新闻从业者思维逻辑是否缜密，新闻写作的思维逻辑连贯性、顺畅性是否凸显。

在上述案例中，信源单一问题较为突出，这在某种程度上揭示了作者对于信源平衡原则的漠视：平衡不是单一的，而是多方的、多维度的。③ 在新闻写作中，信息源的引用应避免单一，努力实现多方求证、多方信源核实。

此外，在使用匿名信源时，尤其是负面报道中的匿名信源，往往很难实现信源的完全透明。在这种情况下，记者尤其应当注意合理选取与使用信源，以防止新闻伦理失范，增强报道可信度。

二、叙事不够完整

（一）新闻线索未充分挖掘

新闻线索是指新近、正在或即将发生的事实的简明信息或信号，而这些事实可能成为新闻或具有一定的新闻价值。④ 新闻线索虽并不等同于事实，却起到启示事实、发掘事实的关键作用，在新闻实际操作中，一篇报道的优秀与否往往取决于新闻线索挖掘充分与否。

1. 事实描述不够饱满

【案例】

《湖北日报》2020 年 11 月 4 日一版要闻《"鹰眼"出击——巡查秸秆焚烧

① 林如鹏. 新闻采访学［M］. 广州：暨南大学出版社，2004：160.

② 李希光. 如何挖掘与用好"新闻信源"［J］. 新闻与写作，2012（11）：82-85.

③ 孙海龙. 数字新闻生产报道中信源引用面临的挑战与调适［J］. 西南政法大学学报，2021，23（2）：77-89.

④ 张玉洪. 新闻工作者应厘清新闻线索与消息来源［J］. 青年记者，2020（31）：33-34.

蛛丝马迹》，题目中的"鹰眼"指的是包括载人机、无人机、卫星遥感监测和红外线摄像头抽查的全方位、全时段的巡查系统，但本篇消息仅仅对PC-6载人机的搜寻过程作了详细跟踪记录，而忽视对其他巡查系统的介绍。记者还可进一步挖掘无人机、卫星和红外线摄像头的搜寻事实，使得新闻事实更加饱满完整。此外，为了凸显焚烧秸秆对生态环境的破坏，还可附加从飞机舷窗所看到的地面焚烧点照片，通过与原有的美丽农田照作对比，借助图像的视觉冲击力告诫农户不要进行秸秆焚烧。

2. 新闻线索未充分挖掘

【案例一】

《湖北日报》2020年11月5日07版《多所高校"下沉"市县开办新校区》一文对部分内容解释并不详尽。比如，在对学生的采访中提到，学生更关注培养方式和教学质量，但在写作过程中仅仅提到了学校过硬的实训设施对于学生的吸引力，对学生强调的教学质量则并没提及，文中叙述也不能加以佐证。据常识考量，异地办学教师需要往返上课，教师体能消耗后的授课和学生希望得到高质量的教学是相悖的，那么如何保证学生的诉求其实是没有被解释清楚的。

【案例二】

《农村新报》2020年12月15日《省内户口迁移"一站式"办理》一文，文章导语提到："日前，省公安厅推出'省内跨地市一站式户口迁移'便民新措施，省内户口迁移只需到拟落户地申办，通过网上流转，不再开具纸质版准迁证和迁移证。群众凭有关证件和申请材料，即可在迁入地派出所一地办结户口迁入、迁出手续。"但后文却并没有点明"有关证件和申请材料"指的是什么。第四段又写道："群众若要办理省内户口迁移只需满足迁移的相关条件便可实现'一站式'办理，最快当日办结。"但同样未说明，"迁移的相关条件"指的是什么。该新闻内容具有信息服务功能，建议稿件点明服务的大致流程，给受众提供更丰富的信息、更清晰的说明。

【案例三】

《农村新报》2021年7月20日02版《崇阳智能秒批营业执照》一文，介绍了"智慧辅助办理平台"系统，文中这样写道："委托申请人陈卡介绍，他只凭朋友微信发来的身份证照片就实现了'秒批秒办'，全程像网购一样简单。"方便性是体现了，但安全性却被忽视了，"只凭朋友微信发来的身份证照片"就能办理营业执照？我们猜测，事实并非如此，应当还有其他核验步骤，对这些步骤也应当予以补充说明。

【案例四】

《农村新报》2020年11月3日04版《万余监控护佑建始乡村平安》一文，结尾"在位于镇中心地带的大堰社区，151个视频监控探头，实现10个村民小组全覆盖，24小时在线监控"，让人有些不寒而栗。建议点明这些摄像头的用途和目的，是为防治社会安全，而不会侵犯到村民隐私，或干扰村民正常生活。

3. 故事主角部分缺失

【案例】

《农村新报》2020年12月18日03版《最后的七个贫困户》一文，由标题可知，此报道描述将聚焦于"七个贫困户"展开描写。

正文中选取的主要案例是贫困户方国清的脱贫故事。故事讲得详实，细节描写亦可圈可点，例如："方国清虽然贫困，但自尊心强，拒绝任何资助。村里想给他申请低保和危房改造项目，他坚决不提供户口本、身份证；辛苦养了一头猪，长到400多斤时，村组干部好心给他联系买家，他却说'我不食嗟来之食'，结果猪患病死亡。"这部分细节将帮助方国清脱贫的难点展现淋漓尽致。

但仔细阅读全文后可以发现，除了大量篇幅描写的贫困户方国清之外，其余6个贫困户只是在倒数第二段一笔带过，未免同标题所言不对应。应在详写方国清之余加入一个略写案例，有详有略、多个视角，似乎更为妥当。

4. 文中设问缺乏回应

【案例】

《湖北日报》2020年11月7日08版三农观察《九家家禽企业抱团拉伸产业链》一文讲述了湖北省农科院植保土肥所的研究员李双来用科技改造传统产业，解决村里鸡粪在发酵过程中所产生的臭味问题：在鸡粪中加入芽苞杆菌，不仅能让臭味消失，且做出来的肥料氧含量高。鸡粪变废为宝，原来几十元一吨的肥料现在卖到上千元还供不应求，九家家禽企业抱团拉伸产业链，大家都尝到甜头。

但文章也有一点小瑕疵，在一开始的阅读提要部分，编辑便抛出问题："能否多给一点有机肥老板说了不算，为何?"而通篇阅读下来再回到这个问题，却发现这个问题并没有解释清楚。读者看完只能得知：1.李教授在产业链延伸方面提供了技术手段，解决了难题；2.卖脐橙的伙伴之所以合作，是因为他们的肥料可以满足农作物免受疾病困扰的需求，这与专家提供的帮助密不可分；3.要做大型产业链。

而关于出货老板说了不算，我们有如下猜测：1.各老板各处一脉，却又彼此相连，牵一发而动全身，所以需要征得其他人的同意，但是这与"问李教授"这个回答关联不大；2.有机肥施肥数量有限制，公顷数对应施肥数，李不能判断，需要求助专家，但文章中又没有指出化肥使用量的问题。

因此，记者在文章开头提出问题，虽激起读者阅读兴趣，但读者看完文章之后却没有"恍然大悟"、懂了问题的感觉。

5. 延伸思考

一般来说，处理新闻线索最基本的要求是挖掘核心事实，此谓"本手"；更进一步的要求是找到其他媒体所没有发现的细节增量，甚至根据这增量单独组织一篇稿件，此谓"妙手"；但如果连基本事实都未能充分展开，核心事件草草略过，无关紧要的背景反而浓墨重彩，那便落入了"俗手"。

（二）重要新闻点一笔带过

事实叙述完整是撰稿者基本功的体现。叙事完整体现在诸多方面：新闻线索挖掘充分、新闻要素交待齐全、典型人物/案例描述翔实等，但要充分做到并非易事，尤其是对于重要新闻点的叙事挖掘而言。下列案例集中分析重要新闻点一笔带过这一现象，以期新闻采写能准确地传播事实致效，让读者对客观事物本身有充分、全面的认识。

1. 重要新闻点一笔带过

【案例一】

《农村新报》2020 年 12 月 1 日 07 版《南漳农商行村组集体不良贷款清零》一文，介绍了"2017 年，省农信联社向南漳县政府发函，请求支持南漳农商行清收处置风险贷款。南漳农商行积极争取地方政府支持，县政府组织召开农商行不良贷款清收化解专题会议 10 余次，还协调县法院、财政局、国有资产监督管理局等部门给予帮助"等等解决不良贷款的方式，却没有具体内容的介绍。例如第二自然段提到的"农村税费改革后，村级组织进行了多次撤销合并，部分村组无力偿还贷款，欠贷时间最长的达 31 年"。在这里，"欠贷时间最长的达 31 年"的"部分村组"是如何偿还贷款的呢？其中的具体措施没有点明，容易给读者造成困扰：这部分钱是上级银行或组织代还了还是通过什么强制方式偿还了呢？

【案例二】

《农村新报》2020 年 1 月 5 日 06 版《水冲式投喂鱼饵，仙桃农民郑福祥轻松赚大钱》一文，由标题可知，全文的重点应当是"水冲式投喂鱼饵"。通读全文却发现，文章的主要内容是叙述村里贫困户郑福祥如何在政府与干部的帮助下克服困难实现脱贫的。标题提到的技术只是一句话带过："砌池子、接水管、架水泵，利用物理原理将饲料冲进鱼池中，这样喂鱼既轻松，还可以避免雨雪天在喂鱼时因路滑出现意外。"读者不禁会产生疑惑：文中介绍的水冲式投喂鱼饵法看起来并没有什么创新之处，"特别"之处何在？原来的喂鱼方式是怎样的？这样的喂鱼方式还有哪些优点？能起到多大的作用？综上，本文的主要不足是：记者的叙述中心同标题所示不符；另一方面，标题所述内容并未完全展开。

【案例三】

《农村新报》2021年2月2日05版《武穴上郭社区股份经济强村惠民》一文，标题既然指出是股份经济强村，新闻里则应当回答这一核心问题：股份经济是如何强村的？但是，整条稿子重点介绍了成立股份经济合作社前后的对照，对于强村路径只是一句话带过："上郭社区股份经济合作社成立后，开源节流。"读者可能会感到疑惑：这股份经济究竟好在哪里？为什么要这么做？开源节流又涉及哪些方面？标题中的重要信息没有得到具体的展示，通篇文章阅读下来后不免略有些空虚。

类似的，《农村新报》2021年2月5日03版《武穴山上村首次分红25万元》一文亦存在这一问题。文章对农村产权制度改革之后的"山上村"所做的事情，只有如下描述："大力开展清产核资，盘活村集体资产资源"，随后就开始神奇般地"扭亏为盈"，甚至"进行分红"。

【案例四】

《湖北日报》2021年6月9日01版要闻报道《党组织引领加实干，村里产业旺起来——襄阳村均集体收入超四十万元》一文聚焦襄阳以选优配强村党组织书记为抓手，推进农村基层党组织"整乡推进、整县提升"示范创建行动，统筹推进乡村振兴战略。该文第一部分在讲述村支书龚保贵成功劝说本不该享受低保待遇的村民退出低保这一新闻故事时，上文通过铺垫"上一任书记经常被迫妥协，干群关系很紧张""村里一名村民明显不符合条件，却连续多年享受低保待遇"，来暗示劝说这名村民退出低保相当困难，而下文讲述龚书记成功劝退该村民的过程却只用了寥寥十余字，不足以凸显劝说的困难程度，略有虎头蛇尾之嫌，这部分的细节不充分显得故事不够真实，文章的说服力和感染力自然也不强。

【案例五】

《农村新报》2020年11月3日04版《监利驻村辅警表现优秀可提村干》一文，报道监利市公安局通过近一年"一村一辅警"的试点，充分发挥驻村辅警"熟人、熟地"优势，履行治安巡防、纠纷调解、法治宣传、安全防范、便民服务、信息收集等职责，牢牢坚守在农村治安第一防线，为基层治安管控贡献重要力量。该篇文章第 4 段的案例很有意思，讲的是村警胡超建接到村干部反映，村民李某在几年前，将宅基地卖给堂弟。如今想回农村养老，要求堂弟让出房屋，一度闹到法院，法院判决房屋所有权属于堂弟。李某心有不甘，双方闹得不可开交。胡超建带着村干部，上门十多次给双方做工作，从亲情到法理耐心劝导，终于化解这起闹了 5 年的纠纷。但读者也许会好奇，这里的"从亲情到法理耐心劝导，终于化解这起闹了 5 年的纠纷"，最后是如何化解的？记者可以尝试把这个故事的结尾讲完，以表现胡超建同志的高超调解手段。

【案例六】

《农村新报》2021 年 7 月 6 日 08 版《让子女间和解让老人老有所依》中，正文第二段提到，"因儿子姚某某未履行赡养义务，日前，老人将儿子诉至法庭"，第三段又写道，"老人女儿姚某甲……认为姚某某没有尽心照顾母亲"。在老人和女儿双方都对儿子不满的情况下，老人被送往福利院。副标题这样写道："生育六子女，却住福利院？来凤法院庭前调处——"四五段是法院参与调解的过程，最值得刻画的调解过程使用的却是诸如"……组成协调小组""详细讲解……规定"等语焉不详的文字。最后的调解结果是："老人继续随姚某某共同生活，其他子女每月按时给付赡养费。"姚某某是否存在"未履行赡养义务"情节？又是否意识到自己的错误？老人的反应如何？这些本应在一二段得到答复的问题没有了下文。在这种情况下，稿件对来凤法院参与调解的正面宣传显得有些无力，读者只知结果"皆大欢喜"，却不知这结果是如何得来。

【案例七】

《湖北日报》2021 年 9 月 27 日 03 版要闻《湖北"央企总部方阵"新添重量级成员在鄂一级央企增至 3 家，数量稳居中部第一》，报道正文在介绍了湖北一级央企数量优势之后，用超过一半的篇幅详述三峡集团诞生和发展的背景，而对三峡集团总部为何迁鄂这一新闻要素只在文章末尾用一句话侧面回答："近年来，湖北大力优化营商环境，经济发展态势良好，吸引一些央企将总部、区域总部、功能性总部落户湖北"。报道需要坚持客观性、专业性原则，讲好新闻事实，该篇文章如此"排兵布阵"，易造成报道关键事实不明，且有为三峡集团背书之嫌。

2. 延伸思考

新闻撰稿讲究逻辑思维流畅，对于重要新闻细节应叙述翔实，交待清晰，而非一笔带过。新闻报道一般要经历从选题到采访再到写作的过程，在这一环节，需梳理清楚文章中心、问题导向、佐证案例、事实依据等内容，对于重要程度较低的内容，可以点到为止，对于重要新闻点应详述，不可只因表扬而表扬，只为赞颂而赞颂，让人对重要事实心存疑问。本部分，我们重点列举了七个案例，这些案例对于部分重要新闻点或多或少都作了省略。例如，对于标题指出的要点，未充分作答；对于值得刻画的典型人物故事，使用稀疏字词简略概括。过度省略的案例不止于此，这里不再一一详述。

结合以上案例可知：第一，如何在普通事件中挖掘重要新闻价值，使新闻报道让人眼前一亮，这是新闻从业者需重点思索的问题。对重要新闻点的捕捉得当，可以使"平平无奇"的稿件脱颖而出，有现场、有故事、有理论、有情感的文章堪称佳作；① 第二，新闻报道如何讲好新闻事实，告诉读者关键事实，把握好稿件的详略，这是记者需苦练的工夫。捕捉新闻亮点，提炼重要信息需要新闻从业者具备新闻敏感性和深厚文字功底，这绝非一朝一夕之功，而需十年磨一剑的精神毅力。

（三）会议报道高度模式化

报道模式化问题是新闻写作中司空见惯的一大难题，尤其是在政府报道撰写中，这在一定程度上导致读者认为政务活动新闻意义价值不大，从而忽视关键信息的深度挖掘，停留于信息层表面，使得文章叙事不够充分、不具备深度。实际上，政府报道中蕴含大量"富矿"，值得深度开采。下文将从通稿模式化、会议报道模式化这两个层面出发加以阐释，并结合英国《卫报》（The Guardian）的

---

① 邓伟. 敏锐捕捉新闻亮点 创新讲好湖北故事［J］. 新闻前哨，2020（4）：32-33.

一则报道为参考案例，汲取长处，以期更好提升。

1. 通稿模式化

【案例】

　　《湖北日报》2021年8月6日03要闻版《杨云彦督导恩施疫情防控时强调绷紧疫情防控弦坚决打赢疫情防控战》《柯俊要求全力做好建筑行业疫情防控和安全生产工作》《宁咏到金融网点等场所检查疫情防控及安全生产工作》三篇通稿，内容和形式模版化严重，主要报道内容模式是"某人＋某地＋某指示"，没有抓住不同地区和场所的特点和难点来写；尤其是后两篇，结构、语汇相似度颇高，甚至可以合为一篇。因此，若要体现通稿的新闻价值，提升版面利用效率，还需要把握真实、具体的特点，将通稿"活化"。

2. 会议报道模式化

【案例一】

　　《湖北日报》2021年6月24日01版、02版《做好有效衔接提升农业产业化水平促进农业高质高效乡村宜居宜业农民富裕富足》，聚焦"全省巩固拓展脱贫攻坚成果同乡村振兴有效衔接暨农业产业化工作推进电视电话会议"。该报道写作僵化，依照"某日＋某会＋某人发言以及内容"的模式，记者和编辑都没有采取手段突出本次会议的重点。即使把报道放在头版，会议的重要意义也难以被公众解读。建议记者可在会议的报道中添加本次会议的背景：即湖北此前的脱贫攻坚有什么样的成果、已经到达哪个层次等内容。

【案例二】

　　《湖北日报》2021年8月19日02版《省纪委监委强调聚焦聚力抓实抓好"我为群众办实事"》，21日01版《应勇主持召开省委常委会会议》《王忠林部署新一轮强降雨防范应对工作》等会议报道，都按照"某会议上某领导说了某话"的模式来报道，没有突出会议讲话的背景和前因后果，也没有标出重点内容或者用图文等灵活方式展示报道内容，只是公式化地报道会议，缺少与读者的贴近性，难以激发读者的阅读兴趣。

回顾《湖北日报》往期报道，会议报道、领导行程报道、战略指示报道几乎都存在模式化的问题，似乎每一个会议、每一个行程、领导的每一个战略指示都可以用同一个模板来报道。这不仅会导致报道雷同无趣，使读者丧失阅读兴趣，也会使读者难以分辨每个事件的轻重缓急，进而消解了这些事件的重要性。

【案例】

以英国《卫报》2021 年 9 月 29 日网站刊登的一篇会议报道《斯塔默在会议演讲中攻击"平庸的"约翰逊》（*Keir Starmer attacks 'trivial' Boris Johnson in conference speech*）为例，分析会议报道如何突破程式、变得生动。

在文章发表的 2021 年 9 月，斯塔默是英国工党的领袖，约翰逊是英国首相、保守党领袖。我们按照文本结构顺序来分析这篇文章如何呈现斯塔默的讲话。

首先是标题，标题直截了当说明斯塔默本次讲话的核心亮点，动词"攻击"，形容词"平庸的"，这些充满张力的词汇赋予标题抓人的吸引力。

在标题补充（并非导语或副标题，指标题之后、正文之前的一段对全文内容的凝炼，标题补充是《卫报》文章的传统风格）中，这种张力得到进一步强化：工党领袖在布莱顿称首相是一个"没有什么可表演的表演者"，他对质疑声不屑一顾。

导语总结全文，展开标题补充：斯塔默在发表的高度个人化会议演讲中谴责鲍里斯·约翰逊是一个"平庸之辈""表演者"，同时，他对质疑声不屑一顾。演讲旨在说明：工党做好了执政准备。

第 1～2 段：记录现场情况：讲话在哪里、多长时间、主题是什么、观众作何反应（多次鼓掌欢呼）。分析：开头两段快速交代新闻的基本要素，可贵的是，文章还记录了观众的反应，尤其是"多次鼓掌欢呼"，这塑造了本次会议成功、鼓舞性、富有节目效果的形象。

第 3 段：快速补充背景材料：斯塔默团队在哪些议题上反对约翰逊。分析：在新闻事件后快速补充新闻背景有利于读者理解新闻发生的原因，在本例中，读者可以根据第三段快速了解本次会议的重要性与斯塔默发表激进言论的原因。

第4～5段：概括说明+直接引用斯塔默原话，讲明斯塔默如何发出对约翰逊的攻击。分析：这两段是真正意义上的新闻展开段，开始呈现会议中的重点内容。此外，使用直接引语的方式有助于读者将自身代入到会议现场。

第6～8段：背景材料与现场原话结合：斯塔默提到的两个人是谁，为什么要提他们。分析：在会议上，斯塔默可能提出一些案例，此时，记者可以采取新闻+背景结合呈现的方式帮助读者理解。

第第9段：演讲高潮：斯塔默成功回击部分人质问"15英镑"，引来热烈掌声。分析：用单独的一段呈现会议的高潮有助于读者理解会议重点。

10～11段：背景材料："15英镑"是怎么回事。分析：同样的，在新闻事件后紧跟背景帮助读者理解。

第12～14段：12段对应演讲中的关键概念：绿色新政；13段对应关键概念：国家使命；14段对应关键概念：两块石头（家庭和工作）；14段直接引语：抒情式的对劳动的描述。分析：进入到文章的后半部分，尤其是在高潮之后，有必要分段将斯塔默演讲的其他要点一一说明。

第15段：简单的总结：斯塔默反复将工党描绘成站在劳动人民一边的政党。分析：这里进行了第一次小结，帮助读者收束此前演讲内容的要点。

第16～17段：背景材料：斯塔默未来的夺权之路仍很困难；斯塔默是如何同苏格兰达成协定以获取苏格兰人民支持。分析：这里不仅仅是新闻背景的简单说明，而是用新闻背景对15段的小节进行评论。即：斯塔默虽然反复强调，工党站在劳动人民一边，但记者分析认为，工党要执政仍然是一件道阻且长的事情。

第18段：第二次高潮：斯塔默发出一项政治宣言："将不会在执政纲领不成熟的情况下参与选举"，遭到在场一位质问者高声反对："那是你们的脱欧政策。"分析：这里抛出第二次会议高潮，同时，以中立姿态记录下反对意见（尽管众所周知《卫报》是一张支持工党的左翼报纸），引发读者进一步思考。

第19～22段：背景+现场：同工党上一任党魁科尔宾领导风格相比，斯塔默更强调爱国主义。这四段还简要说明了斯塔默团队对上一次大选工党大败的看法。分析：既是对第二次高潮的分析，也是对整个演讲的总结。

第 23 段：背景：保守党将在本周末召开会议。分析：纯粹的新闻背景，也隐含了保守党届时将会如何回应工党会议的疑问，吸引读者对本周末会议的关注。

第 24~33 段：背景：90 分钟的演讲是不是太长了？列举了历史上几位演讲时间旗鼓相当或更长的政客。分析：一个有趣的新闻背景，帮助读者在紧张的政治新闻与政治分析之后喘喘气，读一读不那么费脑筋但又与本次会议相关的知识材料。

总的来说，《卫报》这条会议报道呈现出以下几个亮点：一是报道反映了演讲者的亮点，也如实反映了现场的"掌声""嘘声"和"质问"，这样报道反映出来的理念是：会议并不是单纯的传达，而是一种与会者之间的交互。二是恰到好处的背景补充，一方面紧跟正文内容的背景材料有助于读者理解会议内容；另一方面记者也借助了新闻背景阐述了自己的看法和评论，帮助读者理解事实背后的含义；此外，新闻背景还起到了区隔演讲各部分的软功能，使正文看起来更有条理。三是合理的行文逻辑，既抓住了亮点与高潮部分重点呈现，又采用了传统分段叙述的方式——呈现演讲的所有主题。四是记者在结尾安排的十分有趣的新闻点，起到了锦上添花的作用，使全文更加具有可读性。

这样一篇会议报道首先要求记者具备极强的理解能力，记者不仅需要自己分清演讲的重点，还需要通过叠加新闻背景进行说明或分析的方式帮助读者理解演讲的重点；其次要求记者全程注意力高度集中，记者不仅需要记录演讲者本人的话语和情感，还需要留意其他与会人员的反应，将之以合适的逻辑糅在一篇稿件中；最后还要求记者有独特的新闻嗅觉，这样才能够在结尾发现"90 分钟的演讲是不是太长了？"这样有趣的新闻点。

3. 延伸思考

政务活动看似枯燥、繁琐，实际上，大量政府公文、会议背后隐藏的是具有较大价值的惠民信息、政策等，涵盖内容往往较丰富。如何从看似乏味的文字信息中提取重要新闻线索，考验着新闻工作者的敏感性。再者，会议内容本身往往是静态的，缺乏突发事件的内在张力和戏剧性，[①] 如何将"高大上"的词汇用接地气、近民生的话语表达出来，也需要工作人员具有真本事。权威严肃的政务报道，只会"吓退"读者，而生动形象的稿件则更为吸睛。最后，新闻从业者须知，仅从会议报告中摘取内容，远远不够。正如上述案例所呈现的，这些政策实施之后，对政策涉及客体将会产生什么影响，读者都不曾得知。如果仅停留在对于会议报告文章的简单摘取，报道叙事不完整，欠缺有效内容，难以将会议重点声音传播出去。为此，新闻从业者还需沉下身子，走进基层，挖掘新闻事实，或抓住核心增加报道深度，提升文章信息量。譬如，中国网湖北对 2023 年 9 月 22 日至 23 日全国新型工业化推进大会的报道，着力阐明"新型工业化"这个关键概念，从背景、必要性、部署等方面分层解读，更具报道深度。

三、字词不够精准

（一）专有词汇缺乏解释

专有词汇的使用问题牵扯到新闻报道能否让读者明白、明了某件事情、某个问题。因此，记者编辑在对专有词汇、专业术语的解释上便显得很有必要。新闻工作者要把握专有词汇使用原则，目的是为提醒自己在写作新闻报道时，要注意笔下的陌生词是否为术语，读者能否理解，若非读者人人都能弄得明白的词汇，就必须加以诠注，文章才能达到更好的传播效果。

1. 案例分析

【案例一】

《湖北日报》2020 年 11 月 13 日 08 版《开展专项行动整治中小学作业总量过多问题——武汉要求杜绝"家长作业"》一文，通读整篇文章可知

---

① 王飞. 会议新闻导语模式化弊病及其解决路径——以重庆地区三家报纸为例 [J]. 新闻知识，2008（09）：77-78.

"家长作业"是指学校老师给家长布置作业或要求家长代为评改作业，然而该报道仅在标题和导语部分提及"家长作业"，且并未对此稍加解释，难免令不熟悉网络事件的读者感到疑惑。

【案例二】

《湖北日报》2021 年 4 月 26 日 13 版《黄石警方"揪"出恶意欠薪老板》一文中写道："连日来，该局集中打击治理电信诈骗网络犯罪，抓获涉嫌'断卡'犯罪人员 22 人，刑拘 16 人"一句，未解释"断卡"这一名词。断卡行动，是指对非法开办贩卖电话卡、银行卡违法犯罪进行严厉打击整治，坚决斩断电话卡、银行卡的买卖链条。若能在此名词后面紧接着加上该解释，则可让读者更具体地感受到有关部门所做努力的成效。

【案例三】

《农村新报》2021 年 8 月 3 日《黄石农房排查完成"三清零"》一文，不仅标题，文中也多次出现"三清零"用语，但并未说明什么是"三清零"，让读者摸不着头脑。也许这一政策术语对于相关干部来说耳熟能详，但报纸还应考虑到其他文化程度相对不高的读者，以及那些对农村工作并不十分熟悉的人。记者行文时应注意：尽量不用行话和术语，转而使用读者容易理解的普通词汇、常用词汇，而不是政府官员、新闻发言人、法官等使用的工作语言。

【案例四】

《农村新报》8 月 6 日 06 版《应城百位"爱心妈妈"结对关爱留守儿童》一文中写道："围绕解决儿童学业失教、生活失助、亲情失落、心理失衡、安全失保等问题开展'五个一'关爱帮扶活动。"然而"五个一"究竟指的是什么呢？不同报道中对其的定义各有不同。有的新闻报道将之解释为："与贫困生共进一次午餐、走访一次学生寝室、访谈一次学生家长、解决一个实际问题、开展一次谈心谈话。"有的则是："精准建立一份档案、温情送去一张爱心卡、诚挚书写一封家长信、合力落实一名帮扶人、着力强抓一项督查。"可见，记者有必要将稿件中的"五个一"作展开说明。

使用带引号的简写本是为了政策文件行文的方便，但记者在行文时应考虑到，新闻稿件的阅读群体不仅仅是需要贯彻落实文件精神的干部，更包含广大的人民群众，应避免照搬简写而造成表意不明。

2. 延伸思考

新闻报道中专有词汇的解释十分重要。要做到"专业人员不觉其浅，普通读者不觉其深"，让专业的术语通俗表达出来，就要求新闻工作者时刻想着读者，力求使自己和读者有一种接近感，多想，多试，多实验，把读者能不能读懂、想不想看、爱不爱看放在第一位，使抽象的事物具体化，使概念的东西形象化，使之具有可视性和动态感，从而引发读者兴趣和注意，把报纸办得雅俗共赏，更受读者欢迎。

新闻报道中专有词汇的使用与诠释问题应引起新闻工作者的高度重视，记者编辑理应树立术语意识。对科技类术语、社科类术语、社会类术语等的使用上，应更为审慎且细致。一些专有词汇一般只有业内人士才能明了，业外人士却不明就里。新闻报道中的术语如果不能被读者理解，就会成为读者接受新闻报道的障碍，阻碍新闻报道迅速有效的传播。因此，在新闻报道中，有些术语须作解释，可以根据术语在新闻报道中所起的作用大小及术语内涵的复杂程度，通过句子诠释、段落诠注、篇章介绍的方法加以解释。只有这样，才能使新闻报道既让读者明白，又不至于浪费笔墨。

（二）用语表意不够清晰

语言是一门艺术。用语问题不仅存在于日常口语交流表达中，还散布在文章写作与标题撰拟里，标题用词过于灵活、标题用词概念不清、用词缺乏人文关怀、科技报道用语不够灵活、并列语言枯燥乏味、数据呈现不够全面等问题均为新闻工作者在报道用语上经常会出现的瑕疵。标题应直接清晰地传达出新闻关键点，语言表述应尽可能显示出人文关怀，涉及较为专业的术语，报道应更为灵活且全面地诠释信息，这些都是新闻报道实践中需要注意及改进的。

1. 标题用词不够精准

【案例一】

《湖北日报》2021年8月9日07版《艳阳下"铁鸟"当空检银线》一文，为读者展示了搭乘直升机进行高空带电检修培训学员的日常训练场景，标题新颖，运用了比喻的手法。但是，报道时没有明确说明"铁鸟"是指谁。如果从报道对象的角度考虑，"铁鸟"应该是指进行检修工作的学员们；但若从词语的意象角度考虑，又应该是指驾驶直升机的飞行员们。我们认为，这一培训的意义，在于文章所指出的——能够避免地域限制（水域，需划船前往等），提高紧急情况下的检修效率。或许标题能突出这一点会更好。

【案例二】

《湖北日报》2021年6月2日09版《六一儿童节成欢乐消费节》一文，发现并介绍了儿童节带动全民线上线下消费的现象，选题有一定价值。但若未浏览正文内容，"不见其形，先闻其声"的话，读者读完标题，以为可能是一篇批评儿童节营销过重的文章，但再读副标题"'宝贝经济'带旺实体消费"和主体部分才发现，内容并无贬义。若主标题改变一下措辞，该篇报道可能会取得更好的传播效果。

2. 标题用词概念不清

【案例一】

《农村新报》2021年1月22日03版《枣阳合作社与百事签订千吨产销合同》一文，标题至少存在两点问题：一是"枣阳合作社"内容范围太大，指代不清，文中介绍的是"灏润农业种植专业合作社"，不宜泛化至"枣阳合作社"大范围；二是"与百事签订合同"，同样存在泛化概念的风险。其原因在于文中介绍的这单合同不单涉及产销内容，百事公司还提供了种子和技术并包收购。《湖北日报》对此文进行转载时使用的标题是"枣阳吉庄：订单马铃薯让农户吃下定心丸"，这样就避免了上述两例问题。

【案例二】

《农村新报》2021年2月9日05版《"三朵金花"育成礼》一文，文章美中不足之处主要体现在其标题，文章主要讲述丁咬桥为供养三个女儿读大学，在国家政策、政府扶贫工作的帮扶下实现脱贫的故事，其中，三女儿读书只是一个起因，并非文章弘扬主旨。且文章标题中含有"育成礼"这样的字眼，"育成"含培养、培育之意，"礼"有"礼物、礼仪"之含义，二者叠加，有些让人摸不着头脑，关联性有待商榷。为了更好贴近题意，文章内容还需补充这两部分之间的关联纽带。

3. 标题用词缺乏人文关怀

【案例】

《湖北日报》2020年12月10日13版《"强体验多互动"让游客快乐买单》一文标题的表述显然忽视了游客的感受，可能令游客读者感到不适。"强体验多互动"与"让游客快乐买单"并不一定存在因果关系，而且整篇报道的篇幅集中于湖北启动"与爱同行 惠游湖北"活动复苏文旅产业一事，直到报道最后才提及"愿意为快乐买单的消费者越来越多"，需要业界提高旅游中文化的体验和互动。虽然"让游客买单"是旅游产业发展的主要目的和产业发展来源，但站在读者的立场，直接说出"买单"一词让读者对消费的实际意义产生怀疑，可能会出现抵触情绪。

4. 科技报道用语僵化

【案例一】

《湖北日报》2021年3月21日02版《万度光能：第三代太阳能电池技术先行者》一文，介绍了万度光能公司所建设的世界上首个稳定发电的钙钛矿太阳能电池户外示范性试验电站，但文中对这一特殊材料和研发过程的介绍充斥着大量的化学名词，读来晦涩难懂，可能会消耗读者的耐心。若记者能删减部分专业化介绍，转而关注研发团队在研发过程中所遇到的困难挫折等具象化事实，并以故事叙事方式记录，可能会增强新闻的可读性。

【案例二】

《湖北日报》2020年11月30日02版，《"从0到1"攻克膜电极难题》一文聚焦于武汉理工大学潘牧团队，按照时间顺序讲述他们研究膜电极的事实。但对于普通读者而言，氢能、燃料电池技术、膜电极等名词陌生且遥远，要求读者具有一定的理工科知识才能有更好的理解，容易消磨普通读者的阅读兴趣。而且，本篇消息绝大部分笔墨都在讲述潘牧团队攻克膜电极难题的过程，仅花了少量笔墨介绍其在人们日常生活中的应用——"点亮灯泡的10瓦小石头堆""燃料电池轿车"。记者若能对膜电极在人们日常生活的应用案例作更多记录，则会增强本篇消息的贴近性，使其更具可读性和新闻价值。

【案例三】

《湖北日报》2021年1月19日01版《"两大重点"撬动未来》一文第一部分，以"'九章'原型机求解数学算法高斯玻色取样只需200秒"来说明"量子产业领跑世界"，看似引用了具体的例子和数据，但大部分读者并不清楚所谓"'九章'原型机"是什么，在量子信息科学领域具有什么样的意义与价值，更不清楚"求解数学算法高斯玻色取样只需200秒"包含了怎样的含义、体现出多大的成就，只能使读者"不明觉厉"。可见，在有关科技的报道中，还需要探索出通俗易懂、贴近读者的报道方式。

5. 并列语言枯燥乏味

【案例】

《农村新报》2020年12月11日06版《我省农邮共建共用1.5万个益农信息社》一文，文字使用较为生硬，整篇报道更像是一个政策公告，使用语言与受众生活之间有一定的脱离，例如："电子商务服务主要包括农产品、农业生产资料、休闲农业及生活用品网上交易、农村物流代办等服务。培训体验服务主要包括利用益农信息社站点，开展农业新品种、新技术、新产品培训，信息技术和产品体验等服务。"像这样用大段的文字描述一些较为枯燥的内容，没有结合案例、相关的报道图片，只是干巴巴地解释专业术语的概念，对于普通读者而言并未传递重要信息，且阅读起来较为无趣。

6. 数据呈现不够丰富

【案例】

《湖北日报》12 月 29 日 06 版《"惠游湖北"景区预约游客人数》一文仅展示了活动推出首日、首周、首月至第三月的预约人次数据，既然是一则"年终盘点"，数据展示可以更丰富一些，例如，加入 11 月的数据、给出游客预约最多的景点及数据、预约人数最多的一天等，甚至可以区分省外游客和省内游客的预约情况，信息呈现会更加全面。从游客可能感兴趣的问题出发，去找数据，数据便不再是数字符号，而成为有趣的信息呈现。

7. 延伸思考

"有专家统计了 19 篇新闻作品的 6500 个总词量并加以分析，通用词语占绝大多数，口语词次之，专业术语、行业习惯语、方言、俚语、歇后语、谚语、格言、古语词、外来词用得极少。只是对极少数一般读者不熟悉的专业术语作了必要的解释。"[1] 可见，新闻语言的通俗易懂是大众传媒获得良好传播效果的一个必然途径。

高尔基在《新闻工作者的伟大历史使命》中指出，新闻语言"当然是越朴实越好""真正的智慧，通常是用很朴实的方式反映出来的""语言越朴实、越生动，就越易理解"[2]。穆青亦提出："如何把群众的语言巧妙地用到我们的新闻写作里，这是很有意义的事情。语言要经常搜集，经常学，经常记。写东西要概括，最好用群众的语言来概括，不要用咱们的腔调来概括。"[3] 可见，新闻中最好的文字，就是与大众至亲的文字。

一些新闻报道虽深入基层、联系群众，但在行文表达上却脱离老百姓的生活实际，在高度凝练的政策术语、较为晦涩的专业名词上未做详尽的解释，从而未能真正让信息惠及群众。记者在行文时应当谨慎斟酌用语，使文章表意更为清

① 李元授、白丁. 新闻语言学 ［M］. 北京：新华出版社，2001：81.

② 高尔基. 高尔基论新闻和科学 ［M］. 王庚虎，译. 北京：新华出版社，1981.

③ 穆青. 新闻散论 ［M］. 北京：新华出版社，1996：233.

晰、接地气。

（三）图文联动过于离散

新闻图片应在新闻稿中与文本相得益彰，使新闻变得更为生动，从而成为一篇新闻稿的灵魂。因此，提升选取和编辑图片的水平是提升新闻稿质量的要诀。而在用图方面，新闻工作者时常会出现图片与新闻匹配度不高、配图缺少贴切文字说明、未能给文章配以图示等问题。

1. 新闻图片匹配度不高

【案例一】

《农村新报》2021年3月23日03版《严查酒驾醉驾》为一则简短的图片新闻，但配图是对一辆电动车或助力车（从图片中无法分辨）驾驶员进行酒精含量检查。实际上，按照《中华人民共和国道路交通安全法》和《电动摩托车和电动轻便摩托车通用技术条件》，属于"机动车"范畴的电动车受到"酒驾"相关规定的约束，但大部分市民对此仍然不甚了解。故建议通讯员在文字解说中说明。另外，图片中只有一名交警和背后一名协警在调查酒驾，看不出"严查"的氛围，可以更换新闻配图，选取能够反映交警大队在某一路段出动相当警力集中严查严打酒驾的照片。

【案例二】

《湖北日报》2021年7月6日03版建党百年专版《许家冲村：棒槌捶出新生活》一文，新闻配图是许家冲村整洁优美、游人穿梭的村貌一角，这与文章主题一致，但与标题不一致，且贯穿全文的线索也正是洗衣棒槌、洗衣池，因此，新闻配图换成棒槌、洗衣等场景可能更合适。

【案例三】

《湖北日报》2021 年 9 月 21 日 01 版《我省 1618 个老旧小区焕新亮相》一文，向读者展示了改造后的宜昌市嘉明花园小区的照片。但是，文章只有现在的照片，读者难以直观感受到改造前后的巨大变化。可以在配图时考虑增加改造之前的照片，充分利用图片这一呈现形式的优势来充实报道内容。

2. 新闻摄影文字说明不贴切

【案例】

《农村新报》2020 年 12 月 1 日 03 版《围炉宣讲忙》，是一张新闻摄影图片，从图片中可以看到干部和农民齐聚火炉旁对话协商，这是农村干部讲解政策的典型场面。配文是，"11 月 27 日，宣恩县沙道沟镇纪委书记卓发东（左一）在彭家寨村村民家，向干部群众宣讲十九届五中全会精神。近段时间，该县组织各级党员干部充分利用院落会、堂屋会、火炉会等形式，广泛宣传党的十九届五中全会精神，激发广大群众干事创业、脱贫致富的干劲。"读者虽知晓了这样的围炉宣讲内容是十九届五中全会精神，但精神的具体内容是什么，这些内容中哪些是干部讲出来和农民有关的，干部是怎么讲的，农民又是怎么回应的，读者都不得而知。考虑到新闻摄影的文字说明篇幅有限，记者只需在"宣讲十九届五中全会精神"后加上一句，点明这部分内容大约有什么，例如"就农民所关心的×××，×××等事宜，开展了讨论。"

3. 直观描述缺乏直观配图

【案例一】

　　《湖北日报》2020 年 11 月 5 日 06 版经济版《智慧输电线可自报"身体不适"》一文对本市首条智慧输电线路作了相对完善的介绍。但是，文章的第 2 至 5 段，分别用"走近看可以发现""较低位置""稍高一点""最高"这样的视觉表述词语开头介绍装备，却未能给文章配以图示说明，读者只能凭借想象模拟形象，有损文章的直观性。

【案例二】

　　《农村新报》2020 年 12 月 11 日 05 版《"黄梅挑花"妇博会上放异彩》

一文介绍了"黄梅挑花"这样一种精彩的刺绣针法，但不了解的人，即便阅读完整篇文章，也未必对黄梅挑花形成一个充分认知，无法在头脑中形成正确的图像，如果此处附上一张图片，则能轻松解决这一难题。

【案例三】

《农村新报》2020 年 12 月 11 日 05 版《画笔奔富路》一文中写道："李启安拿出手机，从文档里找出这 27 幅作品，一幅幅翻给农村新报全媒记者看。'这些作品，我花了一个多月设计，内容以写实为主，再现木兰文化、木兰风土人情。'"如有可能，在该处插上李启安画的画稿可能更为形象和生动，会让读者对他所从事的工作以及绘画水平有更为清晰的认识。

4. 延伸思考

水能载舟，亦能覆舟。新闻稿件中的多媒体元素是把双刃剑，图片亦是如此，用好了能独步天下，用不好会自损三千。图片是稿件的有机组成部分，与文字内容同样重要，新闻图片绝非充数之用，也不是简报里的图案装饰。因此，放进新闻报道中的图片，应再三斟酌，保证最大程度发挥其价值。

新闻图片应求真、求活、求意。首先，新闻图片必须是事件中的真实照片；其次，图片需将新闻事件的现场情景直接表现出来，增强感染力；再次，新闻图片必须对新闻主题和题材的侧重点有所表现。综合而言，新闻图片应符合以上三点要求，才能为新闻报道锦上添花。除此之外，新闻图片的文字说明也要规范，描述画面的事实要素必须精确严谨，且说明新闻事件的背景时，应最大限度地保证新闻信息的真实和凝炼。

四、综合性案例

前文从逻辑、叙事、字词等角度分析了新闻采写的优化问题。本章最后一部分选取 5 个综合性可改进案例，每个案例都牵涉多个上述角度，通过比较的基本方法发现这些案例在采写上的综合性不足，并给出适当的建议以对案例进行整体优化，从而为记者的新闻采写提供一些具有参考价值的建议。

【案例一】

《农村新报》2021年8月17日06版《青少年如何安全接种新冠疫苗》一文。

这篇文章的主题极具新闻性。德尔塔病毒多点开花，开学临近在即，家长比较关心孩子能否正常开学、需不需要接种疫苗、疫苗接种注意事项等。这篇文章采访了权威医学组织——华中科技大学同济医院国家重大公共卫生事件医学中心，获得了较为详细的疫苗接种注意事项，为公众提供了很有价值的参考资料。

文章不足主要表现在：

（1）记者提出的问题太少。全文只有两个问题：Q1什么年龄段的青少年可以接种新冠疫苗，同成人相比剂量大小如何？Q2什么情况下不宜接种新冠疫苗？还有很多问题实际上没有提到。例如，2021年8月14日，英国《卫报》一篇名为"*Common myths about Covid - debunked*"的文章，还提到"儿童是否对新冠病毒更不易感染""口罩是不是最好的防疫措施"等问题。此外，还有最重要的，青少年接种新冠疫苗是否可能产生不良后果，等等。这些都是可以补充的新闻信息。

（2）行文过程中频繁出现过于专业的医学表述。例如：

"对新冠疫苗的活性成分、任何一种非活性成分、生产工艺中使用的物质过敏者，或以前接种同类疫苗时出现过敏者。"

诸如此类的大段医学表述严重降低了文本的可读性与易懂性。

（3）文章表达方式可以改进。纵观国际主流媒体，在涉及到如本文主题一样的科普性与介绍性新闻时，通常采用"QA"（*question-answer*）/"FA"（*frequently asked questions*）形式撰文，方便读者快速获知疑问的相应解答。

（4）版面位置比较靠后。相比之下，类似的新闻在国际主流媒体上几乎都位于头版，在《农村新报》却位于卫生板块的右下角，很难引起读者重视。

综上，青少年是否应接种新冠疫苗是一个非常重要的新闻话题，本文抓住这一话题，采访了具有权威性的角色，但行文与排版上却并不尽人意，文章的新闻性没有得到良好体现。

【延伸思考一】

新冠疫情暴发以来，世界各国主流媒体都以此为重点报道话题，涉及青少年、老年等弱势群体时笔墨尤其浓重。《农村新报》这篇文章关注青少年如何安全接种疫苗，并选在九月开学前夕刊登，从新闻价值上说具有重要性和接近性。

然而，这样一个十分重要的报道却被放在卫生板块的右下角一隅，首先从版面上就给人一种边角料的感觉，这同报道本身的重要性是不相匹配的。其次，这条报道只有一个信源，记者只问了两个问题，从内容丰富程度上说，不尽如人意。再次，报道在文字表达上几乎是完全照搬专家的专业术语，没有将之"翻译"成通俗易懂，接地气的话语，从文本的角度上说，这样的新闻呈现是不够成功的。

在案例分析中，我们主要以《卫报》相关报道为例作了比较，这是因为《卫报》始终活跃在新冠疫情新闻报道的前线。同其他媒体相比，《卫报》对新冠疫情的报道综合运用各种呈现方式，尤其是《卫报》见长的数据新闻报道。我们的媒体在做相关报道时也应当时不时看看国际同行的成果，看看自己是否还能将疫情相关报道以更丰富的内容视角、更新颖的呈现方式传递给读者。

最后，将这个案例放在本节的第一条，主要是因为新冠疫情在本书写作时的 2022 年已经呈现出常态化的特征。当前政策要求为坚持"动态清零"不动摇。在此背景之下，如何在"常态化"的疫情防控中做出"不常态的"疫情报道，是每个记者都需要思考的课题。

【案例二】

《农村新报》2021 年 9 月 24 日 06 版《饲料涨鱼价跌》一文，这篇文章观察到了市场的失衡现象：鱼饲料上涨了，鱼价却下跌了。

文章的叙述结构比较有条理。第一段采用养殖户的直接引语，说明当前渔市的核心问题：饲料太贵；第二段说明该养殖户的情况，用数据表明饲料价格以怎样的幅度在上涨；第三段援引专家分析来说明饲料上涨原因；第四段用官方数据说明与此同时鱼价正在下跌；第五段回到养殖户，讲明其担忧。

这篇文章有两个亮点：第一是以新闻稿件方式直接、真实、详细地反映渔民的困难与市场的失衡，在一众稿件中十分难得；第二是数据比较扎实，除第一段以外每一段都有大量数据支撑，说服力很强。

稿件还可以考虑从以下角度改进：

（1）增添线索信源，交叉引用多个信源，使饲料上涨、鱼价下跌的现状更可信、更清晰；

（2）把第三段模糊的"专家分析"改为"××大学/××机构×××分析"，更具有可信度；

（3）把渔民对未来的担忧具体化，例如：有没有应对的计划，如果失衡现象持续进行，他们会怎么做？

（4）缺乏一个宏观经济学角度的分析：这种市场失衡是如何产生的，会持续多久，可能的恢复措施有哪些？

（5）采访有关部门的看法，政府到什么情况下会采取宏观调节手段？他们给渔民的建议是什么？

（6）增添新闻背景，说明此前有没有出现过这种情况，这是不是一种周期性事件。如果有，当时的人们是怎么做的。

总的来说，这篇新闻稿件反映了民心民情，但内容还可以进一步丰富完善。

【延伸思考二】

中共中央办公厅、国务院印发的《乡村振兴战略规划（2018—2022年）》中有一张"乡村振兴战略规划主要指标"图，指标一共分为五个大类，第一个大类即为"产业兴旺"。《农村新报》作为一份长期深耕三农问题的报纸，始终将农村产业的相关报道放在核心位置，以敏锐的嗅觉、扎实的数据、生动的案例反映当前湖北地区农村产业的发展与变化，本案例即为这一报道方针的具体体现。

从新闻采写角度来看，《农村新报》相关报道还存在可优化之处。产业报道说到底属于财经报道的一部分，而财经报道最容易出现的问题就是过多的数据、专业分析，以至于报道本身一方面显得十分枯燥乏味；另一方面看起来像是素材堆砌，没有一条明确的思考脉络贯穿其中。为此，一名优秀的财经记者不仅仅要关注产业现象，更要透过现象本身，以平实的白话阐明现象背后的意涵。《美联社新闻报道手册》中提到："对所报道内容给出'解释、判断、背景材料'已成为新闻记者的职责……'时代要求我们去帮助读者处理这些信息，因为凭借个人的能力任何人都是无法应对的。'"①

从本例来看，最主要的问题有两个方面：一是对现象的阐述虽然具体，但还不够扎实，比如说，信源不够多、不够具体、不够权威，这导致对现象的深层次分析，尤其是宏观层面的分析存在缺失；二是对"此前"与"之后"的分析不足，此前是否发生过类似的事情？此后可能会有哪些解决方案？这两个问题是做产业报道，尤其是产业内发生重大变化时记者必须思考的角度。

总的来说，记者在进行乡村振兴产业报道时，一方面应牢记政治使命，实事求是反映乡村产业变化；另一方面也应当注意财经新闻写作规范与痛点，真正将报道写扎实。

【案例三】

2018 年 4 月 1 日起，西凉湖水域实行全面禁捕行动；2019 年 3 月，"嘉鱼县人民检察院接到群众举报……水域存在非法捕鱼"，调查发现，"现场并无执法人员和执法船只开展工作"；2020 年，检察院再次跟踪调查发现，"综合管理执法局怠职行为仍然存在"。

上述内容摘自《农村新报》2021 年 6 月 8 日头版头条《西凉湖执法局保护长江母亲河怠职被判增殖放流 17 万尾鱼苗补过》一文。长期以来，对政策执行机关受处分及改正全过程进行报道的稿件数量不多，力度也不够，尤其涉及受处分原因时常常语焉不详。《农村新报》不仅依照检察院提供的事实将怠职过程全部记录，且将后续改正措施："综合管理执法局将其购买的 17 万多尾……有序放入西凉湖……现场见证"放在导语段重点说明，起

---

① ［美］杰里·施瓦茨. 美联社新闻报道手册［M］. 曹俊，王蕊，译. 北京：中央编译出版社，2014：33-34.

到了良好的宣传警示效果。

与之作为对照的是，长江流域重点水域 10 年禁捕行动自 2021 年 1 月 1 日全面实行，《农村新报》对这一事件的报道角度主要有：对原渔民的处置措施（如 2021 年 2 月 23 日《兴山"捕鱼人"变身香溪河"护渔人"》一文）、对政策的介绍说明（如 2021 年 5 月 14 日《五省市签订"十年禁渔"联合执法协议》一文）等。就禁渔这一政策而言，政策的发布者（政府）、对象（长江流域环境、渔民）是报道的重心，但政策执行者（管理局、执法队等）往往被忽视了，或者只是以"××管理局处理了××起案件"等描述一笔带过，读者不甚知晓，禁渔政策是如何贯彻的，又是以何种力度何种高度落实的。

这篇《怠职补过》结尾写道："这是《中华人民共和国长江保护法》正式实施以来，嘉鱼县首例涉长江保护行政公益诉讼案。"希望未来能有更多的实际检察行动报道，这表明对政策执行环节的监督力度的加强，防止政策变形扭曲等问题发生；同时，也希望如《农村新报》一样的主流媒体能更多着眼于对政策执行主体的报道，禁渔政策执行难在哪，需要群众如何配合，等等，这些都是需要商榷的问题，值得就此展开宣传与讨论。

【延伸思考三】

一项政策从发布到见效，需要执行机构的有效落实。政策扭曲、变形等现象常常发生在政策执行过程中。长期以来，我们的新闻媒体机构很少关注到一项政策在落实中出现的具体情况，对政策执行主体本身的关注存在严重缺位，常常照其自身的成绩通报了事。在本例中，报道的引子是人民检察院接到举报继而展开调查，我们不禁设想，假如检察院尚未介入调查，新闻媒体又是否可以对政策落实过程进行监督与报道？

答案应当是肯定的。对于政策执行的不足甚至扭曲之处，媒体应当在广泛采访民众意见的基础上，以内参或公开报道的方式予以反映，从而纠正政策执行偏差，帮助政策更好落地；而对于那些执行到位之处，也不能仅仅局限在其自身的工作通报上，记者还应俯下身去实地考察这一政策执行的全过程，从而在报道中如实反映难点何在，相关部门又是以怎样的努力将其克服。这也是"坚持党性和人民性相统一"的应有之义。

的确,"以正面宣传为主"的新闻报道方针是目前党媒新闻舆论工作的基本准则。在本案例中,这篇报道并不仅仅着眼在批评上,而是以"补过"为主要报道事迹,提到的"批评"也是以检察院为批评主体展开。这样看来,只要在采写过程中抓住"报道是为了改进现实,提出建设性意见,而不是单纯批评,甚至为了批评而批评"这一基本思路,批评稿件同样能具有典型性和积极性,为其他姊妹媒体起到良好的示范作用。

【案例四】

《农村新报》2021年6月8日04版《浠水为五名干部澄清正名》一文以及同版《咸安为村级换届正风气》一文,都提到了对不实举报的澄清与正名:"该县纪委监委为受到不实举报干部澄清正名,持续释放激浊扬清、扶正祛邪的强烈信号。""该镇纪委立即开展核查……最终查明反映问题不属实。"

这类澄清式的稿件在每月一期的"乡村清风"版面中出现得较少,以往的稿件主要是以发现腐败干部、开创举报方式、共建透明政府、倾听群众呼声,为群众扫黑除恶办实事等话题为主。这两篇稿件既是对主要话题的补充,也是对我党干部的正名:并不是所有受到举报的干部都是有问题的,也不是所有的举报都是可信的,我们的基层干部从整体上说还是可靠的。

稍稍遗憾的是,两篇稿子篇幅均不长,对于如何鉴别不实举报及后续措施也交代的较为仓促。我们认为,是否可以在"乡村清风"或相关版面中给一些特稿以某地某案件为例专门叙述纪委是如何识别不实举报的,又是如何为相关干部正名的。要点无他,一是让群众增强对我党基层干部的信心;二是让其他干部引以为戒,尽量避免暧昧不清的、可能引来群众反感甚至举报的执政行为;三是让人民群众安心,遇到不公平事件大胆说,即使可能有不实举报,但只要不是主观恶意甚至造谣,就不应当承担任何后果甚至引来人身安全的威胁。

【延伸思考四】

党的十八大以来，反腐倡廉力度不断加大、机制不断创新，与之相适配的一系列宣传成果也不断涌现，例如电视专题片《巡视利剑》等。然而，这类专题片聚焦的主要是中央纪委的反腐成果，对于基层腐败现象的关注主要依托于基层媒体平台的报道。本案例选取的两篇关于澄清不实举报的报道，在相当程度上构成了反腐报道的对照面，两相结合，有利于强化人民群众对基层治理的信心。

然而，一方面由于这类报道出现频次不高；另一方面也由于记者挖掘得不深，本案例中两篇具有显著意义的澄清式报道显得有些"流于表面"。考虑到记者的精力有限，建议定期集中精力和版面组织一到两篇特稿，详细说明从举报到澄清再到恢复信心的全过程，让人民群众进一步感受到权力的公开透明。

【案例五】

《农村新报》2021年5月18日头版《看嘉鱼蔬菜产业如何追赶寿光》和《"寿光模式"26省份落地开花》两篇文章，均属于《农村新报》关于"全国农民报总编辑看寿光乡村振兴调研采访活动"的系列报道。

全国其他媒体亦有不少关于此次活动的报道，总结发现，在关于"寿光模式"的报道中，存在以下两点倾向：

第一是采用类似通稿语言，将"寿光模式"简化为一个宣传概念，缺乏实际内涵描述，例如，该报《"寿光模式"26省份落地开花》一文，同中国妇女网相关报道《"全国农民报总编辑看寿光乡村振兴"调研采访活动在山东寿光举行》存在较大重合。多方比较发现，这篇文章的优点在于第三段和最后一段展示的多组数据："寿光市从事蔬菜种子研发及育苗的企业已发展到401家，自主研发蔬菜新品种140个……""2020年，寿光市实现一般公共预算收入93.8亿元……"。但是，这些数据并没有被用作比较，或者被换算成一定比例进行介绍，因此，读者可能对此缺乏直观感受。

第二个倾向是全文就寿光讲寿光，并没有要延展或升华到一定高度。这种写法对于寿光当地媒体或中央媒体来说是完全可行的，例如，人民网采用的就是这种方式。但是，对于《农村新报》这样一份湖北报纸而言，并没有太大必要在头版对寿光作重复性介绍，相反，报道重心应当落到寿光模式同本地模式的对比之上。换言之，既要避免通稿式的会议报道语言，更要用研究式语言讲清楚"'寿光模式'是什么""我们能学到什么""我们和寿光比有什么不同"等更具有现实意义的话题。从这两点上说，《"寿光模式"》这篇稿子并没有完成"开题"的任务。

说回到头版头条《看嘉鱼蔬菜产业如何追赶寿光》一文，一个很明显的问题是：编者按中提到"……随后还将推出《全国农民报总编辑看寿光》系列报道"，这个系列报道打算做成什么高度？在下一期，即21日的头版中，我们看到了第二篇报道《湖北籍专家种出寿光小甜瓜》，这篇文章的右下角有一个"全国农民报总编辑看寿光"的新标语。

尽管这一标语可以在一定程度上起到内容聚合的作用，但在每一个系列报道的单份稿件中最好能都加上相应的"编者按"，只需简要说明"这是本报全国农民报总编辑看寿光系列报道第×篇文章，本文聚焦×××，介绍了×××，具有×××意义"即可。《农村新报》并不是一份日报，一周仅出版两次，两次之间分别间隔两天或三天，在多次出版之后，读者因为阅读的不连续性，不容易记住"寿光系列"的特殊意义。考虑到此次寿光系列报道连续两期作为头版文章出现，推测该议题设置具有较高优先级，故作此建议。

再看文章正文。这篇文章标题中就提到"寿光"，但是，全文总计7次提到"寿光"，除标题1次以外，其余6次全都在"编者按"中，正文实则与寿光没有任何关系，全文都是在讲嘉鱼的蔬菜产业的发展和现状，只字未提"寿光"，如何谈得上"看……追赶寿光"？由此看来，文章同上文讲到的问题一样——缺乏对照性。事实上，如果能把两边的数据收集好，注意比较的对象为同类项，则可以做出一篇很好的数据新闻。这对于《农村新报》而言也是一条值得尝试的新路。

同全国其他媒体的报道相比，《农村新报》这两篇文章的出发点还是很有新意的，即是，不拘泥于寿光或寿光模式本身，而是把重心放在经验提炼和本省情况上来，希望达成的目的是将寿光模式吸纳到本省的农业上来，为本省的农业从事者提供参考和借鉴。这一点，我们从编者按和行文倾向中可以明确感受到。但是，实际操作上仍然落入了上文提到的两点窠臼中：一是仅宣传寿光，没有升华；二是太强调本地，弱化了与寿光的关系。

【延伸思考五】

在新闻报道实际操作中，"命题作文"是一种十分常见的现象。这类"命题"往往聚焦一个具有重大意义的典型案例，借助新闻报道、结合当地实际情况展开讨论，以期为本地相关工作提供参考与借鉴。本例即是"命题作文"的典型：以专栏形式推出聚焦某一案例的系列报道。但另一方面，本例也犯了"命题作文"中常出现的典型失误：一是流于命题概念本身；二是没有结合本地实际。

针对这种现象，可以从以下几个角度优化采写：一是编辑部在"开题"前先组织记者做好前期准备工作，从而根据前期素材讨论判断题目的深度和高度，决定应当用多少篇文章、多大版面来完成该命题；二是最好组织几位记者进行实地考察，获得除当地提供的一般材料外自己发现的新闻点，所谓"当局者迷，旁观者清"；三是深挖命题概念，不仅要在实地考察的基础上吃透概念内涵，还要以推陈出新的思考发掘其他媒体没有挖掘到的内涵，体现核心概念的增量；四是用比较的方法和视野将本地经验纳入稿件考量的范围，真正使稿件为本地相关工作提供有效的参考意见。

在本案例中，《农村新报》设计了新的标语来串联相关报道，这是一个常见而有效的组织系列稿件的方式。但光有标语是不够的，至少还需要介绍语、开题稿件、总结稿件来进行内容上的前后框定；在新媒体领域，还需要进行专题页面的设计与归纳，甚至专题海报的宣发工作等。

总的来说，在有增量内容的基础之上妥善做好呈现工作才是以创新精神完成"命题作文"的可行路径。

第八章　文本差错

新闻报道主题千变万化，但最终总是要落脚到具体的文本上进行展示。出于记者行文疏忽、编辑把关不严等原因，新闻报道中常常见到各种类型的文本差错。这些文本差错有的为读者理解文本带来一定困扰，有的则直接影响了新闻主题的表达。

本章从事实与导向、句式、词语、错字与标点等四个角度分类梳理了地方主流媒体及部分中央级媒体的新闻文本中存在的一些差错，为记者编辑规范新闻行文提供参考。

一、事实与导向类

（一）事实性错误

事实性错误是文本差错中最为致命的错误类型，有的表现为新闻描述情形与基本事实不符，有的表现为同一项基本事实的基本属性在前后文中出现矛盾。同其他文本差错相比，事实性错误又较为隐蔽，不容易直观感受出来，往往需要多次阅读才能发现。

1. 事实不符

【案例一】

《人民日报》2015 年 3 月 25 日《农田水利不能"只管建，不管用"》一文中写道："此时，我作为以'三农'为参政议政工作重点的山东省政协委员、民革青岛市委机关干部，在青岛农委挂职，因而有机会分头'下乡'

查看旱情。""分头"一词指的是相互联系的一些人分若干方面同时进行某一活动，如"分头准备"，但该句中的"我"只有一个人，不可能"分头'下乡'"。因此，该处修改为"多次'下乡'"更为合适。

【案例二】

中国水运网 2021 年 4 月 9 日《瑾姐办事 | 船员要不要接种新冠疫苗？要如何预约接种疫苗？》一文中写道："3 月 26 日，国际航运公会（ICS）、世界卫生组织，国际劳工组织，国际海事组织和其他联合国机构发表联合声明，敦促所有联合国会员国在其国家 COVID-19 疫苗接种方案中优先考虑海员和机组人员。这些联合国机构强烈呼吁会员国采取紧急行动解决这一问题……以确保维持供应链。"第二句开头用"这些联合国机构"统称第一句中各组织，但事实上，第一句中的"国际航运公会（ICS）"并非联合国机构。

【案例三】

《农村新报》2021 年 8 月 3 日 05 版《郧西出版新书挖掘马安历史文化》一文中写道："郧西县马安镇党委书记严慈理介绍，《福地马安》一书历时 4 年编纂，成书 108 万字，挖掘了马安 4000 余年的历史文化，让马安真正成为一个有历史、有文化、有故事、有内涵的地方，让'山水福地、红色马安'名副其实、实至名归。"但事实上，一本书并不足以使一个地方成为一个"有历史、有文化……"的地方，相反，是因为一个地方本身"有历史、有文化……"，才能够编纂出这样一本反映当地历史、文化等方面的书。后文"名副其实、实至名归"亦存在上述主宾错位问题。

2. 时间前后矛盾

【案例一】

《湖北日报》2021 年 6 月 10 日 12 版宜昌观察报道《"生态市民"从我做起 西陵区每年 30 万人次为长江"美颜"》，第二部分首段写道"每天清晨 7 点，一群人准时出现在江边"，次段却写道"每个周末和法定节假日的清晨7点，他们统一到江边捡1小时垃圾"，这两句读来前后矛盾，不禁让读者对市民从事捡垃圾这项志愿活动的时间产生疑惑。

【案例二】

《湖北日报》2021年10月4日02版《消费优惠券拉动假日文旅市场》一文中，作者写道："各大旅行社抢抓旅游'黄金期'，不断拓展外省市场，开辟跨省旅游线路。"但是，正文中使用的案例除了"豫鄂情·襄阳行"符合这一"跨省"特色外，"武汉至恩施""宜昌至襄阳"旅游专列均为"省内游"，前后内容不一致，存在矛盾。

3. 数字有误

【案例】

《农村新报》2021年2月23日07版《大冶排查近18万栋农村房屋》一文写道，"该市已排查农村房屋172469栋，查出存在风险房屋4674栋，占比为0.03%"。以4674除以172469约等于0.03，换算成百分比约为3%，而非0.03%。

4. 时间不符

【案例】

《湖北日报》2021年4月10日03版报道《湖北省委、省政府印发〈关于全面推进乡村振兴和农业产业强省建设　加快农业农村现代化的实施意见〉》一文，导语部分为"近日，湖北省委、省政府印发了《关于全面推进乡村振兴和农业产业强省建设加快农业农村现代化的实施意见》"，但在同日04版解读报道中则写道"1月31日，2021年省委一号文件《中共湖北省委、湖北省人民政府关于全面推进乡村振兴和农业产业强省建设加快农业农村现代化的实施意见》印发"，同份文件，同是"印发"，但一个是"近日"，一个是3个月前的"1月31日"，存在矛盾，需谨慎处理。

5. 延伸思考

在上述案例中，我们对事实性错误的发现主要依靠的是基本常识，而在常识之外的事实性错误，譬如记者在采写时对事件的还原不准确，在转写时对受访者的原意有所扭曲，甚至是对所获资料的誊抄错误等，读者在没有原始文本的情况下极难分辨，新闻失实风险由此出现。

从某种程度上说，事实性错误是不可避免的，但在交稿前记者应反复阅读新闻文本，既要核查同前期采访资料是否匹配，也要注意文本中是否出现常识性事实错误。

（二）舆论导向不当

习近平总书记在党的新闻舆论工作座谈会上强调："牢牢坚持正确舆论导向。舆论导向正确，就能凝聚人心、汇聚力量，推动事业发展；舆论导向错误，就会动摇人心、瓦解斗志，危害党和人民事业。这一点，全党同志特别是新闻舆论战线的同志要时刻牢记。"落实到具体新闻工作中，如何把握稿件的舆论导向，是从记者到编辑，从采写到分发，都不可忽视的问题。

1. 人民性滞后

【案例】

《农村新报》2021 年 8 月 20 日头版新闻摄影《陕西捐赠百万元慈善物资》与文字报道《企业捐赠 20 万斤大米驰援随州》分别介绍了陕西省慈善协会与湖北庄品健实业（集团）有限公司向随州捐赠系列救灾物资的事例。一方面，文章宣传了好人好事，具有一定新闻价值。但是在另一方面，捐赠的对象却被忽视了，关于随州的受灾情况，《农村新报》8 月 20 日当天 8 个版面所有报道中仅有一行描述：

"因遭遇极端强降雨天气，随州多个乡镇受灾严重。"

实际情况却是："罕见暴雨给湖北随州随县柳林镇带来重创，8 月 12 日凌晨突袭的洪水已致 8000 余人受灾，21 人遇难、4 人失联……据随州气象部门统计，柳林镇累计降雨超 500 毫米，突破气象历史极值。"（引自南方都市报《湖北随州柳林镇洪灾前后：7 次暴雨红色预警，睡梦中通知转移》）

《农村新报》作为湖北本地媒体，在报道这类题材的主题时，应当把人民性放在首位，在宣扬好人好事的同时忘记人民的重要性是不可取的。事实上，对于灾难新闻而言，受灾人民应当是报道的主要对象，在灾难中有多少失联群众、有多少受困居民、死亡人数又是多少……这些都是老百姓关心的话题。

2. 党性与人民性缺乏统一

【案例一】

《农村新报》2020年12月4日08版《便利老年人通行》，这是一则漫画新闻，描述的是国务院办公厅发布《关于切实解决老年人运用智能技术困难的实施方案》这一新闻点。《方案》的要点是，对老年人等群体应采取多项辅助措施予以通行，谨防唯"健康码"政策执行手段给老年人行动带来不便。

便利老年人通行　　　　　　　　　　新华社发 徐骏 作

这则漫画虽然是新华社绘制的，但存在几点问题：第一是，漫画右侧"国务院办公厅文件"人物形象比左侧老人高出足足一个身体，甚至高过背后的屋子，这不禁让人产生一丝丝疑惑，是人民大于政策还是政策大于人民？第二是，办公厅文件针对的对象很明显是各地的政策执行者，漫画中却是文件同老人对话。文件人物形象说："为了便利老年人，各地不得将'健康码'作为通行唯一凭证。"这个话不应当对老年人说，而是应当对各地相关部门说。因此，在对话的主体上，漫画是否展现出正确的对象还有待考究。

【案例二】

《农村新报》2021 年 1 月 27 日漫画《追回》，其配文是："'十三五'期间，解决农民工工资拖欠问题逐步纳入法治化和制度化轨道，各级工会配合有关部门共为 509.86 万农民工追回被拖欠工资 532.51 亿元。"

这幅漫画的视角不甚妥当。工会在我国是作为工人联盟的代表，为工人争取合法权益而存在的机构，由工会出面追回拖欠的债款本就是理所应当的事情。而在漫画中呈现的却是一种"上帝般的"视角，从这视角中呈现出的并非平等关系或公仆姿态，漫画可能给读者留下这样一种感觉：这笔钱由工会发给工人好像是一种"施舍"。

【案例三】

《湖北日报》2021 年 4 月 5 日 02 版报道《素昧平生，却在清明时节献上鲜花与思念，只因——你的名字烙刻进我的生命里》，文章里出现了这样两句话："广场纪念碑上，2000 多个遗体捐献者的名字熠熠生辉。他们中有领导，也有普通人；有 16 岁的孩子，也有 105 岁高龄的老人。""老吕虽然是一个普通工人，但很早就决定捐献遗体"。

第一句话将领导和普通人对立起来，不甚妥当；第二句话虽然是老吕妻子的直接引语，但"虽然是一个普通工人"的说法也不妥，"普通工人"与

"捐献遗体"之间并不存在对立与冲突关系，将两者用"虽然-但是"式转折起来的结果就是：工人形象被矮化了，工人群体似乎并不能普遍地拥有捐献遗体的高道德境界。

【案例四】

《农村新报》2021年7月27日05版《大检察官办小案》一文，文章内容讲述的是省人民检察院党组书记、检察长王守安就王某绑架案审判监督程序提起抗诉案，主持公开听证。问题在于，标题"大检察官办小案"实在不妥，何为"大"，何为"小"？用"大小"的对比强化了戏剧性和冲突感，给人的感觉是，本是一件小事，却要让大检察官亲自出面。须知，民生无小事，即使是"小案"，检察院也应当认真对待，用心用情办，"小案"背后可能也有"大难题"。"大检察官"的提法更是不该，中国如今是社会主义法治国家，"大官"的说法不应当出现在新闻稿件中，检察官的职能是服务人民，而不是借机划分出官品的三六九等。

3. 宣传好人好事"用力过猛"

【案例一】

《农村新报》2020年12月1日02版《龙感湖普查员王芳：医院走廊借光也要完成当日工作》一文中写道："一边是急需完成的普查工作，一边是离不开妈妈的孩子，王芳万分焦急。经过一番考虑，她决定白天忙普查登记，晚上在医院陪小孩。把孩子哄睡着了，她就在走廊里借光总结完善当天的普查登记工作，电话联系普查对象、普查员，安排次日的普查工作、商议解决工作中遇到的问题，确保每天完成目标任务。"这样写，表现了王芳的奉献精神，却未能完全回应读者的疑问，例如，为什么不可以用医院的办公室？当人口普查同家里急事相互冲突，有没有应急解决措施？只描写王芳一个人同时兼顾发烧的儿子和人口普查工作，不免让人怀疑，人口普查工作压力真有这么大？就连儿子发烧也没有时间照顾？舆情很有可能走向"为了组织任务不得不牺牲自我"的方向。

此次开展的人口普查登记工作是中央的一项重大任务，记者在向广大群众传达、解释该任务的同时，也要避免人为拔高该任务的难度，以至于到了不牺牲自己就没法完成的地步。媒体应当营造"人人参与，精准统计"的氛围。

【案例二】

《农村新报》2021年5月14日02版《仙桃两干部"较劲"卖甘蔗》一文讲述两位扶贫干部"竞赛"帮助贫困户卖甘蔗。故事立意虽好，但是，诸如"已怀孕37周的她……发动社区爱心人士……""自掏腰包买了70根甘蔗""宁愿自掏腰包，还无偿提供运输车辆"等描述很可能起到反作用。读者可能疑惑：扶贫干部帮忙是应该的，但不至于怀孕37周都临近分娩了还要工作甚至"竞赛"吧？也不用扶贫干部自掏腰包买农产品甚至提供车辆费用吧？如此宣传，其他的扶贫干部倒可能感到更大压力：我是不是比不过文中介绍的两位干部？宣传"用力过猛"反而"适得其反"。

4. 延伸思考

综合上述案例可知，舆论导向问题多发生在正面宣传报道中。"坚持正面宣传为主，并不是排斥问题、回避矛盾、粉饰太平，并不是就不要舆论监督。"①一味强调艰苦就容易丢失人文关怀，一味强调领导就容易忘记人民视角。记者在利用新闻稿件进行舆论引导的过程中，必须谨记以人民为报道主体，乐人民之所乐，忧人民之所忧。

二、句 式 类

（一）表意不清

表意不清，指一句话因为语法问题造成多种理解方式，甚至无法理解。在追求真实、准确的新闻作品中，关键句子的表意不清可能影响读者对新闻内容的正确认知。

---

① 新华通讯社课题组. 习近平新闻舆论思想要论［M］. 北京：新华出版社，2017：105.

1. 时态不清

【案例】

《农村新报》2021 年 2 月 5 日 06 版《湖北端出春节文旅大餐》一文，全文按照"线下各展馆——线上节目活动——各旅区开放计划"的行文顺序，依次介绍了湖北全省春节期间的文旅信息，十分详实具体。美中不足之处在于，有的表述中含有"将"字，即明确表示未来式，例如"全省各地图书馆、文化馆将组织活动"；而有的表述中却没有，例如："武汉市直文艺院团连续 7 天推出 56 期'文化进万家，宅家云赏剧'活动，同时在快手、斗鱼等平台上开展 29 场'云直播'。"报道当中的时态不统一使新闻语言缺乏准确性，容易给读者带来困扰：这些活动是已经办了，还是正在办，抑或是将要办，什么时候办？

2. 主语不明

【案例一】

武汉广播电视台 2021 年 6 月 24 日发布文章《100 年前，这群 90 后 00 后正青春》，文中"同在巴黎的向警予，这一年参加了勤工俭学学生请愿，发挥了重要作用"一句中"发挥了重要作用"主语不明，从而导致表意不清：是向警予在请愿中发挥了重要作用还是向警予参加请愿这件事发挥了重要作用呢？

【案例二】

《湖北日报》2021 年 7 月 2 日 06 版《孝感慢呼疾病市县乡一体化防治》一文，提及"市县医院认同他们在当地做的检查，为他们省了钱也省了麻烦"。为他们省钱省麻烦的主语该为市县医院的做法，该句主语不明，可改为"市县医院认同他们在当地做的检查，这为他们省了钱也省了麻烦"。

【案例三】

咸宁新闻网 2021 年 10 月 16 日【咸宁长江岸线行①】板块《走进鄂湘"江湖"第一镇——赤壁市黄盖湖镇采访记》一文中写道："咸宁地处长江

中游，128 公里长江黄金水道依境东流，是长江水源的重要涵养地和中部地区重要的生态屏障。"该句中"生态屏障"的主语是"咸宁"还是"128 公里长江黄金水道"呢？可见，该句因主语不明致使表意不清。

3. 主语不一

【案例一】

《湖北日报》2021 年 5 月 3 日 01 版《鼠标一点灌水到田》一文中写道："在协会带领下，农民用水实现自主监督、管理，能对水利设施进行日常维护。"阅览全文可知"实现自主监督、管理"的主语应是农民用水，后半部分"对水利设施进行日常维护"的主语应为农民，前后主语不一致。

【案例二】

《湖北日报》2021 年 7 月 12 日 03 版《雅口枢纽冲刺下月发电》一文，"工程按下快进键"小标段第二句，"作为襄十随神城市群协同发展的硬联通，雅口航运枢纽建设指挥部指挥长王阳红深感责任重大"，该句主语为"王阳红"，但"襄十随神城市群协同发展的硬联通"应为"雅口航运枢纽"，前后主语不一。

4. 延伸思考

结合上述案例来看，表意不清多发生在句子的主语成分中，有的句子不知道主语是谁，有的则存在多个主语，虽然大部分情况下，读者可以根据上下文语境准确理解句子的真实含义，但这样的句子无疑有损新闻写作规范。

以下是一些防止表意不清的通用做法：尽量不用"不久前""长期以来""经过几小时努力"等语句代替可以明确表达的具体时间；尽量少用"一些""不少""无数"等代替可以具体表明的数量；描述时间时，一般使用具体的日期和 24 小时制；并列动作属相同主体时，务必检查主体在动作的并列过程中是否发生错位。

（二）成分缺失

成分缺失，又叫句子成分残缺，指一句话说得并不完整，句子缺少成分，例如缺乏主语、谓语、宾语或衔接词等，导致错误。广义上说，按现代汉语的结构规律，凡是应该有的成分而没有，导致意思模糊不清，甚至不可理解的，均被归为句式成分缺失，这种情况在新闻文本的并列句或长句中较为常见。

1. 主语缺失

【案例一】

《湖南日报》2021 年 1 月 14 日《菖蒲塘村：文明实践助推乡村发展》一文中，"自'金喇叭'宣讲志愿服务项目实施以来，已开展各类宣讲活动 120 余场次，为国内外调研考察嘉宾及研学团队 600 余批次 1 万多人进行宣讲"一句缺乏主语。根据上下文，可改成"自项目实施以来，'金喇叭'宣讲支援服务队已开展各类宣讲活动 120 余场次"。

【案例二】

咸宁新闻网 2021 年 10 月 20 日【咸宁长江岸线行②】板块《巧借东风的赤壁人 —— 赤壁市赤壁镇采访记》一文中写道："在赤壁三国古战场一侧，曾经是大货车川流不息的东润码头。"前半句"在……一侧"为状语，后半句"曾经是……"为谓语，可见，该句存在主语残缺的问题。

2. 谓语缺失

【案例】

《湖北日报》2021 年 6 月 21 日 02 版《武汉打造四大产业创新平台》中，"助力武汉 3 年内实现 15 座加氢站……等重点目标"一句，实现的重点目标中缺少动词，可修改为"实现落地建成 15 座加氢站等重点目标"等类似表达，与其后的"示范运营 3000 辆氢燃料电池汽车"相对应。

3. 宾语缺失

【案例一】

《湖北日报》2021 年 5 月 24 日 10 版《不断优化服务满足疫苗接种需求》一文，"减少居民接种排队、均衡疫苗接种和供需"一句，前半部分缺少宾语，应修改为"减少居民接种排队时间"，后半部分表述略显晦涩，改为"均衡疫苗接种供需"更好。

【案例二】

《中国青年报》2022 年 4 月 29 日 02 版《远洋捕捞的征途中"福荣海"轮船长杨德军：与海为伴 以船为家》一文中写道："杨德军回忆，针对磷虾映像及昼夜变化情况，自己通过采取调整曳纲长度和拖网速度，对网板的开度及网具浮子和沉链比等方面进行研究，提高了南极磷虾的捕捞产量。""采取调整曳纲长度和拖网速度"一句中，动词"采取"缺失宾语，应在"拖网速度"后加上"策略"或"方式"等词同"采取"对应。

4. 衔接缺失

长江云 2021 年 3 月 13 日刊发新闻《"今天才看清你的样子！"雷神山医院医患武大重逢》，在这篇报道中，"一位新冠康复患者激动地说：'原来只知道彭医生，今天才看清你的样子，武大一起赏樱也是我的愿望！'"一句成分缺失，句子主语"一位新冠康复患者"与"武大一起赏樱也是我的愿望"间缺少介词衔接，此处应改为"与你在武大一起赏樱也是我的愿望"。虽然直播中受访者原话如此，但形成文字报道时，表述应加以规范。

5. 修饰缺失

《广州日报》2022 年 1 月 1 日 03 版《广州开出全国首批 RCEP 原产地证书》一文中写道："数据显示，2021 年 1—11 月，广州全市对 RCEP 成员国进出口 3345.8 亿元，增长 8.5%。"句中"增长 8.5%"缺乏修饰，读者不知是以何为基期相较的增长，按照常理推测基期应为 2020 年 1—11 月的数据，故应在"增长 8.5%"前加上"同比"。

6. 延伸思考

成分缺失是新闻报道撰写中较为常见的错误，容易被忽视。在上述的句子成分缺失案例中，可将其归类为主语、谓语（动词）、宾语、衔接缺失，以上四种是典型的成分缺失问题，在新闻写作的表述中尤其需要关注。

主语缺失通常是由以下原因引起：一是介词滥用，例如将"在、通过、经过、为了、至于"等词置于句首导致主语缺失；二是前后句更换主语造成主语缺失；三是主语的定语修饰词过长导致缺失问题。

谓语动词缺失往往由以下原因所致：其一，句首陈述对象缺乏相应的谓语，却另起开头，造成谓语残缺；其二，缺少与宾语呼应的谓语中心词；其三，误以介词短语作谓语。

宾语缺失则可以归为动词、介词宾语的缺失，或者是中心语残缺。

成分缺失不仅仅表现为主语、谓语、宾语缺失这三种形式，指示性代词残缺、状语残缺、补语残缺也是常见的情形。

该类问题对语言的危害不容小觑。缺少句子成分是比较难辨析的一种语病类型，也因较为常见而更需要引起新闻工作者的重视。

（三）成分赘余

成分赘余，指一句话在表达已经完整的基础上加入不必要的词，或者使用了多种句式造成杂糅，通常不会造成理解上的模糊，但仍需在语法上加以改进。究其原因，可能与凑字数、不当表达习惯等有关。语句成分赘余，往往会给读者造成阅读理解上的麻烦，因此，新闻工作者在报道语言组织和文章写作中，应注意避免过于口语化的表达，需尽量精简文字、直观表述。

1. 语义重复

【案例一】

《广州日报》2021年5月5日《三地青年唱响同一首歌》一文中写道："结果，最后有多达超过600位报名人员参加选拔。"句中"多达"和"超过"语义有重复，可以把"多达"删除。

【案例二】

《长江日报》2021年5月18日《绿色长江：生态文明建设写入党章》一文中写道："但是长江之险，依然险恶，中共中央继续将长江之治列为国家重大议题。"句中"长江之险"与"依然险恶"搭配不当且语义重复，可将"长江之险"换成"长江水情"。

【案例三】

《山西日报》2021年9月8日09版《从这里看见美好未来》一文中写道："他要我全权负责刊物的一切编辑事宜。我有点诚惶诚恐，但也有点暗自窃喜。"句中"暗自"同"窃喜"语义重复。

"窃喜"的意思是"暗中高兴"，其中的词素"窃"表示"暗暗地、私下里"的意思，这与"暗自"同义。可将"暗自"删去，或把"窃喜"改为"高兴"之类的词。

【案例四】

《安徽日报》2022年8月19日10版刊登文章《"三问"新安医学如何传承创新?》。文中写道："1400余种中草药材拔节生长，900余位自宋迄清见于记载的医者名家层出不穷，800余部鸿篇巨著传承至今……"句中的"层出不穷"使用有误："层出不穷"的意思是接连不断地出现，没有穷尽，通常用于形容使用对象数量很多，与句中数量词组"900余位"矛盾。

此外，文章标题亦存在标点符号使用不当现象，"三问"上的引号和句末的问号都应删去。

2. 句式杂糅

【案例】

咸宁新闻网2021年10月20日【咸宁长江岸线行②】板块《巧借东风的赤壁人——赤壁市赤壁镇采访记》一文中写道："根据《湖北省河道管理实施办法》规定，禁止任何单位和个人在堤身和禁脚地范围内建房。"句中"根据《湖北省河道管理实施办法》规定"出现词组杂糅现象，可修改为"《实施办法》规定"或"根据《实施办法》"。

3. 延伸思考

由上述案例可见，成分赘余，主要包括语义重复与句式杂糅两种类型。语义重复（词语重复）是指同一个词语在句子中没有必要地重复出现。这种错误主要是不认真、不仔细造成的。其多见于在句中插入成语后没有检查成语本身的意思，导致该成语同句中其他词汇的意思重复。

语句杂糅，指的是本来应该分成两句或多句说的话却被糅进一个句子里，结果导致意思表达不清、语义不明。主要有以下几种类型：第一表被动，常见结构"被（受）……所"；第二表原因，常见结构"原因是……造成（引起、导致）""是由于……的结果""由于……领导下"；第三表目的，常见结构"供……之便""防止……不再"；第四表意图，常见结构为"是出于……决定的""从……为出发点"。句式杂糅是一种常见而又难以判别的病句类型，新闻从业者应加强自身文字修养与基本语文知识，减少、避免此类基础性错误。

三、词语类

（一）搭配不当

搭配不当是新闻行文遣词造句中常见的一类错误，有多种表现形式，包含动宾搭配不当、主谓搭配不当、主宾搭配不当、修饰词与中心词搭配不当、关联词搭配不当等几种类型，下文将结合典型案例对稿件中出现的问题进行切实分析，以期有建设性增益。

1. 单个动宾搭配不当

【案例一】

荆楚网 2021 年 4 月 28 日《【中国共产党百年长江情·红色篇】一个普通共产党员的誓言》一文中写道："老秦紧紧握住我的手，眼光中显示着兴奋的'欢迎新党员'的表情。"句中"眼光中""显示"与"表情"搭配不当，读来拗口。可调整为"眼光中闪烁着'欢迎新党员'的喜悦"。

【案例二】

《天眼新闻》2021 年 5 月 17 日《【中国共产党百年长江情·弄潮篇】搏击风浪无所惧 砥砺前行争上游》一文中写道："伟人的践行和示范，极大鼓舞了武汉人参加渡江活动的热潮。"句中"鼓舞"与"热潮"一词搭配不当,"鼓舞"一词一般与"人心""士气""信心"等词语搭配,可将"极大鼓舞"改为"掀起"。

【案例三】

《浙江日报》2022年1月4日02版《硬防疫,暖服务》一文中写道:"各方面相互理解、同向而行,才能合力早日歼灭疫情。"句中"歼灭"同"疫情"搭配不当。

"歼灭"的意思是消灭,采取手段使对象不存在。"歼灭"的指向对象一般限于具象化的人,而且必须是和行为主体处于对立状态的人,即敌人。句中"歼灭"的指向对象是"疫情","疫情"是一个抽象的概念,不能接受"歼灭"的支配。因此,"歼灭"的使用不合适。

可以把"歼灭"改为"消灭"。在指向对象上,"消灭"既可以是具象化的人,也可以是某种事物,在适用性上较之"歼灭"更为广泛。

【案例四】

《楚天都市报》2022年5月2日06版《夫妻"隔空互赠"暖心礼物》一文中写道:"虽然我们不能每天见面,但两次并肩抗疫,守护患者的安危,这段经历,对我们来说弥足珍贵。"句中"守护"与"安危"搭配不当。

"安危"的意思是平安和危险。这是个偏义复词,通常主要指危险的情况,如"不顾个人安危",其中的"安危"说的主要就是"个人"的危险。句中的"安危"做了动词"守护"的宾语,但对于"守护"的行为主体"我们"(从全文可知是两位医护人员)来说,句中"患者"的安全是他们需要"守护"的,但"患者"的危险不是他们需要"守护"的,而是需要他们解决的。可将"安危"改为"健康"。

2. 并列动宾搭配不当

【案例一】

《农村新报》2021年4月27日08版《枣阳着力培育全民阅读新风尚》

一文中写道:"云上枣阳平台开辟……专栏、线上荐书……等活动。"句中宾语"活动"缺乏对应的动词。

【案例二】

《湖北日报》2021年8月29日03版《秭归突发9万立方米滑坡 所幸提前预警险区32人安全撤离》一文末段写道:"目前,秭归县已全面清理滑坡区及其影响区所有人员,组织撤离避险,共计撤离32人。"句中"全面清理"与"所有人员"搭配不当,宜改为"目前,秭归县已全面清理滑坡区及其影响区,组织所在人员撤离避险,共计撤离32人。"

3. 修饰不当

【案例】

《浙江日报》2022年2月23日05版《与"精灵"为伴,探寻好风景》一文中写道:"这里溪水潺潺,鸟鸣声声,墙壁上是蝴蝶彩绘,树上挂着村民们自制的鸟巢,人与自然和谐共生之感油然而生。"句中"自制"一词使用不妥。

"自制"的意思是自己制作。"自制"在使用中要求,行为主体"自制"的物品通常为自己使用,满足自己对这一物品的需求。句中"自制"的使用对象是"鸟巢",如果这个"鸟巢"是制作的行为主体"村民们"用于自己养鸟所需,"自制"的使用是可以的,但从引语所出全文可知,这些"鸟巢"不是行为主体为满足自己养鸟需要而制作,而是放在报道所述的这个"生物多样性体验地"中,具有公益性质,在这种情况下,"自制"的使用就不合适了。可将"自制"改为"制作"。

4. 动词多余

【案例】

《湖北日报》2021年1月16日02版要闻《流程再造升级"一网通办"》导语最后一句写道:"进一步提升优化营商环境。"句中"营商环境"已有"优化"动词对应,建议删除"提升"一词。

5. 名词并列不当

【案例一】

《文汇报》2021 年 8 月 23 日 01 版《一年"预约"八部，"显微镜"下的谍战剧该如何突围》一文中写道："出身贫苦的马天明不慎卷入一桩灭门惨案，逃亡中他意外顶替了留洋医生蔡里昆的身份藏身于衡山医院。那里，受伤的红色商人朱天德，对红色资金虎视眈眈的军统、中统、日本军部、上海青帮等各方势力，以及被冒名的蔡里昆本人也先后入驻。"句中各并列主体并不都能搭配"入驻"这一动作。

"入驻"的意思是"进入某个地方或某个部门并准备长期或集中一段时间居留"。"入驻"在使用中需注意两方面的问题：一是"入驻"的行为主体不管是什么性质，都要求具有团体性质，单个的人不能使用"入驻"（现实中单个的人会有"入驻"的行为，但其必须是以所代表机构的名义）。

引文中，"入驻"的行为主体有"各方势力"（包括"红色商人朱天德""军统""中统""日本军部""上海青帮"等）和"蔡里昆本人"，其中"红色商人朱天德"和"蔡里昆本人"都是个人，在这种情况下，"入驻"不能一并适用。

此外，行为主体不管是什么性质，其"入驻"都是一种公开的、带有宣示性的行为。结合故事的时代背景，其中一些行为主体并非"公开"进入"衡山医院"，更不会带有宣示性。引文出处说的是一部谍战剧，背景为 20 世纪 30 年代日本军队占领上海期间。在此时的"孤岛"上海，能够公开地、宣示性地"入驻"的，只有"日本军部"一方。

可将"入驻"改为"进入"。"进入"对行为主体没有特殊的要求，团体、个人都可，也不必区分其行为方式是公开还是秘密。

【案例二】

《农村新报》2021 年 6 月 4 日 02 版《恩施州立法推进旅游产业高质量发展》一文提及"支持民族文化和旅游融合发展，依托特色饮食、传统民族歌舞、民俗礼仪和文化遗产等，弘扬民族传统文化，提升旅游产品的文化品位。"仔细斟酌此句，可以发现，"文化遗产"包含了一些传统的民族歌舞、民俗礼仪，所以，此处存在并列不当现象。作者对"文化遗产"一词认知把握不到位，导致范围大小归属混乱，或可改为"依托特色饮食、传统民族歌舞、民俗礼仪和其他文化遗产"。

6. 延伸思考

搭配不当是人们在使用语言过程中极易出现的病句类型，这种病句经常是因为使用结构复杂的句式导致前后难以照应、顾此失彼。

上文提及搭配不当有多个类型，其中，动宾搭配不当等较为容易甄别。除上述类型外，还需重点关注"一对多""多对多"的搭配不当和"一面对两面"的搭配不当。

（二）词语使用不当

词语使用不当是稿件中影响新闻准确性的常见问题，其类型大致可以分为褒贬使用不当、望文生义、对象使用不当、情景不搭、误解词义、重复用语、自相矛盾等。词语使用不当在一些病句中难以辨别，需要从业者有深厚的文字功底，下文将结合具体案例展开叙述。

1. 褒义词使用不当

【案例】

《湖北日报》2020年12月3日10版《汉阳审结全省首例"汽车套路贷"案》一文中写道："激励组织成员实施……等违法犯罪活动。"该句中"激励"一词不妥。"激励"指褒义的鼓励，不能用于"违法犯罪活动"，建议改为"怂恿"或"鼓动"。

2. 贬义词使用不当

【案例一】

《湖北日报》2021年1月18日09版武汉观察报道《武汉东北部，"第四城"蓄势待发》开头使用了"大兴土木"一词。"大兴土木"意思是大规模地盖房子，出自《容斋三笔》，多含贬义色彩，是"劳民伤财"的近义词，该词多见于对强权政府的讽刺，不宜在此类报道中使用。

【案例二】

《新民晚报》2022年7月28日08版刊登报道《俄罗斯要退出国际空间站"单干"》。文中写道："NASA在火箭发动机和天地通勤上非常依仗俄罗斯的技术。"句中"依仗"一词使用有误。

"依仗"的意思是倚仗，即依靠别人的势力或有利条件。"依仗"在使用中需要注意的是，其行为主体通常是靠着别人的势力做不好的、超出其本分所能做的事，如"依仗自己力气大就欺负小同学""依仗老子有权势而横行乡里"，因此，"依仗"在情感色彩上带有一定的负面色彩。句中的"依仗"，其行为主体为"NASA"，指向对象为"俄罗斯的技术"，但"NASA"靠着后者所做的事是天文探索，这在国际上并不认为是坏事，而是得到国际上各方肯定的一种天文科技合作，"依仗"的使用在情感色彩上与全句语境不合。

可将"依仗"改为"依赖"，使情感色彩转为中性。

3. 词语情感色彩不当

【案例】

《大众日报》2022年2月19日07版刊登报道《作家姜成娟：种入泥土，扎根基层》。报道记述报告文学作家姜成娟采访的一位老党员张维兰。张维兰12岁时就越过敌人封锁线为党送情报，当姜成娟问她害不害怕时，老人回答："要是人人都害怕，那共产主义怎么办呢？"在这之后，文章写道："此时，这位省城来的记者面色愕然，她没有想到眼前如此普通的老人，蹒跚在老家的田野里、柴垛边，平静地表达了崇高的想法……"句中"愕然"一词使用有误。

"愕然"形容吃惊的样子。使用"愕然"要注意的是，"愕然"除了表示行为主体对使用对象的出现有出乎意料的感觉以外，还含有对使用对象不满意、不肯定的情绪，如"听到空难发生的消息，大家都为之愕然"，"空难发生的消息"是一个负面的消息，引起"愕然"才是正常的。在上述引用的句子中，"愕然"的行为主体"姜成娟"面对的是"老党员张维兰"的一句回答，即"要是人人都害怕，那共产主义怎么办呢?""姜成娟"在听到这句话时，可能会感到意外，但由于这句话在汉语使用环境中具有高度的正面色彩，通常情况下她不会对此产生不满意、不肯定的情绪，相反，她会表现出很崇敬的神色。因此，"愕然"的使用是不准确的。

可将"愕然"改为"肃然"，"肃然"表示严肃、恭敬的样子，符合语境。

4. 语义应用不当

【案例一】

《解放日报》2021 年 6 月 17 日 11 版《17 年拉锯航空补贴，美欧终于"休战"》一文中提到："双方同意暂停针对彼此的报复性关税，为期 5 年，并将成立工作组，通过谈判寻找解决这一争端的办法。"该句中"彼此"一词使用有误。

"彼此"的指代对象是相关的双方。在这个句子中，"彼此"做了动词"针对"的宾语，而"针对"的主语是"双方"，这就出现了"双方……针对彼此"的情况，即"双方"中的任何一方都既要"针对"对方，也要"针对"自己一方，这显然不合情理。

可将"针对彼此"改为"彼此针对"。当"彼此"用在动词前面时，它表示这个动词的行为主体（句中为"双方"）所从事的这个动作互相施动于对方。亦可将"彼此"改为"对方"，即把"针对彼此"改为"针对对方"，但两相比较，前一种修改更为合适。

【案例二】

《农村新报》2021 年 7 月 20 日头版《上半年湖北农民落袋 7841 元》标题中"落袋"一词，原指台球比赛中将属于自己的球打入腰袋或角袋的得分行为，后也常用于新闻，虽没有明确引申义说明，但一般表示总体的、宏观的、表总数的政策、项目、投资等落到实处。本例中，7841 元指的是"上半年……农村居民……人均可支配收入"，一来并不属于"外来"的投资额或项目款，二来前面的主语使用的是"湖北农民"这一整体，后面的金额却是人均收入，并不搭配。我们翻阅含"落袋"二字的新闻亦未发现如本例中的用法，故认为存在不妥。

【案例三】

《农村新报》2021年9月24日《开辟新茶路》一文中写道："对'腥肉之食非茶不消，青稞之热非茶不解'的西北人民来说，湖北茶的到来，自是一件幸事。"句中"幸事"一词用得不妥。"幸事"的意思是：值得庆幸的事。当使用"幸事"一词时，所指代的对象一般是自己或者一个同自己相关的概念，例如"实乃人生一大幸事"，这里的"人生"对应的就是后者。此外，"幸事"一词不免包含有某种程度上的"感恩"之意，因为"庆幸"这个动词原本表达的就是一种"意外之喜"。当说"对他人是一件幸事时"，应当尤其谨慎小心：所赞扬的对象能否担当得起如此重任，竟到了要让他们感恩的地步。即便有此意，也还是借他人之口表达较为妥当，湖北报纸讲湖北茶对其他地方的人民是一种幸事，免不了有几分居高临下的意味。

【案例四】

《新华日报》2021年9月30日18版《人间烟火色》一文中写道："那天朋友来帮我在电脑上设计制作个人微信公众号，搞定之后已接近晚饭时分，朋友谦让着怎么也不肯留饭。"句中"留饭"一词使用有误。

"留饭"的意思是"留下客人、请客人吃饭"，其行为主体只能是主人，而不能是客人。在这个句子中，"朋友"是"我"的客人，但做了"留饭"的行为主体，使"留饭"只能理解为"客人留下吃饭"，但这不合"留饭"的词义。

实际上，"留饭"还有客套语的色彩，如"承蒙（主人）留饭"。因此，"留饭"的行为主体虽然一般是主人，但主人自己不宜对客人用"留饭"一词。这个词更多地用于客人表示对主人的谢意。

可把"留饭"改为"留下吃饭"。简单地看，"留饭"和"留下吃饭"虽然在语法结构上一致，但前者并不是后者的简缩，两者不能混淆。

【案例五】

《人民日报》2022年1月13日19版《"团圆"行动照亮家庭团圆路》一文中写道："2021年5月的一天，天津市公安局刑侦总队刑事技术专家吕游正拿着一张被拐男孩祁吉5岁时的照片在电脑屏幕前仔细做着对比，突然发现一名广东省汕头市的男子和祁吉的五官特征高度相似，马上请李海燕帮忙联系地方公安机关核查。"句中"地方"一词使用有误。

"地方"的意思是中央和省、自治区等较高层级的上级部门对下属各行政区划的统称，如"要协调好中央与地方的关系"；也可指本地，当地，如"他不是外来的，他是地方干部"；还可指军队以外的部门，如"这支部队在地方建设中发挥了重要作用"。

上引句子中的"地方"，指的是"广东省汕头市"，而与其对应的部门是"天津市公安局刑侦总队"，但"天津市公安局刑侦总队"并不是"广东省汕头市"的上级部门，两者在行政上没有隶属关系，因此，"地方"一词使用不当。

本例中，可将"地方"改为"当地"。

【案例六】

《北京日报》2022年8月5日10版刊登报道《时隔29年，中央歌剧院再排〈利哥莱托〉》。文中写道："当'女人善变''亲爱的名字'等著名唱段引来阵阵热烈掌声时，又一个难忘的歌剧之夜被镌刻在北京观众的回忆里。"句中"回忆"一词使用不妥。

"回忆"的意思是回想过去经历的事。"回忆"是一个动词，是行为主体的一种思想活动。句中说的是保持在行为主体"北京观众"的脑子里对"又一个难忘的歌剧之夜"这件事的印象，但这并不是"北京观众"的一种思维活动，因此"回忆"的使用不准确，可将"回忆"改为"记忆"。

【案例七】

《解放日报》2022 年 8 月 19 日 07 版刊登报道《拍照打卡者众多，艺术展变"景区"？》。文中写道："他也鼓励家长积极带小朋友去美术馆，从小培养孩子的艺术气息。"句中"气息"一词使用有误。

"气息"有三个意思：一是指呼吸时出入的气，如"气息全无"；二是指气味，如"难闻的气息"；三是指风格、氛围，如"生活气息""乡土气息"。"气息"用于人时，通常只是指其呼吸或身体的气味，句中的"气息"，用于作为人的"孩子"，指的是其个性特点，但这不合"气息"的使用要求。可将"气息"改成"气质"。

5. 语气绝对化

【案例】

《农村新报》2021 年 3 月 16 日 06 版《乡村孩子"游"春天》一文中写道："利用好微信平台与学生家长有效沟通，必定能建立相互信任、相互尊重、彼此理解和支持的关系，从而形成家校协同育人合力，促进学生全面发展。""必定能"过于绝对和强硬。

6. 延伸思考

上述阅评主要从语义使用不当、语气绝对化、褒贬使用不当三个层面结合具体案例展开分析。在写作过程中，记者对词义并未吃透，从而误解词语，望文生义。

词语使用不当是新闻行文中常常出现的文本差错。首先，词语的意蕴大多是约定俗成的，许多源自典故，再加之个别词语中生僻字较多，加大了词语的理解难度；其次，有的词语有特定的搭配对象，如果把握不当，则容易张冠李戴；最后，词语具备多种感情色彩，大致可分为褒义、贬义、中性词三类，从语体色彩看，可以分为书面用语、口语等，误用词语感情色彩，将会使得文章情感发生错位，过多使用口语则会使得文章表达繁琐，语言不够精炼，拉低文章整体质量。

在新闻实操中，记者对模棱两可的用语应多方讨论求证，对拿不准的用语应勤翻词典，平时也要多积累其他媒体在日常报道中出现的用语错误以增见闻。

四、错字与标点类

（一）落字与错字

文字是新闻文本的最小构成单位，语言文字是人们日常交流和信息传递的重要工具，是社会历史和文化发展过程中的重要载体，新闻媒体中使用的语言通常会具有极强的示范性和传播性，因此必须加强新闻媒介语言文字的管理工作。①但在实际报道中，落字、错字、多字现象却屡见不鲜。

1. 数字落字

【案例】

《湖北日报》2021 年 2 月 9 日 03 版《荆楚脱贫人口从"有水喝"到"喝好水"》一文中对于 2020 年年底湖北省 37 个贫困县农村集中供水率、自来水普及率的报道——"较 2015 年分别增长 14 百分点和 18 个百分点"，句中"14 百分点"应为"14 个百分点"。

2. 名词落字

【案例】

《新华日报》2022 年 4 月 21 日 03 版《儿子说，我把妈妈借给你》文中写道："将防护穿戴整齐后，推开一道道缓冲门，我们进入方舱开始一天的工作。"句中"防护"一词疑似落字，可改为"防护服"或"防护用品"以匹配动词"穿戴"。

3. 落字少句

【案例】

《湖北日报》2021 年 6 月 15 日 10 版《三代人会战国乒基地》，第三段

---

① 董晨峰. 新媒体背景下新闻语言的文字规范化［J］. 新闻战线，2017（22）：145-146.

最后一句"作为全场最高龄选手，76 岁的马雅卿尽管告负，但她并不遗憾，能够她很满足"似乎有落字少句的问题，应为"能够参与比赛，她很满足"。

4. 错字

【案例一】

《农村新报》2020 年 12 月 22 日 03 版《误信偏方，药酒变"毒酒"》一文中写道："喻莉提醒，泡制药酒需要专业的知识，每一种中药材都有不同的食性和药性，有些是相克的，还的甚至具有毒性。"很明显，在这句话中，表述不该是"还的甚至具有毒性"，应为"有的甚至具有毒性"。

【案例二】

《湖北日报》2021 年 3 月 8 日 14 版《府河湿地柏泉段纳入武汉市野生鸟类栖息地保护范围》一文中写道："据悉，被纳入全市保护范园后，府河湿地柏泉段的野生鸟类保护工作将进一步加强"，应为"保护范围"而非"保护范园"。

5. 多字

【案例】

《湖北日报》2021 年 2 月 10 日 04 版要闻《湖北公安启动高等级勤务守护春节平安》一文中写道："严防发生踩踏等突发案事件。"句中"突发案事件"这种说法不太常见，疑为多字，建议改为"突发事件"。

6. 延伸思考

语言文字在新闻中的规范化应用，是新闻资讯能够被大众所理解、接受、广泛传播的主要条件。① 新闻语言作为语言文字工作的窗口，不仅体现了语言工作

---

① 刘晓军．新闻语言文字规范化研究——评《新闻语言文字规范化问题研究》[J]．新闻与写作，2018（05）：113-114.

的成果，对推动社会规范用语也有极其重要的意义。

在实际操作中，出现语言文字上的疏忽几乎是"不可避免的"，可能是因为记者一时疏忽造成笔误，也有可能是排版校对过程中出现了问题，然而对于读者来说，小小的文字错误可能会造成理解障碍，令读者失去阅读兴趣，使报道效果大打折扣。虽然通过一系列的审校手段，可以在一定程度上减少这一问题，但终归需要严之又严，规范行文用字。

（二）标点误用

标点符号是书面表达不可或缺的一部分，是用来表示停顿、语调以及语词的性质和作用的符号。鉴于汉语的独特性和深奥程度，标点符号更显其功能的重要和特殊。① 在实际报道中，常常出现标点赘余、标点缺失、并列分句标点使用不当、分号使用不当、引号前后不一、"一逗到底"等标点符号误用情况。

1. 标点累赘

【案例】

《湖北日报》2020 年 12 月 3 日 12 版《科技加持，山桐子渐成油品新贵》一文中"第一条压榨生产线投产"部分引用了专家的介绍：据专家介绍，："山桐子每 10 斤果榨一斤油，今年预估全国可出油 2000 吨。"此处标点连续使用了逗号、冒号和双引号，不符合使用规范，存在硬伤。若要保留直接引语形式以增强真实性，可以选择去掉逗号或冒号。

2. 标点缺失

【案例】

《湖北日报》2021 年 1 月 18 日 08 版报道《震撼人心的真实与感动——国内首部战疫纪录电影〈武汉日夜〉观影侧记》一文第二个小标题"用生命去记录生命记录历史"缺少停顿，稍增读者的阅读难度，可在"记录生命"与"记录历史"之间增加逗号分隔。

---

① 方孜行. 标点符合也须规范使用［J］. 新闻与写作，1998（9）：42-43.

3. 并列分句标点使用不当

【案例一】

《湖北日报》2021 年 5 月 7 日 07 版评论《"黄金周回来了"见证消费市场活力》一文第一段"旅游市场全面升温，真真实实展现了疫后重振的速度，见证了中国市场的活力，中国经济的韧劲"中"中国市场的活力"和"中国经济的韧性"是并列的关系，中间应该用顿号隔开，而非逗号。

【案例二】

《农村新报》2021 年 6 月 22 日 03 版《黑斑蛙价格一路飙升》一文中有这样的表述：

"邹海分析，黑斑蛙行情之所以好，一是去年新冠肺炎疫情对青蛙养殖行业造成很大冲击，价格每斤仅十多元。二是去年夏季遭遇洪涝灾害，养殖户受灾严重，幼蛙死亡率超过一半，养殖户纷纷弃养转行，养殖面积骤减。"

严格来说，新冠疫情对青蛙养殖业造成冲击致使青蛙价格下降并不能作为"黑斑蛙行情好"的直接原因。这里的直接原因应当是"养殖户纷纷弃养转行，养殖面积骤减。"而"新冠疫情冲击"与"夏季洪涝灾害"是造成上述直接原因的子原因。因此，这里应当将"一是……十多元"后面的句号改为分号，"二是……超过一半"后面的逗号改为冒号，由此体现出三个原因的总分关系。

【案例三】

《农村新报》2021 年 8 月 3 日《省人大集中清理涉营商环境省本级地方性法规》写道："本次修改的 14 件省本级地方性法规主要涉及三个方面——简政放权，降低市场准入门槛，减少制度性交易成本。优化服务和加强事中事后监管。借助信息技术手段，提升政务数字化水平和服务能力。发挥市场作用，尊重民事主体平等地位和缔约自由，激发市场主体活力，减少政府对市场不必要的干预。"

说"三个方面",却出现四个独立的句子,层次不明晰。结合其他媒体对此事的新闻报道可知,"借助信息技术手段,提升政务数字化水平和服务能力"是归属于"优化服务和加强事中事后监管"条目下的措施之一。因此,建议将"监管"后的句号改为逗号,对此句号使用需谨慎,错误使用将导致句意不完整。

4. 分号使用不当

【案例一】

《湖北日报》2021 年 4 月 20 日 04 版《武汉 203 个亿元项目集中开工》一文第三段中提到:"武汉市发改委相关负责人介绍,第二季度集中开工重大项目呈现产业高能、项目高端、结构高质、带动高效的'四高'特点;其中既有东风岚图高端新能源乘用车、正威阳逻电子信息新材料产业基地等加快提升能级的'965'支柱产业项目;……乡村振兴项目。"文中所举出的项目案例,是为了说明第二季度开工项目所呈现的四大特点,因此,前一个分号应修改为冒号或句号。

【案例二】

《湖北日报》2021 年 6 月 7 日 02 版要闻报道《湖北乡村垃圾收运处置像城里一样全覆盖》一文第五段写道:"据介绍,我省实施'四个三重大生态工程'以来,……城市和建制镇生活垃圾无害化处理率达到 100%、97.41%;乡村配置农村保洁员 12.88 万人,达到了'五有'标准……"其中"乡村配置农村保洁员"之前的分号宜改为逗号。

该段所介绍的资金投入、乡镇垃圾中转站建设、垃圾处理率和农村保洁员配置等方面的情况,对应"有稳定的保洁队伍,有长效的资金保障,有完备的设施设备,有成熟的治理技术和有完善的监管制度"的"五有"标准;而分号的设置导致只有农村保洁员配置这一个方面对应后面的五个标准,论据不充分,不能体现"达到了'五有'标准"这一结论。

5. 引号使用前后不一

【案例一】

《湖北日报》2021年4月5日01版报道《电子信息头部企业竞相落户黄石》一文，标题"头部企业"没有加引号，而阅读提要部分却加了引号，因此需要记者或编辑注意在题文及上下文中格式的统一。

【案例二】

《湖北日报》2021年4月7日02版报道《赴一年之约 助经济重振 明星主播接力为湖北带货》一文中，"央视主播朱广权与带货一哥李佳琦组成'小朱配琦'的神仙组合首次'出圈'"一句，"神仙组合"作为夸张化的网络词汇，也应该和"出圈"一样加上引号，以保持引号使用标准的统一。

6. "一逗到底"

【案例】

《湖北日报》2021年8月11日12版《孝南四百年老街拆违记》一文中写道："据史志记载，汤家街，明朝中期兴建，万历二年，孝感土城改建砖城，汤家街的土路面也改铺石头路面，从此，这条街日益繁荣，成为商贾云集之地。"该句一逗到底，无中断。但实际上，部分内容语意出现了两次改变。第一处，万历二年开始改建；第二处，从此迈入新阶段。这两处均应使用句号隔开。

7. 全角半角不分

【案例】

《湖北日报》2021年6月10日09版报道《你们的未来一定更精彩——考场外缩写》一文，首段"但大家心情都是一样的:"，不当使用半角冒号":"。同日10版社会/体育报道，《临床急需用量很小，价格便宜成本不低。秉持救死扶伤精神，远大医药表示——亏本也要保供"救命药"》，第三部分"从出现危像到逝去",同样存在该问题。

8. 延伸思考

标点符号是段落语句的重要组成部分,句中标点符号过多显得零碎,句子少了某些停顿又显得冗长或令人费解。就像机器运作,增加或减少其中一个零件都不行。标点符号虽小,却是文字书写、语言表达中不可缺少的内容,一个小小的标点符号就能改变句子的含义,也足以表明其重要性。

后记 学生阅评心得体会

阅评，先阅再评。阅读报纸，于我仿佛已经成为一种童年的回忆。借由本次任务，再次翻阅报纸，从该过程中给我带来新的想法和认知。从《湖北日报》的版面设计和内容中，可以看出传统媒体迎合时代发展的痕迹。画面上讲究整体配色统一，有独立板块的边画图案，让新闻与美感兼具；内容上加入了二维码供读者扫码观看视频，合理地运用了新媒体资源。当然，编辑们文采飞扬的文字亦让我印象深刻，不仅能用诗词歌赋、引经据典，能随处押韵展现"调皮"的一面，在标题上的谐音，在正文中押韵，都在对读者带来更流畅舒服的阅读体验。另外，记者和编辑们对新闻各要素的把握也十分到位，从精短的报道中体会到了写者的提炼要点的功底，从深度报道到中学习了如何构建信息逻辑。总而言之，受益匪浅。

当然，在学习之余，评阅的重点就是怀着尖锐的视角、更专业、更较真的心态去审阅每一篇新闻稿件，这也常常让我有种"吹毛求疵"的错觉。怀着绝对准确，务求完美的心态，从新的视角来看新闻报刊，能让我发现到许多日常阅读会忽略到的问题，例如用词不准确、存在病句、新闻数据不准确清晰、语义重复等，提醒我们日后在新闻报道写作中还要格外地留心，在细节处不能顺习惯而为，同时这也表明了阅评的重要性，多人审阅才能发现编辑自己无法发现的问题。而为了使新闻稿件更加完美，从中我们也提出了部分建议，比如：调整动名词搭配、删除重复信息、图文搭配使用、增加科普信息等。这一部分，是除了学习之外基于专业角度思考，通过对《湖北日报》几个月来的阅评，进一步将理论知识和实际操作结合，我认为在很大程度提升了个人的专业实操水平，实属一次难得的学习机会和体验！

——武汉大学 2022 级新闻与传播专业研究生　刘玳菱

在学校课程的学习中，我们学习了许多关于新闻报道的理论知识，但通过参加阅评项目，我们直接参与到了对真实新闻报道的评析当中。在老师的指导下，我们对客观审慎地分析一篇篇新闻报道的长处与短板，进而对"什么才是一篇好的新闻报道？""如何制作一篇好的新闻报道？"这两个问题进行深入的思考，以指导我们未来的学习和工作。对我们而言，这是一次宝贵的实践机会；而对各位媒体老师而言，我相信这也是一次很好的交流机会。进行阅评时，我时常思考，我们提出的一些阅评意见是否过于"学院派"和理想化，而在实际的媒体工作流程中由于种种原因难以达到。但我又想到，我们正需要在"理想"与"现实"中搭起一座桥梁，而阅评正是这座桥梁——它将"应然"和"实然"连接在一起，为现实照亮了前进的方向，促使"实然"不断走向"应然"，也推动着我们的新闻工作不断向前。

——武汉大学 2020 级新闻学本科生　曾译萱

通过参与新闻阅评中的修改、统稿，我感受到了做编辑的责任与快乐。在研究生课程理论课较多的大背景下，参与新闻阅评工作是研究生与新闻业务"保持联系"的有益尝试。在每周阅评稿件完成之后与老师复盘经验得失之时，总能有些新收获。在阅评后，王敏老师会针对同一表达提出三种不同写法让我们比较哪种写法最好。王敏老师也提过，在讲新闻摄影的基础理论时，很少提到"图文联动"这个词，更多的是"图文结合"或"图文有机结合"。中国新闻摄影界最初的理念是：图文并重，两翼齐飞。"图文并重"，也可以用，但更多是指"图"与"文"地位上的平等。这些都是阅评中的美好回忆。

——武汉大学 2022 级新闻学研究生　徐浩淼

通过《湖北日报》的阅评工作，我了解到现在的纸媒在内容和形式上依旧力图创新，能够根据时事政治制作具有新意的专栏和深度报道。但是编辑中出现的基础语言问题还是较大，纸媒应该在表达准确度和严谨度上做出更高的要求。现在较关键的问题是在信息获取极度便利的网络时代，如何使报纸重回人们的日常阅读生活？除了采写编评等新闻业务上的提升，传统纸媒在出版发行上是否还有可以进步的空间。使更多的关注到本地的新闻信息、关注到这些有价值的深度报道。

——武汉大学 2019 级弘毅学堂本科生　丁嘉琳

2022 年参与湖北日报新闻阅评项目的最大感受就是：马克思主义新闻观的知行合一。理论与现实总是需要实践作为纽带进行连接，党媒的每一篇稿子都要尽可能地传达党的声音，回应民众现实关切，这就要求湖北日报既要做好"人民喉舌"，又得讲好党的故事。湖北日报坚持地方特色、讲好荆楚故事，坚守党的立场、讲好国家故事，是我们学习的榜样和汲取新闻养分的来源。每次"捉虫"提意见，在许多记者编辑的心血基础上进行总结与反馈，都让我们这些新闻学子受益良多。

——武汉大学 2020 级新闻学本科生　李果果

在为期一年半的新闻阅评工作中，收获良多。自己之前所学均为课本知识，欠缺实践，可是在《湖北日报》《农村新报》阅评中，可以将理论运用于实际操作，通过阅读他人报道、作品，分析其中优点、弊端，从而使得自身读写能力有了较大提升，避免日常写作中犯类似错误。与此同时，也通过阅览文章了解了政府发布的最新动态，熟悉了方针政策，加强了理论学习，尤其是在金融、创业等板块内容，增长了见识，开拓了视野，受益匪浅。

——武汉大学 2020 级新闻学研究生　李雨

能够成为一名学员来参加湖北日报与我们学院共同合作的项目是我十分感谢与光荣的事情。在阅评中我负责《农村新报》的阅评，尽管一月一次的轮班量很少，但是我仍然能学习到很多有价值的知识，比如从最基础的字词句段的规范使用，再到官方媒体所需要的细节处理。同时在这其中我也收到了王敏老师的指导和指正，让我对新闻稿件的理解和领悟又提高了许多。感谢湖北日报与武汉大学新闻与传播学院，以及我们的指导老师王敏老师。

——武汉大学 2020 级新闻学本科生　李语嫣

加入到《湖北日报》新闻阅评项目后，新闻阅评成为了我在研究生阶段养成并坚持的一个好"习惯"。定期的输出阅评报告，一方面锻炼自己的文字能力，另一方面让我对新闻稿件的采编有了更深刻的认识与体会。作为毕业生，更是在求职的过程中感受到这段经历对我的帮助，不仅提升了作为一名新传学子的综合素养，也为我提供了积累实践经验的宝贵平台。

——武汉大学 2020 级新闻学研究生　刘鑫

作为数字时代的原住民，在阅评之前，我对新闻的联想大多时候是那些被陈列在平台上、短小甚至有些简漏的词句。但在阅评湖北日报的过程之中，我才发现新闻也可以是深刻的、可以是有分析和思考的。在阅评报纸的过程中，我更加了解了专业新闻的写作、如何贴近民生、如何关注湖北社会的方方面面……真实贴近那一个个方块排列的新闻，我仿佛能清晰地感受到湖北的风土人情，它的变革与发展，它的过去与将来。我相信报纸有其真正的生命力所在，希望湖北日报可以坚持摒弃官僚而虚浮，不盲目追逐流量与热度，脚踏实地，成为荆楚大地的时代注脚。

——武汉大学 2020 级新闻学本科生　鲁思佳

作为新闻专业的学生，在阅评《湖北日报》的过程中我对我的专业有了更深入的了解。一次次研读报纸，字字句句斟酌，不仅是在评好报纸，更是在学习以后我们该怎么写报道、写什么样的报道，所以说这次阅评机会也是锻炼专业理论知识、使我将其运用到实践中的大好机会，在这个过程中我收获颇丰！

——武汉大学 2020 级新闻学本科生　牛允一

在阅评《湖北日报》的这段时间里，我认为版面是报纸中非常重要的部分。一眼看过去，满页都是字，往往成为很多报纸在处理政治新闻方面的手法。时代在变化，报纸的受众会越来越少，纸媒如何在信息时代脱颖而出，靠的不仅仅是信息的真实可信，更是其信息传达的方式。突出新闻重点，例如用排版来解决，也可以利用具体数据做图表，都会令读者感到耳目一新，快速看到最重要的新闻事实。

——武汉大学 2020 级新闻学本科生　任悦

很荣幸能有机会参与《湖北日报》的阅评，在阅评过程中我也学到了很多。首先，在报道时，党媒应当避免脸谱化地报道人物，应当抓细节，讲故事，产出更"接地气"、更人性化、更有血有肉的报道。其次，在新闻写作时，应当严谨细致，对于时间、数量、专有名词、人物职务，乃至一个标点都应反复核实，注重专业性与权威性。

——武汉大学 2020 级新闻学本科生　王舒雯

我于 2022 年 5 月至 11 月在阅评组参加对《农村新报》的阅评工作。这是我第一次从理论的高度看待报道，寻找操作中存在的问题，不管是选题角度还是报道方法，都对我提升自己的业务水平有很大益处。印象很深的一次阅评是，有报道提到了有个纪念延安文艺座谈会的演出，在报道中赞美这次演出走向大众生活的日常空间。因为我本身有文学专业的背景，对文艺的了解让我发现这个宣传导向有问题，因为当年解放区文艺的特点就是在田间地头演出，亲近人民。所以我指出，对于这次演出的宣传，只可以说是回归，而不能说是一个创新。这也是一次融合我个人知识理论的过程。

——武汉大学 2019 级弘毅学堂本科生　孙诗淇

很荣幸在"武汉大学新闻与传播学院-新闻阅评项目"中参与《湖北日报》的阅评，对于我来说，阅评不仅仅是一个对稿件的审阅过程，也是一个学习新闻写作、编辑、摄影等实务的过程。在阅评中我们可以了解行业前辈在面对一个新闻事件时的报道角度、行文逻辑、素材采集与使用、写作方式等，在了解的基础上以学习和研究的态度去分析其优点与不足，然后将其凝练成为可供自己汲取的知识，完成输出与输入的循环。阅评搭建了一个学生与行业记者的互动平台，达到相互学习、共同进步的效果。

——武汉大学 2022 级新闻与传播专业研究生　崔畅

作为新闻系学生，参与阅评工作是将理论与实践相结合的一次宝贵机会。通过细细研读《农村新报》的报道，揣摩文本的组织结构、文章的遣词造句等，我能更好地将所学转化为所用，在实践中坚持正确的舆论导向，把握好新闻报道的

"四力"，争取在阅评的同时提升自身的专业素养。

——武汉大学 2020 级新闻学本科生 张紫旖

在参与报纸阅评的过程中，我和朋友们一同合作，定期保质保量地完成了每周阅评报告的撰写工作。王老师在那段时间里帮助了我们很多，每周都很负责地给我们批阅文本，感受到了老师的辛苦。

评报工作让我养成了良好的阅读习惯，当我阅读传统媒体的电子版时，心中颇有感触：在媒介转型的洪流中，要想真正在众多媒体中突出重围，就必须要遵循互联网传播规律，掌握新媒体运作方法，让传统报纸焕发出新活力，让主流媒体开拓创新，勇立媒体潮头，为时代鼓与呼。

——武汉大学 2020 级新闻学研究生 游佳颖

《农村新报》的阅评工作虽妙趣横生，但也有不小的挑战。2022 年 4 月，曾祥惠老师在新闻院大讲座上提出了新闻评阅工作的五大原则——导向、监督、平衡、谨慎、公正，从而帮助我在阅评实践中把握评价力度、平衡价值判断。做好阅评工作，需要从专业视角对文章大胆质疑、辩证分析，有时候我们更需借助集体的智慧和力量。在整个阅评团队的带领下，我也对新闻阅评"为何评"、"评什么"、"怎么评"的疑问有了更深刻的感悟。

——武汉大学 2020 级新闻学本科生 杨琪媛

每次对《湖北日报》的阅评，不仅让我及时地获取最新新闻、了解国家大事，还汲取很多关于新闻编辑的经验与知识，如报纸的版面设计、图片运用、标题制作，具体到每种类型的新闻报道的内容、文风、角度该如何把握，对待专题报道该怎么编排等等。在信息繁杂的新媒体时代，沉下心读报、评报，不失为一种回归深度阅读、深入思考的珍贵体验。

——武汉大学 2021 级新闻学研究生 周雨秋

作为部校共建阅评项目的首批参与人之一，我于 2020 年 11 月至 2022 年 4 月期间，累计为《农村新报》（湖北日报农村版）撰写阅评意见 30 余条，阅评意见多次被中共湖北省委宣传部转发。

回望一年半的新闻阅评过程，一方面开拓了自己的视野，从湖报记者的笔触中系统学习了关于精准扶贫与乡村振兴的报道策略；另一方面也算作出了一点微小的贡献，看到自己的阅评意见被采纳的时候，那种与时代一起进步的共鸣感油然而生，愈发激励自己以后也要做一个对党和人民负责的新闻人。

希望未来我们的阅评工作越来越好，也希望荆楚大地出现越来越多反映时代风貌的优秀稿件！

——武汉大学 2020 级新闻学研究生　何嘉豪

新闻阅评不仅是对新闻媒体作品的回头看、再反思，也是对阅评者新闻专业能力的锤炼。在参与湖北日报阅评工作的过程中，我不仅对国家大局、地方时事的理解更加广泛和深入，而且对如何写好一篇报道、如何组织好一个版面和专栏、如何在内容方面经营好一份地方主流报纸的体会更加真实和深刻。

——武汉大学 2021 级新闻学研究生　李秋水

这学期有幸加入评阅小组，在王敏老师的指导下参与每周的报纸评阅。评阅报纸的过程是轻松、愉快的，一方面我能够及时获得最新讯息，"督促"自身关心国家社会大事；另一方面，参与阅评也给我提供了一面镜子，对课堂所学、新闻业务实际进行反思，加深了我对新闻业务的理解。

——武汉大学 2021 级新闻学研究生　杨雨凌

《湖北日报》的阅评工作不是套着模板写优劣，而是善于发现新亮点、新问题。在连续的阅评工作中我也感受到《湖北日报》不断发扬长处，优化内容。阅评时大胆提出疑问，严谨认真求证，在探讨中获得报纸质量和阅评人员能力的提升。

——武汉大学 2020 级新闻学本科生　周凤仪

参与《湖北日报》的阅评对于我的专业十分有帮助。在其他时候可能不会主动去看报纸，也不会去细究文字里的细节。但是参与阅评之后，一方面可以在优秀的新闻作品中提升自己的水平，向其看齐；另一方面在自己的日常写作中也会更加语言和格式规范等。同时也获取了许多新的新闻资讯，对于一些国家的政策都有了更多的了解。

——武汉大学 2022 级新闻学研究生　田珺

这一年多的阅评时光让我收获颇多。在这个碎片化的阅读时代，每个人都沉浸于快餐式阅读当中，而每周一次的阅评则是让我能够静下心来细细揣摩文字的力量，在这个过程中，自己的阅读能力和理解能力也在潜移默化中提升，对人间百态也有了更深的理解。同时，通过阅评，我也能感受到媒体人肩上所承担的那份"铁肩担道义、妙手著文章"的初心和使命，致敬每个有良知有操守的记者，也致敬那些为公意为人民而跨越星辰大海的媒体人。

——武汉大学 2021 级新闻与传播专业研究生　张坤然